"十二五"国家重点图书出版规划项目

A Global History of Accounting, Financial Reporting
and Public Policy: Europe

世界会计史：
财务报告与公共政策 （欧洲卷）

Edited by Gary Previts, Peter Walton and Peter Wolnizer

[美]加里·J·普雷维茨　　[法]皮特·沃顿　　[澳]皮特·沃尼泽　主编

陈秧秧　译　　林志军　校译

立信会计出版社
LIXIN ACCOUNTING PUBLISHING HOUSE

图书在版编目(CIP)数据

世界会计史：财务报告与公共政策.欧洲卷/(美)普雷维茨,(法)沃顿,(澳)沃尼泽主编;陈秧秧译. --上海：立信会计出版社,2015.6

ISBN 978 - 7 - 5429 - 4431 - 3

Ⅰ.①世…　Ⅱ.①普…②沃…③沃…④陈…　Ⅲ.①会计史-世界②会计史-欧洲　Ⅳ.①F23 - 091

中国版本图书馆 CIP 数据核字(2015)第 126486 号

策划编辑	黄成艮	
责任编辑	黄成艮	
封面设计	周崇文	

世界会计史：财务报告与公共政策(欧洲卷)

出版发行	立信会计出版社			
地　　址	上海市中山西路 2230 号		邮政编码	200235
电　　话	(021)64411389		传　　真	(021)64411325
网　　址	www.lixinaph.com		电子邮箱	lxaph@sh163.net
网上书店	www.shlx.net		电　　话	(021)64411071
经　　销	各地新华书店			
印　　刷	上海中华印刷有限公司			
开　　本	670 毫米×965 毫米	1/16		
印　　张	19.25		插　　页	4
字　　数	301 千字			
版　　次	2015 年 6 月第 1 版			
印　　次	2015 年 6 月第 1 次			
印　　数	1—3100			
书　　号	ISBN 978 - 7 - 5429 - 4431 - 3/F			
定　　价	62.00 元			

如有印订差错,请与本社联系调换

撰稿人简介

安-克里斯丁·阿赫莱特纳（Ann-Kristin Achleitner），慕尼黑工业大学（Technische Universität München，TUM）创业融资 KfW 讲席教授（2001 年始），创业与融资研究中心（CEFS）的联合主任。CEFS 是一个与财务管理和资本市场系 Dr. Christoph Kaserer 教授合作的研究机构。阿赫莱特纳教授的研究与教育主要关注公共与私人资本市场中的风险资本、私募股权、企业社会责任以及公司融资与所有权结构等领域。

克里斯蒂娜·阿茨伯格（Kristina Artsberg），瑞典隆德大学（Lund University）副教授，研究兴趣包括国际会计，尤其是围绕准则制定的政治与管制过程。阿茨伯格擅长以历史、比较和制度为背景展开这一领域的研究。

沃尔夫冈·保尔维萨（Wolfgang Ballwieser），德国慕尼黑大学（Munich University）会计、审计与企业估值教授，伍珀塔尔大学（University of Wuppertal）荣誉博士，巴伐利亚科学和文学院研究员。2002 年，保尔维萨教授荣获瑞士圣加伦大学授予的 2001 年度财务会计理论分析与学科原理 Dr. Kausch 奖。

克劳德·博克拉兹（Claude Bocqueraz），欧洲委员会财务报告问题政策官员。此前七年，博克拉兹在瑞士与比利时从事特许会计师职业。博克拉兹在日内瓦大学（University of Geneva）获得博士学位，她的博士论文是关于法国会计职业界的历史演进。

玛拉·卡梅伦（Mara Cameran），米兰博康尼大学（Università Bocconi）财务会计助理教授。卡梅伦在博康尼大学获得博士学位，主要从事审计实证研究，包括审计定价、外部审计质量和审计公司声誉等主题，是欧洲审计研究网（EARNet）下属学术委员会委员，也是《审计：实践与理论》（*Auditing: A Journal of Practice and Theory*）和《会计教育问题》（*Issues in Accounting Education*）两份学术刊物编辑委员会的委员。

齐斯·坎福尔曼（Kees Camfferman），阿姆斯特丹自由大学（VU University）财务会计教授。他的研究兴趣包括财务报告、会计准则制定与会计职业界的历史。

瑞托·埃伯利（Reto Eberle），瑞士注册会计师，KPMG（瑞士）审计合伙人，瑞士会计准则委员会（GAAP FER）和瑞士公营部门财务报告咨询委员会委员。埃伯利是洛桑大学（University of Lausanne）客座教授，讲授财务会计课程。

艾里恰·A·加卢卡（Alicja A. Jaruga），波兰罗兹大学（University of Łódź）会计学教授，国际会计研究中心负责人，波兰罗兹管理学会副主席。加卢卡教授受邀在澳大利亚、比利时、巴西、加拿大、中国、德国、日本、墨西哥、新西兰、挪威、西班牙、瑞士、英国、美国等四十多个国家发表演讲和宣读论文。1991 年以来，加卢卡教授一直是联合国贸易与发展会议（UNCTAD-ISAR）下属的国际会计与报告准则专家政府间工作组年会上政府代表团的波兰专家代表。

安·乔里森（Ann Jorissen），安特卫普大学（University of Antwerp）全职会计学教授，《欧洲会计评论》（European Accounting Review）、《欧洲会计》（Accounting in Europe）和《家族企业评论》（Family Business Review）三份学术刊物编辑委员会的委员。乔里森教授在《会计、组织与社会》（Accounting, Organizations and Society）、《会计与企业研究》（Accounting and Business Research）、《欧洲会计评论》（European Accounting Review）、《公司治理：国际评论》（Corporate Governance: An International Review）、《家族企业评论》（Family Business Review）以及《企业家、理论与实践》（Entrepreneurship, Theory and Practice）等学术刊物上发表论文。

普尔泽米斯劳·卡保尔斯基（Przemyslaw Kabalski），博士，罗兹大学（管理学院）会计系助理教授，国际会计准则问题专家。卡保尔斯基博士已经出版两部专著，与他人合作 12 部著作［主要涉及 IFRS(IAS)和波兰与国际会计管制的比较］，并发表将近 50 篇论文（涵盖学术性与实务研究）。

卡洛斯·拉里纳加（Carlos Larrinaga），布尔戈斯大学（University of Burgos）会计学教授。此前，他分别在塞维利亚大学（University of Seville，于 1995 年在此校获得博士学位）和卡罗斯第三大学（University Carlos Ⅲ）

执教。拉里纳加教授是《西班牙会计评论》(*Spanish Accounting Review*)的副主编和其他几份学术刊物编辑委员会的委员,研究兴趣主要是会计在可持续发展中的作用和会计史研究。

马尔塔·马歇尔斯(Marta Macías),西班牙卡罗斯第三大学工商管理系会计学副教授,哈恩大学(University of Jaén)经济学与工商管理博士。马歇尔斯的研究兴趣主要在会计变革与会计史领域,专注从历史视角检验影响会计信息系统发生变化的因素。

克里斯托弗·纳皮尔(Christopher Napier),伦敦大学皇家霍洛威学院(Royal Holloway, University of London)会计学教授。他毕业于剑桥大学和伦敦经济学院,并在南安普顿大学(University of Southampton)获得博士学位。纳皮尔教授曾在英格兰与威尔士特许会计师协会下属理事会任职(1996—1999),现为《会计史学家》杂志(*Accounting Historians Journal*)的联合主编。

安吉拉·裴提尼奇(Angela Pettinicchio),正在伦敦卡斯商学院(Cass Business School)攻读会计学博士学位。她的博士学位论文主要关注审计管制与审计质量问题。在攻读博士学位期间,裴提尼奇讲授了财务会计与财务报表分析领域多门课程。

彼得·斯特布尔(Peter Stabel),安特卫普大学历史系资深教授。他的研究领域是中世纪经济史。斯特布尔教授是中世纪城市发展问题专家,已经由国际性出版社出版了多部这一领域的著作。

前　言

　　1995 年，皮特·沃顿教授主编了《欧洲财务报告：历史》一书。该书将近 300 页，以参照国家历史评价该国会计与财务报告的重要性为前提，分章研究了 13 个欧洲国家。这部著作引起关注，并且，值得注意的是，著作含蓄地呼吁关注因循欧盟采纳国际会计准则(IASs)之举措将面临的挑战。

　　自皮特·沃顿的著作为学生、教师以及职业界人士使用以来，许多情况已经发生变化。对此类分章研究国家的兴趣已经从仅仅关注欧洲国家，扩展至世界上其他主要地区。因此，以如实的、却又允许各国文化的氛围与思想存在动态性的方式，启动此前已经计划的涵盖四卷内容的研究系列，对所有这些区域的历史展开论述，当前恰是一个时机。

　　2008 年，在我访问澳大利亚悉尼大学期间，该校经济与商学院院长及会计学教授皮特·沃尼泽与我进行会晤。他认真地思考了我的建议，即我们是否可以采用"沃顿范式"(Walton Formula)，将之应用于全球范围，作为对更大规模经济体和发展中经济的最适当分析基础。显然，下一步便是联系皮特·沃顿。他欣然允诺来实践这一想法。

　　2009 年 8 月，在一次纽约市会议暨美国会计学会年会上，沃顿教授、沃尼泽教授与我碰面，仔细评估了这一全球项目的细节。我可以愉快地指出，我们几乎立即投入这项工作之中，并得到悉尼大学会计基金会约翰·爱德华兹的热心支持。约翰表达了提供帮助以保证作者权益的意愿，那一刻，这个项目演变为一项承诺和使命。在接下来的数月中，我们三人——沃顿、沃尼泽与普雷维茨——共同确定了各章应讨论的国家及其作者。项目终于开始。

　　第一卷《世界会计史：财务报告与公共政策(欧洲卷)》由巴黎高等经济与商业学院(ESSEC)商学院皮特·沃顿教授主编。相比于 1995 年的著作，本卷一定程度上改变了国家的构成。我们将波兰纳入其中，而剔除了 1995 年研究中包含的其他 4 个国家。鉴于相对国内生产总值与代表性地位，对于这项 21 世纪初期的工作而言，选择这 10 个国家应是合理的。

已经规划的和待定的各卷将重点论述"美洲"（第二卷）、"亚洲与大洋洲"（第三卷）和"欧亚大陆、中东与非洲"（第四卷）。

作为本卷主编之一，以及与沃顿教授、沃尼泽教授的合作者，我很荣幸且十分愉悦地引介这项工作。我们三人怀着同样诚挚的心情，感谢悉尼大学会计基金会的慷慨资助和重要支持，并同样地感谢各个国家章节作者的努力。他们均如此友善，无论是态度抑或行动。我们也感谢爱墨瑞得出版集团的编辑与制作部工作人员的有益帮助。

我们相信，当学生、教师、职业界人士以及监管当局关注本书各章内容时，我们的目标——为会计与财务报告的快速全球趋同提供一类历史资料读物系列——将会实现。

加里·J·普雷维茨

E·曼德尔·得·温特教授

韦瑟赫德管理学院

凯斯西储大学

美国，俄亥俄州，克利夫兰

2010 年 9 月

目　录

第一章 比 利 时[①]

安·乔里森，彼得·斯特布尔

引　言

　　我们以 14 世纪中叶为起点，分析比利时公司报告的历史，因为比利时现存这一领域最早的书籍可以追溯至那一时期。在 14 世纪中叶至今的 550 年时间里，我们观察到三个截然不同的时间段。第一个阶段从 14 世纪中叶延续至 19 世纪初期。其间，公司报告实务受到有关会计实务的教科书观点的影响。在那个时代，最有名的教科书是卢卡·帕乔利记述复式簿记体系的《算术、几何、比与比例概要》（*Summa*，1494）。然而，两位出生于弗兰德斯（Flanders）的作者 Jan Ympyn 和 Simon Stevin 对威尼斯式会计的特征作出补充（系统性结账、设立资本账户、资产负债表和损益表）。这些特征成为现代财务报告的基础部分。在 18 世纪期间，财务报告被嵌入法律之中。然而，颁布法律的目的仅在于监管特定公司的状况。普遍适用的《商法典》（a code of commerce）直至 19 世纪初才发布。

　　《商法典》的实施标志第二个阶段的开始。这一期间延续至 1975 年。在将近 170 年的时间里（自 1807 年至 1975 年），《商法典》始终规范财务报表的编制与公布。受到 19 世纪和 20 世纪初期自由主义思想的鼓舞，比利时议会很不愿意对财务报告的格式与内容以及比利时公司采用的估值规则施加强

---

　　① 《世界会计史：财务报告与公共政策（欧洲卷）》，会计思想发展研究第十四卷 A，第 1 - 35 页（原书页码）。爱墨瑞得出版集团有限公司 2010 版权所有。ISSN：1479 - 3504/doi：10. 1108/S1479 - 3504（2010）000014A004。

制性要求。因此,在这一期间,涉及财务报告的要求相当少。在第二次世界大战之后,开始出现反对这种"高度无管制"财务报告的形势。然而,仅仅30年之后,这类抗议运动便导致立法发生变革。随着1975年会计法的颁布,会计不再是商法典的一部分,而是由单独的会计法律和随后补充颁布的皇家法令进行约束。

1975年会计法的颁布标志着比利时财务报告历史进入第三个阶段。自1975年以来,公司报告受到高度管制,对估值问题、簿记、资产负债表、损益表及附注的格式与内容以及内部簿记目的的标准会计科目表的使用均制定了详细的法律规则。与第二个阶段(1807—1975年)的立场相反,政府不再犹豫利用对公司报告的管制来满足自身的信息需求。在20世纪最后25年间,财务报告的改变几乎完全由欧盟指令(EU directives)和欧盟条例(EU regulation)所推动。

早 期 影 响

这一部分讨论从14世纪中叶至19世纪初的比利时公司报告。在这一时期,最重要的经济活动除了农业之外,便是外国商品或当地产的商品的小规模贸易。我们首先讨论苏格兰低地(Lowlands)地区簿记体系的发展,然后指出在这一地区发现的早期成本会计制度的证据,最后我们关注财务报告法律管制的最初情形。

贸易社会中的公司报告:《商法典》出台以前的时期

比利时保存下来的最古老的账簿出自布鲁日(Bruges)的两位商人。这些账簿描述了1366年至1369年间的情形,它们归Collart de Marke和Guilluame Ruelle所有(De Roover,1932)。这些账簿记录了单式簿记的使用情况。随着中世纪贸易活动的拓展,布鲁日和此后的安特卫普(Antwerp)成为北欧活跃的贸易集市。在那里,意大利商人和来自英国以及德国的商人进行交易。当地的商人积极参与这类国际贸易,并为中世纪这些城市的繁荣作出贡献。意大利的簿记员和意大利商人一道来到布鲁日和安特卫普,为意大利银行业(banking houses)的子公司记账(1432年,米兰的

Filippo Borromer & Co. 在布鲁日创立一家子公司）。随着意大利商人来到布鲁日，复式簿记或威尼斯式会计传入低地国家（Low Countries）。虽然在14 世纪意大利人将复式簿记带到弗兰德斯，14 世纪中叶至 18 世纪末保存下来的账簿资料表明，单式簿记仍然伴随复式簿记存在了很长一段时间。一些公司甚至在存续期间变换其记账体系。譬如，16 世纪，在整个欧洲的印刷业中保持 25 年领先地位的出版社克里斯托费尔·普拉廷（Christoffel Plantin）（Edler，1973）开始时采用单式簿记法保存账簿，然后改用复式簿记法，再后来又恢复采用单式簿记法。

在 14 世纪中叶至 18 世纪期间，簿记与财务报告不属于法定义务。然而，我们确实发现法庭索取的账簿、用于解决破产的案件或商人之间纠纷的证据。在那一期间，账簿与财务报告实务受到教科书的影响。上文提及的两位来自低地国家的作者（Ympyn 和 Stevin）不仅在欧洲范围内传播复式簿记知识的过程中发挥重要作用，并且，他们为复式簿记体系补充了重要内容。基于这一事实，我们在这里对他们的著作进行讨论。今天，他们对簿记和报告的贡献已经在文献中得到承认。譬如，Yamey，Edey 和 Thomson（1963）和 Chatfield（1996）指出，Ympyn 不仅对复式簿记体系作出容易理解的解释，同时，通过将账户余额并入分类账、在结账和开启新账户前记录所有期末余额而扩展了帕乔利的著述。根据 De Roover（1928）的观察，在Simon Stevin 的著作问世之前，Ympyn 的书在欧洲是最具影响力的。Ten Have（1973）甚至认为，威尼斯式会计是通过 Ympyn 的著作才介绍到英国的。事实上，在 Hugh Oldcastle（1543）关于复式簿记的著作之后，Jan Ympyn 撰写的早期佛兰德语专著的英文版本（1547）是英国第二部有关复式会计的著作。按照 De Waal（1927）和 Ten Have（1973）的观点，Peele（1553）和 Mellis（1588）的著作在 Ympyn 之后问世，并且，Peele 和 Mellis 曾经受Ympyn 思想的影响。但是，Ympyn 和 Stevin 对复式簿记的真正贡献在哪里？

Jan Ympyn 和 Simon Stevin 的贡献

Jan Ympyn 是一位佛兰德商人，在最后将生意安置于安特卫普之前，他在意大利度过了很长一段时间，并在那里掌握了威尼斯式会计。到了安特卫普之后，他决定撰写一部有关复式会计技术的书，希望可以容易地为那些不熟悉会计的人所理解,并为那些不能负担昂贵的意大利会计师费用的人所接受。Ympyn 的书《新操作指南》(*Nieuwe Instructie*)于 1543 年问世,同年被翻译成法语。1547 年,该书被翻译成英语,并添加了副标题"一部重要且非常优秀的著作"。《新操作指南》分为两个部分。在第一部分,Ympyn 解释复式簿记体系。强调下面一点非常重要:尽管那个时代的其他作者相互引用并不注明出处(Yamey,1979),Ympyn 却在他的著作中清楚地提到,他的著作建立在传教士卢卡·帕乔利于 1494 年出版的《算数、几何、比与比例概要》(*Summa de Aritmetica*,*Geometrica*,*Proportioni et Porportionalita*)和 Giovanni Antionia Tagliente(*Cumunario de Arithmetrica*,1525)以及 Juan Paulo di Bianci 的观点之上,而后两位作者没有留下任何文稿(De Roover,1928)。Ympyn 以比帕乔利更加清晰易懂且系统的方式介绍了意大利簿记体系。在第二部分,由采用复式簿记体系记录的交易实例组成,这是 Ympyn 在经商期间所经历的。由于帕乔利从未在其书籍中采用一套说明性账户,Ympyn 书中的第二部分便具有原创性。Ympyn 的贡献不仅在于以清晰易懂的方式描述复式簿记体系,同时,为这一体系补充了重要内容,即结账实务(Yamey et al.,1963)。在他的书中,Ympyn 使公司账户与其所有者相互分离。这一结账实务促使 Ympyn 创建"资本账户"和"损益表"。然而,他没有规定系统的结账期间。

佛兰德籍的 Simon Stevin(1548 年出生于布鲁日,移居至荷兰北部以前,在安特卫普工作)引入账簿系统性年度结账实务和资产负债表与损益表的编制方法。然而,截至当时,结账和编制资产负债表的目的主要是为了验证借方与贷方的平衡。在《意大利的账户方法》(*Livres des comptes du Prince à la manière d'Italie*)一书中,Stevin 强调了资产负债表对于评估公司资本、资产以及负债的有用性。他视记账为一个持续的过程,并在单独的对开本上写下资产负债表和损益表。这样,账户中登记的内容可以在启用新账户后继续进行(Ten Have,1973)。

虽然 Ympyn 和 Stevin 主要关注贸易和融资活动的会计核算,低地地区也存在较小范围的工业生产。

产品成本核算:前工业革命时期低地地区实例

尽管文献表明,系统的成本会计技术形成于 19 世纪,并在此之后获得进一步发展(如可参见 Littleton,1933),Edler(1937)在研究了安特卫普出版商普拉廷的账簿(16 世纪中叶)之后认为,一些成本会计的要素在工业革命以前便已经存在了。普拉廷是一位出版商、印刷商和图书销售商。基于自身的考虑,他印制自己编辑的书籍,并同时以批发和零售两种方式销售出版社的作品。在由 Edler 研究的账簿涉及的期间,普拉廷按照威尼斯方式进行记账,但是,对于普拉廷印刷的每一本书,均在分类账中开设一个单独的账户(Edler,1937)。账户借记耗用的纸张、支付的工资和其他印刷费用;相应地,贷记纸张账户和"经营费用"(spese di mercanze)账户。当书完成印刷时,注销为该书开设的专门账户,并借记一个名为"库存书籍"的账户。上面的解释似乎表明,为每一本印制出来的书开设的账户相当于现代工业会计中非常常见的"在产品"(goods-in-process)账户(Edler,1937)。需要指出的是,在Edler(1937)的文章中,借记至这些在产品账户中的成本仅包括印刷图书的直接成本,与使用印刷设备相关的间接成本并未考虑在内。Edler 指出,使用的设备并非十分昂贵,并且,在可预见的期间内不存在陈旧甚至耗用殆尽的风险(Edler,1937)。这一事实可以解释,在计算产品成本时为什么没有必要将间接的固定成本考虑在内。Edler 在研究普拉廷的账簿后作出如下总结:

> 正如复式商业簿记技术在意大利实务中获得充分发展要早于任何这一领域的书面专著出现那样,工业会计在获得教科书作者的关注之前,早已经在实务中得到发展。(第 234 页)

为个别公司制定的专门法律——18 世纪

第一批法人性质的机构出现于 18 世纪初期。1722 年,查尔斯六世(Charles Ⅵ)创建奥斯坦德公司(La Compagnie d'Ostende)。1754 年,荷兰皇家保险协会(La Chambre Royale d'Assurance aux Pays-Bas)成立。1782年,奥地利法兰德斯保险公司(La Compagnie d'Assurrancede Flandre Autrichienne)成立。上述每一家公司分别受到只为各自机构颁布的专门法律的管制(De Ronge,Henrion,& Vael,1993)。这一时期最重要的公司是奥斯坦德,它从事与印度及中国的贸易活动。1724 年,在这家公司成立 2 年后,J. B. Adriessens 撰写了一本名为《意大利簿记方法新操作指南》(*Uytvindighe van de nieuwe instructive van het Italiaens Boeckhouden op avontier ter zee*)的教科书。这是一本基于奥斯坦德公司的业务而撰写的书(De Roover,1932)。该书第一部分由公司与远东的贸易活动以及此后通过海路运输商品的例子构成,第二部分则是对复式簿记的描述。这本书可以成为所有从事海外贸易活动公司的典型。

到了 18 世纪末,继佛兰德籍作者的著作之后,一部法语教科书也开始在比利时产生影响。这本书便是由 Jacques Savary 撰写的《商业百科词典》(*Le Dictionnaire Universel de Commerce*)(De Roover,1932)。《商业百科词典》的引入,标志着法国开始对比利时会计产生影响。1789 年,在抗议奥地利皇帝约瑟夫二世(Joseph Ⅱ)的起义之后,比利时成为法国的一部分,法国通过法律对比利时会计施加影响。这一事件标志着比利时财务会计与报告演进过程中的第二个阶段开始。

商法典中的公司报告(1807—1975 年)

在这一部分,我们讨论 19 世纪和 20 世纪前¾的时间里(1975 年以前,译者注)有关公司报告的法律要求。在这一阶段,法律中仅包括数量十分有限的财务报告与披露条款。首先,我们介绍 1807 年至 1913 年间《商法典》(Code of Commerce)中财务报告管制的演变。1913 年以后,商法典只作出很少修订,并且,这些修订没有改变财务报告的管制状况。其次,我们集中讨论这一期间估值规则演进和职业界的发展情况。最后,我们讨论了导致 1975 年会计法律颁布的事件。

19 世纪的公司报告

1807 年,法国人将其《商法典》引入比利时的法律体系。在 1807 年至 1913 年间,这部法典经历若干次修订。在许多情形下,有关公司报告或财务信息控制的法律要求被改变。这些修订的推动力总是来自修补现行法律的不足,而不是试图创建健全的财务报告与披露制度。在整个 19 世纪,财务信息披露非常少,并且,几乎不存在对所发布财务信息的控制。在那一期间,自由主义和最低程度干预的观念占主导地位。19 世纪是成功的工业化时代。大约在 19 世纪初,比利时公司在三个工业部门十分活跃:煤炭、铸铁和纺织品(De Ronge et al.,1993)。工业化结合主流的自由主义思想推动了布鲁塞尔股票交易所(Brussels Stock Exchange)的发展。直至 20 世纪初期的大萧条之前,布鲁塞尔股票交易所是欧洲最重要的交易所之一(Rajan & Zingales,2003;Musacchio,2008)。

1807 年第一部《商法典》引入

1795 年,法国吞并刚刚占领的比利时 9 省,并决定法国法律也在比利时生效。1807 年,法国在比利时各省推行其《商法典》。法国《商法典》建立在《萨瓦里法典》(Code of Savary)的基础上,根源于《克尔布特法令》(Ordonnance de Colbert,1673)(Van Hulle,1981),是第一部广泛适用、而非为了某一特定类型公司专门制定的法律。《商法典》(1807)是比利时第一部批准设立发行股票的有限责任公司的法律。这部法律(Livre Ⅰ. Tite Ⅲ,Art. 19)承认三类商业企业:合伙企业(société en nom collectif)、股份有限合伙企业(société en commandite)和公众公司(société anonyme)。

法典确立了设立公众公司必须满足的三个主要条件:(1) 登记为公众事业的公司章程(第 40 条);(2) 政府批准公司设立并在《箴言》(Moniteur,王国的官方报纸)上发布该批准公告(第 37 条);(3) 将资本划分为等值股份,成为不记名或登记在册的股份(第 34 条)。从法典颁布那一刻开始,便引发了关于公众公司章程必须经政府批准这项要求的讨论。至于财务报告,法典仅仅要求公众公司必须制定年度财产清单,没有任何约束或披露要求。因此,《商法典》(1807)没有制定任何强制性编制或披露年度报告的要求。至于对财务信息的控制,法典将任命监事(commissaires)的权利授予股东大会。

在法国占领比利时期间,这些法定要求一直没有发生变化。法国的占领持续至拿破仑溃败后维也纳议会(Vienna Congress,1815)召开。在那次大会上,大国(great powers)重新绘制了欧洲的政治版图。1815 年,比利时各省被割让给荷兰。吉劳姆·奥兰治(Guillaume d'Orange)成为统治者。由此,巨大的法国市场向比利时公司封闭。向荷兰及其殖民地的出口在一定程度上弥补了法国大市场的损失。考虑到新政府的经济稳健性,吉劳姆·奥兰治国王成立了一个提振国家工业的组织——荷兰兴业银行(Société Générale des Pays-Bay)(比利时独立后改名为比利时兴业银行,Société Générale de Belgique),以投资需要大量资本额的新公司为使命(De

Ronge et al.,1993)。在荷兰的统治下,《商法典》没有经历修订,由此,承袭自法国的法律体系保留下来。《商法典》(1807)的第一次变动发生在比利时独立后不久。

1841 年部门指令

1841 年 2 月 10 日,独立后不久的比利时发布一份部门指令(departmental instruction),通过要求公司在设立文件中必须明确规定将资产负债表存放于商业法庭的登记处(registry office of the Commercial Court),含蓄地考虑将编制资产负债表作为一项强制性要求。然而,在实务中,不存在针对公司是否遵循这项要求的控制措施,对于不遵循的情形也不存在刑事处罚。即便公司章程没有包含任何有关编制资产负债表的要求,政府也批准公司注册。在资产负债表编制完成后,提交至股东大会进行讨论,并且,可以在股东大会召开前向公司总部就相关事务进行咨询。公司不向股东发送资产负债表,因此,任何未参加股东大会的股东和第三方均不会获得资产负债表。

为了缓解设立公司必须经过政府批准条款引发的争议,这份部门指令进一步具体规定了可能的政府干预的范围。

1873 年 5 月 18 日法律对《商法典》的修订

1807 年由拿破仑推行的《商法典》主要服务于农业社会。在 19 世纪后半叶,比利时已经成为当时的第二工业强国(De Rongé et al.,1993)。因此,为了使公众公司治理规则现代化,需要对《商法典》(1807)进行调整。1873年新法律受到 1867 年法国法律和英国以及德国经验的影响(De Rongé et al.,1993)。设立公司必须经过政府批准的条款最终被废止,由事后制裁(关闭和承担无限责任)取而代之。当公司不遵循法律程序设立时,将适用这一新的条款。此外,法律也尝试引入对股东和第三方的保护。

1873 年法律增加了更多有关财务报表编制、报表信息披露和财务信息控制的要求。在财务报表编制方面,第 62 条明确要求,首先,董事必须每年制定一份资产和负债状况清单,该清单的最后应附上所有承诺的汇总表。其次,必须编制资产负债表和损益表,并且,报表上必须登记所有必要的折旧。虽然法律强制要求编制资产负债表和损益表,但是,法律没有明确说明资产负债表或损益表的任何内容或法定格式,也没有对估值规则作出任何具体规定。由此,折旧没有在公司业界得到系统应用。

1873 年法律进一步确立股东可以获取公司财务信息的权利。现在,董事会有义务在股东大会召开前 1 个月向监事报送所有公司文件(包括资产负债表和损益表)。股东被授予在股东大会召开前 15 天查阅资产负债表、损益表和股东名册的权利。登记在册的股东可以在收到股东大会通知和监事报告的同时,当然地获取上述信息。在获得股东大会批准后,这些文件在《箴言》报或比利时官方杂志的附录中进行发布(第 65 条)。

此外,1873 年法律变更了有关监事角色的条款。法律第 54 条要求由股东大会从董事中或者董事会之外选任至少一位监事,聘期 6 年且可续聘。这些监事监督和控制整个公司经营活动的权利不受限制(第 54 条 al. 1 和第 55 条)。在履行职责的过程中,监事可以获取公司全部文件,并将工作结果和所有他们认为必要的建议提交至股东大会(第 55 条)。虽然这些监事有权监督公司的经营活动,经济史学家如 Theate(1905)指出,这些董事会成员经常是那些公司掌控者的密友或者不称职的"泛泛之辈"。

自 1873 年法律通过以后,公众公司的数量迅速增长。比利时是大陆国家中最先实现工业化的国家之一。1860 年,比利时人均工业产量位居欧洲第二,仅次于英国。从 1834 年开始,首先是铁路,接下来的是制造业如煤炭采掘、钢铁和纺织等重要性得到提升(Van Nieuwerburgh, Cuyvers, & Buelens,2006)。尽管财务报告未受到管制且投资者保护方面很弱,比利时的金融市场十分活跃(Van Overfeld, Deloof, & Vanstraelen,2010),而综合性银行对市场活跃性作出积极贡献。无论在自身的证券投资业务上,还是向公众出售证券方面,比利时综合性银行均发挥作用(Van Overfeld, Annaert, De Ceuster, & Deloof,2010)。

针对资产负债表与损益表造假问题的 1881 年 12 月 26 日法律

截止到这一时期,商法未就提供虚假财务信息作出处罚规定的事实,导致大量滥用行为发生。因此,立法者在 1881 年法案中引入对那些带有欺诈性意图的歪曲财务报表的人适用刑事处罚条款(第 1 条)。但是,正如 Theate(1905)指出的那样,这部法律在现实中难以实施,因为法律基本上未涵盖任何有关资产负债表和损益表内容的法规或指南。

1886 年 5 月 22 日法律

5 年后,《商法典》再次被修订。虽然规范财务报表的对外报告与财务披露的法律框架在很大程度上是不充分的,财务报表编制层面却没有推行重大变革。由于缺乏关于估值规则或资产负债表和损益表格式与内容的任何法律要求，许多在官方刊物上披露的资产负债表和损益表是不全面的。

为了解决财务报告的上述缺陷问题，有关监事角色的条款被再次修订，因为监事缺乏独立性且经常不具备会计技术知识而受到批评。独立审计师的概念第一次在讨论中出现。一些议会委员建议，立法者应该采用英国的审计师模式，并提议公司必须委任以固定薪水支付酬劳的独立会计师，独立会计师与作为董事的监事在工作上是不兼容的。尽管指责如潮，立法者仍将自身的工作限定于仅仅制定有关监事职责的更多具体说明。1886年法案明确要求，"监事"个人为其在履行监督与控制职责中的失误承担责任。然而，在违反商法或公司章程的情形下，监事必须承担共同责任。

20 世纪的公司报告（1900—1975 年）

1900年至1975年，只有1913年法律变更了财务报告要求。随着1975年法律的生效，这些要求均被废止。更为重要的是，我们见证了经济环境变化如何改变了曾经带来19世纪繁荣的综合性银行的结构与功能。

1913 年 5 月 25 日法案对《商法典》的修订

《商法典》(1807)的后续修订没有改变20世纪初财务披露不足、股票公开发行泛滥以及所有者的控制权存在私人利益的事实。尽管对立法存在批判，1913年5月法律仍完整地保留了1873年法律的基本自由理念。至于资产负债表与损益表的格式与内容，法律第一次列出许多必须在资产负债表上单独披露的项目。第75条要求分别说明资产栏中的永久性资产和可实现资产以及负债栏中的内部债务、以资产抵押的债务和无担保债务。此外，法律也对上述财务信息的披露作出改进。现在，监事的报告应当在股东转让财产权利时提交至登记处，并且，必须至少在召开股东大会前的两周内向所有名义股东发送。更重要的是，股东大会决定的净利润的使用与分配方案应当进行公布。当董事基于欺诈性意图，未能按照法定要求保存并披露财务报表时，他们将触犯一部具有惩罚力的法案（第179条）。但是，有关监事应当像英国模式下那样得到特许会计师协助的建议再一次被驳回。

20 世纪初的财务报告和披露实务

综合性银行的出现为比利时非常活跃的股票市场的存在作出重大贡献。比利时的情形与德国相似，银行业部门以少量的强势综合性银行为特征(Durviaux,1947)。根据 Rajan 和 Zingales(2003)的观察,1913 年,比利时按人均计算的国内上市企业的数量最高,而形成的固定资本总额位居第二。此外,Musacchio(2008)指出,布鲁萨尔与伦敦、巴黎同时成为以外币标价的债券交易中心。经济史学家证明,这些银行也同样影响公司财务报告实务(De Beelde,1992;Kurgan-Van Hentenryk,1997)。Van Overfeldt 等(2010)发现的证据表明,尽管不存在许多格式与内容方面的管制,在第一次世界大战以前的时期,观察到财务信息披露数量出现重大变化的证据。作者们发现,综合性银行促使关联公司披露更多信息。更多的债券融资增加了资产负债表上列示项目的数量和透明度。股利支付则显著降低了提供透明损益表的激励,这表明股利支付是财务报告质量的替代因素(Van Overfeldt et al. ,2010)。

财政法律的支配地位:财政估值规则用于会计估值之中

1913 年商法没有对估值规则作出任何规定,并且,事实上,在 1975 年以前一直保持未变。这一事实为税法影响财务报告和估值实务提供了充分机会(Jorissen & Maes,1996)。财政法律的发展按照不同的速度演进。1830年,当比利时人通过反抗统治比利时的荷兰国王的革命取得独立时,他们继承了荷兰人在比利时推行的税收体系。最重要的税法(1822 年 6 月 28 日法律)对房地产的租金和门窗、壁炉、家具、马匹及佣工数量强制课税。而在 3年前,荷兰人推行一种名为"专利税"(patent be lasting)的税项,强制适用于所有从事商业、工业、工匠技术和海运活动的人。这是一项定额税,金额大小取决于所从事活动的类型和活动发生的场所。这项税赋不具有公司所得税的特征,因为从上述各类活动中取得的收益不影响应当缴付的税额。直至 20 世纪初,这一税收体系始终未发生改变。

1913 年,公司所得税制度被引入(1913 年 9 月 1 日法律)。第一次世界大战后,发生了一次重大的税收变革使 1913 年法律得到修订(1919 年 10 月29 日法律)。在 1913 年和 1919 年法律中,必须视为应税收益的公司利润以非常含糊的方式界定为公司所有交易产生的利润或者因公司参与而产生的利润。后来,该定义中增加了盈余和价值缩减两个部分。不符合可在税前扣除条件的支出定义得更加清楚。由于财政法律对利润概念界定不明,实践中便开发出一大批税收法规(由税务机关和法院发布)(Jorissen & Van Oostveldt,2001)。

这些税收法规进一步澄清了法律标准,并将法律标准应用于日常的各种情形。有趣的是,1913年和1919年法律将所得税视为可予抵税的项目。直到1962年,当整个税收体系发生第二次重大变更时,公司所得税才丧失可税前抵扣的特征。在20世纪60年代初期,政府试图增加税收收入,废止公司所得税从税前抵扣便间接地增加了国库收入。通过1962年改革,所有财政法律均被整合并入《所得税法案》(Income Tax Act, ITA;*Wetboek Inkomstenbelusting*,WIB 或 *Code des Impots sur les Revenues*, CIR)中。这部《所得税法案》与行政性通告、行政性法规共同决定比利时公司的所得税计算。最近一次《所得税法案》的重大变更发生于1992年。

在20世纪的前70年间,为了确定应税收益,公司必须按照财政规则对资产、负债、成本与收入进行估值。因为不存在会计估值规则,并且,公司试图回避行政管理工作,在公司为了向其他利益相关方(如投资者、债权人及供应商)披露信息而公布的年报中,采用了按财政估值规则确定的价值金额。事实上,这些财政规则成为含蓄的会计规则的一部分(Gelders,1984,第1301页)。这意味着公司发布的年度报表事实上是以保守方式表述公司状况的财政报表。于是,对外财务报告由谨慎性原则主导(Steenbergen & Van Hulle,1977)。这对公司并无损害,因为自大萧条以来大多数公司主要通过家族所有者、银行和其他债权人募集资金。为了评估公司的信用风险并判断其偿债能力,这些保守的年报是有用的。公司的家族所有者经常是这些公司的董事,可以通过其他途径获得他们所投资的公司财务信息。由于各方均对获取的信息满意,会计职业界便不存在制订自身准则或指南的需要。因此,审计职业界对会计实务的影响非常有限(Lefebvre,1984)。一些权威学者如Pauwels(1979,第41页)就此以"消极"一词来描述会计与审计职业界。

因此,由于1975年以前不存在明确制定的会计法律或会计法规,财政法律尤其是财政解释毫无疑问地成为主导财务报告实务的会计规则(Gelders,1984,第1301页)。会计与税收之间的深刻联系便以这种方式确立起来,这一联系至今依然存在。

集团财务报告缺位

截至1975年,已有的极少财务报告管制仅适用于公司的个别报表。指出这一点很重要。虽然已经存在企业集团,却没有提交合并报表的强制性要求。这与美国、英国及荷兰的情形不同。在后面这些国家中,企业集团从20世纪初期开始便已经提交合并年度报表。虽然企业集团在比利时的经营活动可以追溯至20世纪初,集团概念引入比利时法律却要晚得多。事实上,第一次正式承认集团关系的立法是关于向工厂委员会(works councils)披露信息的皇家法令(Royal Decree,1973)。然而,直至比利时通过1990年《皇家法令》开始实施有关集团报表的欧盟《第七号指令》,有关企业集团提交合并报表的法定义务才在比利时法律体系中推行。为了在一定程度上承认公司之间的集团关系,比利时立法者于1967年提出控股公司概念。

控股公司是指参与一个或多个比利时或外国公司的经营并能(在事实上或法律上)监督其活动的公司。控股公司必须满足两项标准:(1)控股公司或者其一家子公司向公众募集资金;(2)投资组合的价值超过5亿比利时法郎(BEF)或者自身权益的50%。自1967年以来,投资组合的门槛价值(最低5亿比利时法郎,约1 240万欧元)一直没有提高,这导致控股公司数量逐年增长。

然而,这项单一立法几乎不能视为制订集团法规内在连贯一致的法律框架的第一步(Theunisse,1989)。1967年《皇家法令》承载着双重初始目标:一方面,试图通过更多开放与财务透明,更好地保护小投资者与股东的利益;另一方面,旨在建立控股公司与国家政策框架中经济计划和活动之间更加紧密的联系。

直到20世纪70年代中期,控股公司总体上属于纯粹的金融控股。80年代,控股公司包含金融控股和行业控股。这两类控股公司代表比利时股票交易所80%以上的资本成交量(Aerts & Theunisse,1988)。金融控股公司的主要活动是对参与经营的企业组合进行管理,这对比利时经济发展产生重要影响。金融控股的历史根源追溯至19世纪初,即荷兰国王创建比利时兴业银行的时候(1822)。兴业银行的金融权利及其不断扩张的公司控制促使不同家族的巨额财富将控股公司形式制度化,即通过推广交叉参股(cross-participations)技术和次级控股(sub-holdings)来输送并管理控股公司的资源(Cuyvers & Meeusen,1985;Daems,1978)。在19世纪30年代,当一些大规模混合性银行因长期贷款中的短期负债非流动性和参股企业而破产之后,重要的控股公司才获得真正的法律结构。

设立控股公司的 1967 年《皇家法令》没有制定有关控股公司财务披露问题的任何法规。监督控股公司信息披露的正式控制任务分派给银行业委员会,然而,委员会却找不到任何可据以援引的法律基础。当银行业委员会认定公司报告没有全面且真实地表述控股公司的状况时,会将这一意见告知公司管理层。如果公司不遵从其决定,银行业委员会可以公布其意见(法令第 5 条和第 6 条)。然而,由于不存在规范性的强制要求,委员会的执行权力相当弱(Dauw,1985)。

变革的需求:高度不受管制财务报告时代的终结

在 1913 年至 1975 年,有关财务报告的要求写入公司法中,并且,几乎一直保持未变。虽然财务报告法律要求没有改变,国家经济前景则确实发生了变化。在大萧条之后,综合性银行陷入财务困境,这迫使其分拆业务活动。1934 年至 1935 年的法律干预使比利时综合性银行将传统业务与相关联的活动分离开来(1935 年 7 月 9 日第 185 号《皇家法令》)。1935 年 7 月 9 日,第 185 号《皇家法令》还设立银行业委员会,并赋予其控制银行及申请吸收公众储蓄公司的权利。1935 年 11 月 30 日,公司法也被修订。然而,涉及财务报告与披露的要求没有发生变化。

第二次世界大战后的经济环境变化引发一个后果:比利时股票市场的重要性降低,并且,很少公司上市。今天,如果我们查阅描述不同国家特征的国际会计教材(Nobes & Parker,2008;Choi & Meek,2008;Roberts,Weetman, & Gordon,2008),会发现比利时总是被划分至偏重债权人导向且股票市场相对不重要的那一组国家中。这一描述对于第二次世界大战后的期间当然是真实的,但是,显然不适用于比利时历史上最初的一百年(1835—1935)。当时,比利时股票市场是西方最重要的股票市场之一,拥有大量的外国上市公司。

1948 年,一项专门针对财务报告法律的提议酝酿而出(这项建议以最初提议者命名,即"格鲁特提议",De Groote Proposal, *Parlementaire Stukken Kamer*,No. 470,18 mei 1948)(Van Hulle,1948)。这项建议引发的唯一变动是 1953 年审计师协会(Institute of Auditors)成立。自此,上市公司被强制要求必须由作为审计师协会会员的审计师对其报表作出证明。1948 年,关于组建工人委员会的法律出台。这些委员会在具体企业层面组建,并且,由相等名额的雇员和雇主代表构成。工人委员会在企业中仅发挥咨询角色，不具有管理或决策的权利。1948 年法律赋予委员会获取信息的权利和诉诸审计师对会计系统与年度报表进行补充评论的权利。由于在那个年代财务报表经常是无意义的（Kefebvre & Flower，1994），事实上，几乎没有工人委员会向审计师寻求更多信息。

1963 年，政府设立一个委员会，考虑对财务报告立法问题进行修订。但是，真正的突破性起点来自 1970 年 2 月 23 日和 3 月 16 日的经济与社会大会（Economic and Social Conference）（Olivier，1978）。大会的主要关注点在于开发向工人委员会提供的财务与经济信息。两次会议可以视作改进会计要求演进过程中的重要事件。在比利时，变革财务报告的推动力既不是来自会计职业界，也不是财务报表编制者或者股东、债权人或资本市场。相反，决定性的激励因素来自一类特殊的财务报表使用者——工会（Michielssen，1975，第 179 页）。后来，欧盟在欧洲共同体内推行财务报告协调的方案成为另一项压力。根据 Lefebvre 与 Flower（1994）的观点，如果没有寻求欧共体的帮助，难以相信工会能够单独实现为会员获取更高质量信息的目标。

人们普遍认为，自此以后，对于财务信息编制与披露的所有问题，国家经济协调委员会（National Economic Council Commission）将会建议政府就公司披露要求采取进一步措施。1972 年 6 月 12 日，委员会发布一份关于财务报告要求的建议。1973 年 11 月 27 日，在经过国家经济协调委员会的激烈争论后，《面向工人委员会的财务与经济信息皇家法令》（*Royal Decree on Financial and Economic Information for the Workers Councils*）发布。这份 1973 年 11 月的《皇家法令》是比利时会计准则发展与财务报告管制中的重要措施。法令旨在向雇员提供有关企业经济与财务状况以及经济与财务数据对企业管理组织架构、雇佣关系及全体员工方面影响的"清晰且准确的图景"（原始术语）。并且，这一信息必须有助于工人理解在更大规模的经济与财务主体范围内，甚至在更广的经济环境中[如企业经营所处地区性、全国性以及国际经济体的分支或行业（部门）]的企业状况。1973 年 11 月《皇家法令》主要关注财务信息的披露，未就交易应当如何记录与估值作出规定。有一点很重要，《面向工人委员会的财务与经济信息皇家法令》要求提供分部信息，包括前瞻性展望，强调旨在实现的目标与程序以及关于预算计划与控制的信息。此外,公司没有义务向雇员以外的各方披露上述财务和经济信息。指出这一点也很重要。

工会继续为会计信息的公开披露作斗争。当基督教工会(Christian trade unions)提交一份建议企业披露年度报表的计划文稿时,1971 年 11 月 16 日发布的欧盟《第四号指令》草案、而不是工会的建议稿成为讨论的基础(Lefebvre,Lin,& Van Nuffel,1995)。然而,直至 1975 年 7 月 17 日,经历若干份草案之后,《会计与年度报告法案》(*Act on Accounting and Annual Reports*)才经投票获得通过。许多作者将 1975 年会计法的制定描述为公司报告历史上的里程碑。Van Hulle(1981)则称之为立法的爆发,并认为,自财务报告要求载入事实上以《克尔布特法令》(1673)为基础的《1872 年法律》以来,会计立法便没有发生过任何大的变革。Olivier(1978)指出,截至 1975 年,会计记录的管制是起源于《克尔布特法令》的比利时商法典中最古老的条款之一。根据 Gelders(1986)(会计准则委员会首任主席)的观点,在 1975 年之前,比利时在财务报告领域属于发展中国家。财务账户偏向税务,前后不一致,并且,几乎不具有可比性,因此,1975 年会计法案和 1976 年《皇家法令》象征着一次革命。这一立法将我们从中世纪带入现代社会(Gelders,1986)。

1972 年的全国经济协调委员会意见也就审计职业改革提出建议。然而,直至 1985 年,因实施欧盟《第八号指令》,比利时立法才作出变革。

职业界的缓慢发展

在比利时,随着《公司法》(1873)的推行,发布经审计的财务报表成为有限责任公司的强制性义务。这部法律规定,包含一名或两名监事的机构必须独立地向股东报告公司管理状况(Olivier,1996)。不存在详细的会计准则或披露要求以及资格标准的缺乏也削弱了他们的地位(De Beelde,1993)。有关监事资历的法规缺位明显阻碍了可以确认的审计职业团体的创建,而 20 世纪初期会计师主要在工业领域工作。随着 1920 年税法的推行,对会计服务的需求增加,越来越多的会计师开始从事自由职业(self-employed)。会计师将自己组织成地方性与区域性的协会。第二次世界大战爆发时,大约同时存在 25 个此类协会,出现缺乏全国公认发言人的非常分散的状态(De Beelde,2002)。根据 Mas(1959)和 Mey(1970)的观察,与英国及荷兰同行相比,20 世纪中叶的比利时会计职业界规模小且相当弱。会计师的主要工作是提供税务与财务建议。

独立审计师职业的推动力最终来自验证向工人委员会提交的经济与财务信息的需求。1948 年法律规定,工人委员会的成员可以要求独立审计师对公司管理层必须向委员会提供的财务数据进行检验。这一要求提出后不久,审计师协会根据 1953 年 7 月 22 日法律组建起来。然而,审计师职业界发展缓慢,并且,在 20 世纪 70 年代初,无论从人数与地位分析,职业界的影响依然十分微弱(Lefebvre & Flower,1994)。会计师遵循法律,而不试图改变法律。当法律提供的指南不确定时,职业界几乎没有去填补其中的空白(Lefebvre & Flower,1994)。

履行法律专门委托于公共审计师的所有职责,并且,一般情形下对法律(Sec. 33)要求企业编制的会计报表进行验证,构成审计师协会会员的责任。公共审计师的主要职责是审计两类企业的财务报表:(1) 所有大规模企业;(2) 所有要求组建工人委员会的公司——通常指雇员超过 100 人的各类企业。

1975 年 7 月 17 日会计法颁布后的会计管制

1975 年会计法的颁布标志着我们在分析比利时财务报告历史时划分的第三个阶段开始。在这一时期,财务报告从高度"不受管制"状态转变为高度受管制状态。这一变迁受到两个因素的激励:(1)一类特殊的年报使用者群体即雇员;(2)欧盟为了协调财务报告与审计而发布的指令与条例。

1975 年 7 月 17 日,在结合利益相关方的一系列报告和关于个别公司报表问题的欧盟《第四号指令》的基础上,比利时议会发布《工业与商业企业簿记和财务报告会计法》(*Accounting Law on Bookkeeping and Financial Reporting for Industrial and Commercial Companies*)。这部法律的纲要没有规定资产负债、损益表及附件(附注)的格式与内容,这些方面由 1976 年 10 月 8 日《皇家法令》确定下来。至于集团合并报表,1975 年法律第十一章明确规定,国王可以通过《皇家法令》强制要求企业编制并公布合并报表。直至 1991 年实施欧盟《第七号指令》而使编制合并报表成为法定强制性要求之前,适用的便是上述规定。

此后，多份皇家法令对 1975 年法律和 1976 年《皇家法令》作出修订。1975 年法律和 1976 年《皇家法令》以 1974 年发布的欧盟《第四号指令》为基础。因此，1978 年，当《第四号指令》最终版发布而对草案中的某些条款作出修改时，比利时会计法中的一些要素也不得不进行变更。1983 年 9 月 12 日《皇家法令》将这些变动确立为法律。随着这两项指令和 1983 年法律对 1975 年法律作出修订，《第四号指令》最终写入比利时立法。这项立法的推行是比利时财务报告历史的一个转折点。自此，主管财务报告的法律要求不再是《公司法》的一部分，而以单独法案和皇家法令的形式取得独立地位。

从高度不受管制到精细化管制

直至 1975 年，1913 年的法律一直有效。法律没有强制施加任何估值规则，几乎不涉及簿记的要求，并且，资产负债表上只需要披露少数项目。比利时会计法和随后发布的皇家法令与《第四号指令》的内容一致，虽然前者更加详尽。与许多其他欧盟成员国一样，对于比利时年报的编报者与审计师而言，"真实公允观"是一个全新的概念。长期以来，企业界和审计职业界认为，在满足所有法律要求后，财务报表便已经提供真实与公允的观点。1976 年《皇家法令》确立与《第四号指令》估值规则相一致的估值规则。历史成本原则成为基本的估值规则。然而，1976 年《皇家法令》允许有形固定资产和存货采用重置价值(第 35 条)。1983 年《皇家法令》则废止采用重置价值的可能性。此外，1976 年《皇家法令》引入强制性折旧要求。

迄今为止，商法典仅要求保存以下账目：日记账、已收商务信函与已发送商务信函副本的账簿(a book of received letters and copies of letters forwarded)以及财产清单。1975 年，当法律就应当如何保存账簿作出详细规定时，上述所有要求均被彻底改变。

立法者利用会计领域发生重大变革的机遇，引入了适用内部记账目的的统一会计科目表。1978 年 3 月 7 日《皇家法令》引入这项义务，包括最低程度的会计科目表，其中规定科目名称和用于识别科目的十进位代码。与法国《会计科目表》(French Plan Comptable)不同，标准会计科目表不包括与成本账户或管理账户相关的部分(Richard，1995)。由于政府与会计职业界认为采用标准会计科目表存在许多便利之处，便向公司强制推行，其他相关方则对此并无多少热忱。

年度报表披露方面也采取了一些重要改进措施。所有有限责任公司必须发布年度报表和董事报告。这意味着在财务期间结束后的7个月内,报表必须可以为公众获得。在比利时,年度报表由中央银行组织发布。公司向中央银行的办公室提交年度报表,并且,在提交报表时采用中央银行设计的标准格式。公众可以通过中央银行网站(以前使用微缩胶卷、磁带或只读型光盘)获取公司向央行提交的所有报表。标准化的报告系统也促使政府能够将公司年度报表与以所有年度报表为基础编制的全球化报表联系起来。

此外,具有显著重要性的事实是,现在可以对下列人士强制施以惩罚[罚款和(或者)监禁]——财务报表编报者和那些有意或因缺乏适当勤勉而将未遵循法律条款的报表认定为真实可信或批准其发布的审计师或独立专家(第17条)。

根据1975年《会计法案》,比利时立法者组建了会计准则委员会(Commission on Accounting Standards)。该委员会的职责包括当委员会被要求或者出于委员会自发考虑,向政府和议会提出相关建议。第二项任务是发展会计理论,以意见或建议的方式制定恰当的会计原则(第14条)。强调以下一点很重要:会计准则委员会只具有建议职责,除非法律或皇家法令采纳其建议,否则便不具有法律约束力。会计准则委员会完全独立于会计师职业界,委员则由政府部门任命,包括银行业与金融委员会(Banking and Finance Commission)、企业中央咨询组(Central Advisory Group for Businesses,包括来自雇主与雇员的代表)和审计师协会。企业界向经济事务部(Ministry of Economic Affairs)发出的关于受到会计法侵害的申诉,总是由其部长转呈给会计准则委员会。企业也可以直接向委员会呈递问题。委员会极少处理法律未涵盖的事务。委员会曾经计划对资金流动表、外币折算、重置成本会计和合并会计进行研究并提交报告,但是,后来仅就外币折算项目发布一份建议。因此,委员会的角色不同于英国会计准则委员会(ASB)或美国财务会计准则委员会(FASB)。它不发布准则,其大部分公告旨在就如何解释和应用会计法与皇家指令提供指南。

1975年以后会计与税收之间的联系:财政中立原则

20世纪70年代中期出现一种新的形势:公司同时面临一套全新的会计规则和现有的财政规则。财务报告与税收之间的差异可以通过在年度报表中引入递延所得税而克服。然而,在 20 世纪 70 年代中期,递延所得税概念对于比利时企业界而言全然是陌生的。并且,企业界习惯于只发布一套为公共与财政目的的年度报表。企业界反对从 70 年代中期开始可能不得不编制两套报表的想法。他们将之视作一项过于沉重的行政负担。作为应对这一冲突情形的方案,政府选择推行财政中立原则(principle of fiscal neutrality)(Jorissen & Maes,1996)。引入这一原则也是一项政治选择,因为政府并不试图通过推行新的会计立法而改变税收体系和应税收益的计算。

1975 年法律的解释性备忘录将财政中立原则解释如下:

政府并不试图通过推行这次会计立法而间接地改变当前财政立法的影响。政府将务必确保财政中立性,并且,政府应在必要时采取必要的法律和行政性方案及措施。

此外,1976 年《皇家法令》的前言和 1978 年 3 月 31 日财政管理通告(CIRH4211290.379)也对财政中立原则进行讨论。财政中立可通过以下方式实现:财政管理可以为税收目的接受会计法的所有规则以及为了确定应税金额而同时发布的有关折旧、注销、转回、计提准备及其他估值规则的皇家法令,除非税收法律明确作出相反的规定。

为了解释这一财政中立原则,在财政法律中未制定具体规则的长期合同估值问题可以作为一个示例。会计立法允许长期合同采取两种估值方法:完工合同法和完工百分比法。在财政法律中,没有对税收目的下这些长期合同的估值作出明确的具体规定。因此,会计上的两类估值方法均为税收目的所接受。如果公司选择完工百分比法,那么,将产生直接的税收后果,因为采用这一方法的早期阶段将产生更高的应税收益。如果公司希望推迟税负支付,那么,它必须采用完工合同法为长期合同估值。由于在实务中财务报表编报者总是将税负影响考虑在内,大部分公司选择完工合同法(Christiaens,1986,第 72 页)。由此,年度报表事实上成为一项税收工具。

在 1976 年 10 月 18 日《皇家法令》的前言中,议会表达了只允许在例外情形下使财政规则区别于会计规则的意向。因此,按照议会的观点,除非涉及某些特殊问题,会计法律超越财政法律。最初,财政法律与会计法律之间存在许多曲解。为了消除这些曲解之处,政府以多种方式推进。首先,政府变革财政法律的一些方面,使之与会计法律保持一致。譬如,1992 年,议会明确规定(第 2 条,第 7 段,ITA,1992),在开办费、无形资产、有形资产、金融资产、存货和履行中的合同(contracts in progress)方面,财政法律可以接受会计法律中确立的定义。其次,变革会计法中的项目,使之与财政处理相协调。由财政现实引出会计法变革的一个示例是,1983 年《皇家法令》取消了采用现行成本会计方法作为估值方法的选择权。当 20 世纪 70 年代中期比利时实施欧盟《第四号指令》时,公司可以选择历史成本原则或现行成本原则作为编制年度报表的基础。但是,为了财政目的,公司只能接受历史成本原则,由此,几乎很少公司在发布的报表中采用现行成本原则。随着 1983 年《皇家法令》的实施,参照现行价值进行估值的可能性被取消。由此,会计法律向财政法律更加靠近了一步。然而,尽管政府不断努力,曲解依然存在。

在引入会计法律和财政中立原则大约 35 年之后,人们可能会认为只是部分地实现了财政中立。在许多场合,财政法律与财政管理接受会计规则。然而,中立性不断受到议会经常性地利用财政法律刺激企业经济活动这一事实的威胁(Haustraete,1991,第 32 页;Van Hulle,1981,第 20 页)。更有甚者,这类法律要求在公司账簿中进行登记是获得激励目的税收减免的前置条件。这些要求引致偏向税收的年度报表。因为某些资产或负债必须按照适用的税收法律估值,而不是采用经济上证明为恰当的价值,资产负债表和损益表不再提供真实公允观。然而,按照比利时年报编制者、会计师与审计师以及政府的观点,年度报表在整体上应该提供真实与公允的观点。他们认为,如果在附注中披露财政估值对公司业绩的影响,那么,年度报表在整体上确实提供了真实与公允的观点。因此,附注是校正资产负债表和损益表的手段之一(Jorissen & Van Oostveldt,2001)。

财务报告与政府的信息需求

与 1975 年之前的表现不同,政府现在经常出于自身目的而利用对财务信息的管制。首先,尽管在政府的声明与法律中提出财政中立原则,公司报告却经常用于实施财政政策与措施。为了解释政府的影响,我们提出有关政府信息需求如何影响 1975 年以后会计管制的两个重要示例。第一,出于内部记账目的,向所有公司强制推行采用标准会计科目表。这项法定义务主要受政府对标准化信息需求的推动。1971 年 7 月 31 日,议会投票并通过《价格控制法案》(Price Control Act)。这项法案包含嗣后通过《皇家法令》

发布统一或标准会计科目表的计划,并强制适用于大规模企业。统一会计科目表将促进政府对价格实施监管。资产负债表和损益表的具体格式以及适用于许多公司的强制性披露要求均源于相同的政府愿望。另一个示例是引入社会资产负债表。20 世纪 90 年代,政府为了创造就业制订许多计划和激励措施。为了获得就业政策有效性的数据,政府发布 1996 年 8 月 4 日《皇家法令》,引入在年度报表中公布涉及员工的财务数据。社会资产负债表是年度报表中单独的一个部分。比利时的年度报表现在包括四个项目:资产负债表、损益表、附注和社会资产负债表。1996 年 8 月 4 日《皇家法令》规定了社会资产负债表的标准化格式。社会资产负债表由四个部分构成:(1) 雇员数量信息;(2) 劳工流动计划;(3) 政府奖励措施与拨款使用情况;(4) 员工教育规划信息。事实上,社会资产负债表是一项由政府创建并作为评价其就业政策有效性的工具。

集团财务报告与披露的管制

直至 20 世纪 70 年代,集团会计几乎仍然不存在。从 1968 年以来,只有控股公司才有义务披露集团信息。然而,对集团信息的含义作出界定的法律框架尚未制定出来。最终,在 70 年代,仅适用于控股公司的集团报表会计要求被制定出来。有关控股公司年度报表的 1977 年 11 月 29 日《皇家法令》源自管制金融机构的 1975 年 6 月 30 日法律。1977 年《皇家法令》推行合并报表编制与报告的第一项法定义务。这份法令仅规定合并的一般原则和合并报表的格式及内容,但是,没有明确制定合并原则与方法。当时,比利时以国际会计准则委员会(IASC)的“合并财务报表公告”(statement on consolidated financial statements)为参照,作为对这一问题的恰当处理标准。因此,我们观察到,尽管 1977 年《皇家法令》在总体结构上参照了 1976 年《皇家法令》,控股公司的会计标准是在主流会计管制之外发展起来的。

自从 20 世纪 60 年代末以来,银行业委员会强烈建议准备公开发行股份的公司发布合并报表。在发布合并报表时,银行业委员会要求由经过授权的外部审计师提交一份正式的控制报告。1977 年《皇家法令》确认了银行业委员会在监督职能上的权威性。除了对报表质量的总体监督以外,银行业委员会还被授予允许在某些特定领域偏离一般性规定的权利。控股公司的独立司法体制也使控股公司从会计准则委员会的权威性中分离出来。

管制的现实是每家控股公司在银行业委员会与公司审计师的监督下建立并发展了自身的合并制度(Aerts & Theunisse,2001)。在控股公司开发自身合并报表制度个别方案的同时,银行业委员会在20世纪70年代后期和80年代初期(在与利益相关方共同协商的过程中)就合并报表问题发布了不同的技术建议(如估值规则和合并差异的会计处理)。此外,银行业委员会建议更多地依赖审计师协会发布的两份准则。这些准则与合并报表的结构和内容以及与合并报表审计相关的报告相关联。重要的是,合并报表没有受到与个别法定报表相同进程的法律管制。在1977年11月29日的《皇家法令》中,控股公司的合并报表被描述为"公司报表的额外信息"(第4条)。只有当合并报表成为法定报表的必要附件时,向股东大会提交才成为强制性义务。提交合并报表仅仅具有传递信息的特征,因为合并报表没有经过正式批准。这些不是判断责任履行与否的关键要素(Wymeersch,1982)。上述缺陷导致1977年11月《皇家法令》被1986年9月1日《皇家法令》所取代。现在,1986年《皇家法令》规定,集团报表应当明确成为法定报表的特定补充信息。该《皇家法令》第12条指出,合并报表必须与法定报表同时提交至股东大会。受《第四号指令》的影响,现在《皇家法令》第5条规定,合并报表需要表述集团财务状况的真实公允观。然而,这份法令仍然将控股公司的财务报告要求独立于会计法和随后发布的与个别报表相关的皇家法令。

雇员代表要求获得的集团报表信息

我们在前文讨论了向工人委员会披露经济与财务信息的1973年11月《皇家法令》的重要性。这份《皇家法令》结合欧盟的影响导致1975年《会计法》的通过。然而,这份法令也同样重视集团信息。对于所有未能满足控股公司定义的集团而言,20世纪70年代不存在披露集团信息的管制要求。

工人委员会的立法第一次引入披露集团相关信息的要求。在此之前,只存在与控股公司相关的集团信息的立法。因此,1973年《皇家法令》明确要求,工人委员会有权获取的法人与技术主体的信息流,必须由企业所属的"财务或经济主体"相关的信息进行补充。法令明确提到下列信息:(1)经济与财务主体的章程及其与其他公司的关系(第5条);(2)这些主体的财务结构(第8条);(3)对未来的一般性和经济预期(第11条);(4)经济或财务主体的组织结构图(第14条);(5)最后,如果存在,集团的合并报表(第12

条)。这份《皇家法令》没有对术语"经济与财务主体"作出界定。全国经济协调委员会对这一概念进行讨论。工会代表支持对集团作出非常宽泛的经济学定义。雇主代表则强烈地偏爱于赞同多数参与的传统标准。大约 20 年之后,当有关集团报表的欧盟《第七号指令》于 1990 年在比利时立法中实施时,这一问题才达成共识。

实施关于合并报表的欧盟《第七号指令》的 1990 年《皇家法令》

关于合并报表的欧盟《第七号指令》在比利时的实施,使编制并发布集团报表的义务拓展至除小规模集团以外的所有集团。然而,比利时立法者重视比利时公司与审计师在编制合并报表方面的有限经验(Aerts & Theunisse,2001),因此,最初仅将编制合并报表的要求强制施加于大规模集团。集团的适用规模标准逐渐降低,以至于在实施《第七号指令》10 年之后,只有小规模集团被豁免编制并披露集团报表。这份《皇家法令》进一步确立次级合并(sub-consolidation)的豁免情形。然而,尽管存在豁免条件,当为了满足工人委员会的信息需求或出于自身目的管理当局或司法机构要求提交相关文件时,必须编制合并报表与董事报告。由于控股公司立法与 1991 年《皇家法令》相整合,因此,无论规模如何,控股公司总是必须提交集团报表。

1991 年法令与《第七号指令》保持一致。由于比利时公司与比利时立法界均未在合并报表问题上采取主动出击的立场,比利时实务与《第七号指令》所含的概念及法规之间便不存在冲突之处。比利时是将《第七号指令》中确立的横向集团(horizontal group)概念吸收至立法中的少数国家之一。然而,这同时意味着,除了合并报表法令的要求之外,不存在有关集团报表的具体会计规则。不同主题上的许多方法问题一直未能得到解决。最初,比利时会计准则委员会计划详细制定许多方法层面的准则,但是,在欧洲委员会(European Commission)于 1995 年修订会计协调战略之后,委员会也修订了自身的计划。

影响比利时公司报告的国际因素

从本章的前面部分可以清楚地发现,欧盟《第七号指令》在 20 世纪最后 10 年间推动公司报告管制发生变革的过程中发挥重要作用。随着世界范围国际协调的发展,比利时立法者开始通过两条途径参与国际化进程。可以看到,在技术性的会计问题上(如递延所得税、金融工具及合并报表问题),政府通过与会计准则委员会合作,不再试图就这些主题详细制定一套国家会计规则。相反,它们清楚地认为,比利时将不会在国际争议问题中扮演领头羊的角色,但是,一旦国际层面的争议由国际组织或世界范围内公认的组织(如 FASB)转化为一份准则之后,它将会把这些国际准则引入比利时的实务中。

作为国际化进程中的第二条路径,政府允许公司按照国家准则与规则以外的标准编制年度报表。在许多国家,按照本国规则之外的标准编制年度报表的可能性是通过法律推行的。比利时立法者没有选择这一范式,而是采取一种更具有约束力的方法。如果公司试图按照国际或外国公认会计原则(GAAP)编制报表,它们必须请求获得批准。政府决定允许存在个别豁免的情形,并将之授权给经济事务部部长。会计准则委员会发布的第 44 号公报(1998 年 6 月)描述了部长在批准豁免情形时将采用的标准。符合条件应用外国或国际会计准则(IAS)的公司称为"全球参与者"。全球参与者是指满足以下一项或多项标准的公司:

- 在国际或外国资本市场上市(或计划上市)的企业;
- 拥有重要国际活动的企业;
- 企业的母公司在合并财务报表中采用比利时以外的会计规则;
- 企业经营活动处于普遍采用外国会计规则的特定部门(如石油)。

这些豁免情形仅在合并报表层面才予以批准,并且,不允许偏离欧盟《第七号指令》。个别报表的编制必须始终遵循比利时 GAAP。截至 1999 年 3 月,只有 8 家公司请求允许按照本国 GAAP 以外的 GAAP 编制年度报表。其中,6 家公司为上市公司,2 家非上市公司。6 家上市公司分别在欧洲证券交易商自动报价协会(EASDAQ, European Association of Securities Dealers Automated Quotations)泛欧新兴高科技公司股票交易所,(pan-European stock exchange for new high-tech companies)、全国证券交易商自动报价协会(NASDAQ, National Association of Securities Dealers Automated Quotations)美国高科技公司股票交易所,(American stock exchange for high-tech companies)或同时在 EASDAQ 和 NASDAQ 上市。其中,3 家公司选择 IAS 编制年度报表,其他 3 家公司遵循美国 GAAP 编制财务报表。选择美国 GAAP 的公司要么在 NASDAQ 上市,要么属于软件行业(在美国,软件行业的收入确认适用特殊准则)。2 家非上市公司的报表需要与控股股东按照 IAS 编制的报表相合并,因此,选择遵循 IAS 编制年度报表。

当第 1606/2002 号《欧盟条例》(EU Regulation No. 1606/2002)在比利时生效时,这套"全球参与者"制度寿终正寝。自 2005 年以来,所有上市集团必须遵循 IAS。比利时的非上市集团可以选择采用比利时 GAAP 或者 IFRS。在比利时,个别报表仍然不允许采用 IFRS。会计与税收之间的联系阻止这一问题上的法律作出变革。

实施欧盟《第八号指令》后的职业界组织

在 1975 年法律发布后,会计师的角色随着详细法规发布数量的增加而提升。当《第八号指令》发布时,1953 年法律不得不作出修订。职业界按照 1985 年 2 月 21 日法律进行重组。在根据 1953 年法律组建的审计师协会之外,第二个协会建立起来。

1985 年 2 月 21 日法律将会计师协会(Institute of Accountants)的会员活动作出如下界定:(1) 检验并改正所有会计文件;(2) 推荐会计和管理(组织架构)方面的专家意见,分析会计程序,并从偿债能力、获利性和风险角度分析企业运行情况;(3) 组织会计和管理(组织架构)层面的事务,并提出相应建议;(4) 代表第三方记账;以及(5) 税务咨询服务。

审计与会计职业之间的差异主要在于提供的服务类型,在职业教育、培训和专业技能方面则差异较少。两个机构之间的关系由同样根据 1985 年法律组建的会计与审计高级理事会(Higher Council of Accounting and Auditing)主管。现在,这些职业界人士被称为经济专家(会计师、审计师、簿记员和税务咨询师),监督机构也改称"经济专家高级理事会"(High Council for the Economic Professions)。有关行业管理法律的最近一次修订,发生于修订后的《第八号指令》开始实施之时。

结　　论

本章有关比利时会计的历史向我们表明,多年以来,比利时在发展会计实务中的作用事实上下降了。在中世纪,来自低地地区的作者(Ympyn 和

Stevin)通过对关账、资产负债表与损益表编制的介绍,在威尼斯复式簿记的未来发展中发挥了开创性作用。在比利时九省被法国占领之后,会计问题上的积极主动立场迅速消失。在法国的占领下,当 1807 年推行事实上为法国《萨瓦里法典》复制品的第一部《商法典》时,比利时的会计实务便吸收了法国的影响。在少量修改后(最重要的发生于 1913 年),1807 年《商法典》有关财务报告的基本观点在 1975 年以前一直保持未变。在整整 170 年间,比利时均呈现对财务报告作出最低管制要求的特征。对资产负债表和损益表只有最低的披露要求。基于没有制定会计估值规则的事实,税收估值规则成为事实上的会计估值规则。几乎不存在对财务信息的控制。由此,比利时以公司内部人与外部人之间就公司经济与财务状况存在大量信息不对称而著称。在工会压力和欧盟关于财务报告协调的方案之下,1975 年《会计法》出台。自此,公司报告与披露不再嵌入公司法中,而是在比利时法律体系中赢得独立的法律地位。除了为满足比利时政府的信息需求(统一会计科目表与社会资产负债表)而推行的许多法律修订之外,现在比利时在财务报告问题上采取一个接受者的角色。披露集团报表的要求只在不得不实施欧盟《第七号指令》时才引入比利时。财务报表审计要求的情形也是如此。只有在比利时实施《第八号指令》(1985)后,情况才发生根本性改进,并与其他国家在多年前便已采用的惯例相一致。在 21 世纪,很难发现"比利时人"对比利时财务报告的影响。所有管制的变革均由欧盟指令或者欧盟条例所推动。

参考文献

AERTS W, THEUNISSE H. 1988. Belgium and the seventh directive. In: S. Gray & A. Coenenberg(Eds), International group accounting(pp. 41 - 75). London: Croom HeIm.

AERTS W, THEUNISSE H. 2001. Belgium—Group accounts. In: D. Ordelheide & KPMG(Eds), Transnational accounting(pp. 469 - 530). New York. NY: Palgrave Publishers Ltd.

CHATFIELD M. 1996. Ympyn, Jan. In: M. Chatfield & R. Vangermeersch(Eds). The history of accounting: an international encyclopedia(p. 616). New York. NY: Garland.

CHOI F, MEEK G. 2008. International accounting(6th ed). Upper Saddle River. NJ:

Pearson Education.

CHRISTIAENS J. 1986. Toegerekende winst bij bestellingen in uitvoering. Accountancy en Bedrijfskunde, 2, 72 - 76.

CUYVERS L, MEEUSEN W. 1985. Financial groups in the Belgian network of interlocking directorships. In: Networks of corporate power (pp. 148 - 165) Cambridge: Cambridge University Press.

DAEMS H. 1978. The holding company and corporate control. Boston. Leiden: Martinus Nijhoff, Social Science Division.

DAUW C. 1985. De Bankcommissie en de jaarrekening. Accountancy en Bedrijfskunde Maandschrift, 8(October), 10 - 15.

DE BEELDE I. 1992. Accounting information and its use in a number of Belgian coalmines during the first half of the twentieth century. Unpublished PhD dissertation, Ghent University.

DE BEELDE I. 1993. Interpreting historical financial accounting data. Belgisch Tijdschrift voor Nieuwste Geschiedenis/Revue Beige d'Histoire Contemporaire, 24 (1 -2). 57 - 106.

DE BEELDE I. 2002. Creating a profession "out of nothing"? The case of the Belgian auditing profession. Accounting, Organizations and Society, 27, 47 - 470.

DE RONGÉ Y, HENRION E, VAEL C. 1993. Company law and accounting in nineteenth century Europe: Belgium. The European Accounting Review, 2, 298 - 311.

DE ROOVER R. 1928. Jan Ympyn, Contribution à l' Histoire de la Comptabilité, Bulletin d' Etudes et Informations de l'Ecole Supérieure de Commerce St. Ignace, Volume year 1929, April issue, 1 - 29.

DE ROOVER R. 1932. Coup d'oeil sur l'Histoire des Comptes en Belgique depuis le Moyen Age Jusqu'à la Révolution Brabanconne. Revue Belge des Sciences Commerciales, 149(May), 1 - 19.

DE WAAL P. 1927. De Leer van het boekhouden in de Nederlanden tijdens de zestiende eeuw. J. J. Romen en Zonen, Roermond.

DURVIAUX R. 1947. La Banque Mixte: Origine et Soutien de l'Expansion Economique de la Belgique. Brussels: Etablissements Emile Bruylant.

EDLER F. 1937. Cost accounting in the sixteenth century. The Accounting Review, 11 (12), 226 - 237.

GELDERS G. 1984. Boekhoudrecht en fiscaliteit. Bulletin der Belastingen, 60 (628), 1298 -1321.

GELDERS G. 1986. Interview met de vader van de boekhoudwet. Accountancy en Bedrijfskunde,6(8),1‐10.

HAUSTRAETE J. 1991. De fiscale wet nog verder van boekhoudwet en economische realiteit. Maandblad Accountancy en Bedrijfskunde,11(3),32‐36.

JORISSEN A, MAES L. 1996. The principle of fiscal neutrality. The European Accounting Review. 5(Suppl),915‐931.

JORISSEN A, VAN OOSTVELDT K. 2001. Belgium-Individual accounts. In: D. Ordelheide & KPMG(Eds), Transnational accounting(pp. 375‐468). New York, NY: Palgrave Publishers Ltd.

KURGAN-VAN HENTENRYK G. 1997. The Société Générale, 1850—1934. In: H. Van der Wee(Ed.), The générale bank. Tielt: Lannoo.

LEFEBVRE C. 1984. The fourth directive in Belgium. In: S. Gray & A. Coenenberg (Eds), EEC accounting harmonisation: Implementation and impact of the Fourth Directive(pp. 11‐28). Amsterdam: Elsevier Science Publishers.

LEFEBVRE C, FLOWER J. 1994. European financial reporting—Belgium. In: S. McLeay & S. Archer(Eds). The European financial reporting series. London: Routledge.

LEFEBVRE C, LIN L, VAN NUFFEL L. 1995. Financial and economic information for industrial relations councils—The case of Belgium. The European Accounting Review, 4(3),555‐569.

LITTLETON A. 1933. Accounting evolution to 1900. New York, NY: American Institute Publishing Co. .

MAS A. 1959. Introduction à la revision des enterprises. Gembloux: Dunod.

MEY A. 1970. Encyclopedic van de Bedrjfseconomie(Deel V. Controleer). Bussum: Unieboek.

MICHIELSSEN F. 1975. De financiële verslaggeving van de ondernemingen—de in het vooruitzicht gestelde wettelijke hervormingen inzake jaarrekeningen en revisoraat. Economisch en Sociaal Tijdschrift,2,179‐196.

MUSACCHIO A. 2008. Can civil law countries get good institutions? Creditor rights and bond markets in Brazil and the world. 1850—2003. Journal of Economic History, 68,80‐108.

NOBES C, PARKER R. 2008. Comparative international accounting(10th ed.). Essex, UK: Prentice Hall.

OLIVIER H. 1978. The new legislation on bookkeeping and annual accounts in Belgium.

UEC Journal,1, 36 – 43.

OLIVIER H. 1996. Réflexions sur le gouvernement d' enterprise. Brussels: Institut des Reviseurs d'Entreprises.

PAUWELS P. 1979. Accounting and reporting in Belgium. Accountancy en Bedrijfskunde,1, 36 – 54.

RAJAN R, ZINGALES L. 2003. The great reversals: The politics of financial development in the 20th century. Journal of Financial Economics,69(1),5 – 50.

RICHARD J. 1995. The evolution of accounting chart models in Europe from 1900 to 1945—Some historical elements. The European Accounting Review,4(1),87 – 124.

ROBERTS C, WEETMAN P, GORDON P. 2008. International corporate reporting, a comparative approach(4th ed.). Essex. UK: FT Prentice Hall.

STEENBERGEN J, VAN HULIE K. 1977. De jaarrekening van ondernemingen. Economisch en Sociaal Tijdschrift,1,88 – 100.

TEN HAVE O. 1973. De geschiedenis van het boekhouden. Wassenaar: Delwel.

THÉATE T. 1905. Les societies anonymes: Abus et Remèdes [Limitèd liability companies: Abuses and remedies]. Paris: Mish & Thron.

THEUNISSE H. 1989. Consolidatie: een duistere zaak? onderzoek van de geconsoiideerde jaarverslagen van de portefeuille maatschappijen. A & B, Kwartaatschrift,14(1), 17 – 25.

YAMEY B. 1979. Oldcastle, Peele and Mellis: A case of plagiarism in the sixteenth century. Accounting and Business Research,9(35),209 – 216.

YAMEY B, EDEY H, THOMSON H. 1963. Accountin in England and Scotland: 1543—1800, Double entry in exposition and practice. London: Sweet & Maxwell.

VAN HULLE K. 1981. Het jaarrekeningenrecht: Ervaringen en perspectieven. Kwartaalschrifr Accountancy en Bedrijfskunde, 6(1), 17 – 26.

VAN HULLE K. 1984. Enkele kanttekeningen bij de nieuwe boekhoudwetgeving. Economisch en Sociaal Tijdschrift,3,353 – 364.

VAN NIEUWERHURGH S, CUYVERS L, BUELENS F. 2006. Stock market developments and economic growth in Belgium. Explorations in Economic History,43,13 – 38.

VAN OVERFELDT W, ANNAERT J, DE CEUSTER M, DELOOF M. 2009. Do Universal banks create value? Universal bank affiliation and company performance in Belgium,1905—1909. Explorations in Economic History, 46,253 – 265.

VAN OVERFELDT W, DELOOF M, VANSTRAELEN A. 2010. Determinants of corporate financial disclosure in an unregulated environment: Evidence from the early 20th century. European Accounting Review,19(1), 7 – 34.

WYMEERSCH E. 1982. Algemeen Verslag. In: Juridische aspecten van de geconsolideerde jaarrekening(pp. 89 - 91). Antwerp: Kluwer.

延伸阅读

DE GROOTE H. 1969. Belangslellenden in de geschiedenis van het hoekhouden te Antwerpen tijdens de negentiende en de twintigste eeuw. Bijdragen tot de geschiedenis inzonderheid van her oud Hertogdom Brabant,52(3 - 4),212 - 235.

DE ROOVER R. 1543. Jan Ympyn. Essai historique et technique sur le premier traité flamand de comptabiité. Veritas, Anvers.

DE ROOVER R. 1937. Een en ander over Jan Ympyn Christoffels, den schrijver van de eerste Nederlandsche Handliding over het Koopmansboekhouden. Tiidschrift voor Geschiedenis,52(2),163 - 179.

DE ROOVER R. 1937. La formation et l'expansion de la Comtabilité à partie double. Annales d'Histoire économique et sociale. 44 - 45(31),1 - 52(March-May 31,1937).

ETTINGER J, GILLET J. 1981. Principes généralement admis et legislation comptable Beige. Accoutancy and Bedrijfskunde,6(4),48 - 62.

FRANÇOIS A. 1902. Principes de comptabilité des societes par action à l'usage des administrateurs, commissaries. directeurs et actionnaires de societies(Principles of Accounting of Limited Liability Companies, for the Use of Administrators. Directors and Shareholders). Vandeweghe, Ghent.

HAGERS J. 1903. Bouwstoffen voor de geschiedenis van het boekhouden in de Nederlanden. In: Maandhlad voor het Boekhouden(pp. 1 - 41). Rotterdam: Delwel.

HOSKIN K, MACYE R. 1986. Accounting and the examination: A genealogy of disciplinary power. Accounting, Organizations and Society,11(2), 105 - 136.

KONINKLIJKE BIBLIOTHEEK ALBERT I. 1970. De comptabiliteit door de eeuwen heen. Brussels: Koninklijke Bibliotheek Albert I.

THEUNISSE H. 1987. Accounting and reporting in Belgium. Advances in International Accounting,1,191 - 248.

VAN HULLE K. 1990. De aanpassing van de Belgische wetgeving aan de Zevnde EEG-Richtlijn inzake de geconsolideerde jaarrekening: een overzicht. Economisch en Sociaal Tijdschrift,2, 205 - 229.

VAN HULLE K. 1993. Truth and untruth about true and fair: A commentary on "A European true and fair view" comment. European Accounting Review,2(1),99 - 104.

VLAEMINCK J. 1956. Histoire et doctrines de la Comptabilité. Paris: Dunod.

第二章 法 国[①]

克劳德·博克拉兹

引 言

本章旨在分析法国会计与财务报告演进的历史。我们将这一章分为三个部分,大致对应以时间先后为顺序的三个阶段:第一阶段自 14 世纪末开始延续至第二次世界大战爆发,第二阶段从 1942 年开始至 1973 年结束,第三阶段则是自 1973 年以来至今的期间。上述时间阶段的划分是基于对以下两个问题作出回答,而非随意确定:第一个问题是会计规则与惯例基于何种目的而确立;第二个问题则是现有的与新兴的制度安排在财务报告形成过程中产生何种影响。在法国,财务报告的演进最初依赖于特定的事件和情形,最近期间的发展则充分体现了国际因素的影响。第一阶段和第二阶段会计演进的重心本质上是法国经济特定历史发展的结果。会计应商业企业的需求而兴起,然而,会计的制度化则来自国家确立对会计信息生产的控制需求。由于市场阻碍或决定了政府的行动,市场的作用依然十分重要,而受管制者与使用者的认可都是必要的。

本章第一部分确立分析的背景,指出法国的经济特征、公司类型及其融资体系。这些背景决定对会计师服务需求状况的性质,构成会计规则与惯例出现并获得发展的基本事实。第二部分(1942—1973 年)关注第二次世界

---

① 《世界会计史:财务报告与公共政策(欧洲卷)》,会计思想发展研究第十四卷 A,第 37 - 57 页(原书页码)。爱墨瑞得出版集团有限公司 2010 年版权所有。ISSN:1479 - 3504/doi:10.1108/S1479 - 3504(2010)000014A005。

大战期间出现的、导致国家干预增加并带来可能影响深远的变革的特殊政治氛围。最后,第三部分(1973—2007 年)则强调欧洲范围内与国际层面的发展对法国财务报告的影响。

第二次世界大战前的会计惯例与管制

公司法的发展

最早的会计管制要求可以追溯至 1673 年发布的《克尔布特法令》(Colbert's Ordinance,*the Ordonnance de Colbert*,*1673*,也称《萨瓦里法典》,*Savary Code*)。Colbert 分别在 1661 年和 1665 年出任财务主管(Surintendant of finance)和主计长(Controleur Général)。他采取一系列措施促进法国的贸易与工业获得增长。《克尔布特法令》包括保存账簿和账目的法定要求。最初,法国的会计法律是出于维护公民之间正当商业关系而发展起来的。《克尔布特法令》第 10 条明确规定,当出现纠纷时,账簿可以作为证据使用。虽然《克尔布特法令》要求保留账目,但是,没有界定登记账簿应当遵循的规则。

《克尔布特法令》被一项 1807 年 9 月 25 日发布的法案废止,这项法案创立了《商法典》。1808 年 1 月 1 日,《商法典》生效。法典承认三类企业组织形式:(1)普通合伙(société en nom collectif,一类合伙企业,任何一位合伙人可以成为其他合伙人的代理人,所有合伙人均承担无限责任);(2)两合企业[société en commandite,一类合伙企业,一位或多位积极合伙人(gérants)管理企业的经营活动,而一位或多位消极合伙人(commanditaires)不参与经营管理活动,但是,合伙人均以出资额为限承担有限责任];(3)有限公司(société anonyme)。法典承认有限责任公司为合法的存在形式,并引入迄今仍然有效的这类公司四项特征。法典没有设定有限责任公司的资本限额或股东人数。法典将每一位股东应承担的责任限定为该股东缴付的资本额,并指定股东大会为最高权力机构。但是,组建有限责任公司必须获得政府授权。《商法典》没有在本质上修改或补充由《克尔布特法令》推行的会计管制要求,也未对商事法律中的会计规定产生影响(Lemarchand,1993)。此外,1807 年《商法典》使会计记录成为一种提供有关商业交易事实合法证据的方式。

组建有限责任公司必须取得政府的明确许可,而设立两合企业不需要政府授权。因此,两合企业的数量迅速增长。然而,这类企业产生的混乱现象引发政府的担忧,后者试图通过制止两合企业组建过程与经营活动中的欺诈性实务而对现状作出改进。为了保护投资者利益,1856 年 7 月 17 日通过的法律对《商法典》作出一系列变革。特别地,新法律使组建监事会(conseil de survellance)成为一项强制性义务。监事会应当在第一次股东大会上通过选举成立。监事会的委员则应当从有限责任股东(commanditaires)中选任。监事负责监督在公司组建过程中法律规定是否得到遵循。同时,监事有责任验证由积极合伙人负责编制的财务报表的可靠性,并制止在净收益之外发放股利的行为。因此,法律明确规定,监事可以获得所有必要的记录。此外,当这些监事会的成员未能履行职责时,将面临民事与刑事诉讼。需要指出的是,对于所有两合企业,1856 年法律第一次使控制公司账目成为一项强制性义务。这是第一次提出强制审计要求,若以今天的审计术语来解释。虽然由监事会成员实施的控制在性质与范围上不严密,实际约束力也不确定,其后 1863 年 5 月 23 日颁布的法律仍然保留了这项原则。

1856 年法律的严苛性使两合企业数量锐减(Freedeman,1979)。这一点加上法国政府偏向更自由的贸易活动以及英国公司法开放性特征的影响,加重了法国公司法变革的压力。1863 年 5 月 23 日法律通过创设有限责任公司(société a responsabilité limitée,SARL)迈出了自由组建的第一步。1863 年法律的重要创新在于使任命监事(commissaires)对账目可靠性进行验证成为一项公司义务。有限责任公司(SARL)的设立可以不经过政府批准,然而,法律明确规定,有限责任公司的资本最高限额应为 2 000 万法国法郎,并且,应当具有至少 7 位合伙人,这些合伙人仅以出资金额为限承担责任。此外,1863 年法律要求,一位或多位监事应当通过年度股东大会来任命,并应在下一年股东大会上就管理层提交的公司情形评估报告、资产负债表与账目作出报告(第 15 条)。监事有权在其认为有利于公司利益的任何时间,检查公司账簿,审阅公司经营活动,并召集股东大会。然而,除了监事不应当为董事会成员的规定之外,1863 年法律没有界定独立性、胜任能力或尊重专业秘密方面的标准。1863 年法律被 1867 年 7 月 24 日颁布的法律取代。

1867 年 7 月 24 日法律废除了在组建无资本限制条件的股份有限公司

(société anonyme)时强制要求满足政府批准条款。法律确认国家退出经济事务领域的倾向,这一点在1863年法律中已经较为明显。1867年法律也明确规定,股份有限公司应当每年编制一份列示所有流动资产与固定资产的财产清单、资产负债表和损益表。然而,法律没有明确规定保存账目应当遵循的规则。公司披露的财务信息不具有信息含量(Lemarchand,1993)。此外,1867年法律也涉及账目检验,并重申了1863年法律中的第15条。虽然根据1867年法律的条款,审计师被赋予检验公司账目并编制公司情形报告的责任,法律在这些条款的含义上是不精确的。Mikol(1993)解释认为,在1966年7月24日法律制定之前,对监事胜任能力不足和独立性缺失的指责不存在争议。

法国公司的融资体系

19世纪初,法国的公司数目与资本总额似乎处于欧洲的中间位置,远远落后于英国,却领先于德国(Freedeman,1993)。1800年至1940年期间,法国公司登记数仅为同期英国公司登记数的1/3。各个国家的经济重要性可以解释这些差异。在法国,由于旧式家族背景的企业采取有限责任法律形式相对迟缓,公司登记数便也少得多(Caron,1981;Freedeman,1993)。这类企业甚至对通过股票交易所募集资本没有多大兴趣。在工业化初期,设立一家企业所需的资本在家庭、朋友与邻居之间以非正式方式募集。到了企业扩张的后期阶段,法国境内几乎所有企业都依赖留存下来的利润。通过利润再投资的方式实现自我融资(autofinancement;self-finance)是法国一些行业或工业企业的传统。这类情形存在许多例子,其中,格外引人注目的是圣戈班(Saint-Gobain)玻璃与化学制品公司在1702年至1920年从未请求股东追加资本,而是选择动用公司的准备金(Daviet,1988)。

公司制企业(corporate enterprises)的融资实务对各国财务报告的演进产生重大影响,法国与英国在这方面差异显著。在法国,审计工作没有对公司和会计职业的前途产生影响。法国也不存在管制年报编制与报告的需求。直至20世纪30年代中期,商业界就加强法定审计达成一致意见,然而,业界依然强烈反对由会计师独享依法强制实施审计的垄断权(Bocqueraz,

2000)。因此，直到第二次世界大战期间，公司财务报表的编制与对外报告才开始受到管制。

税收

企业组织的立法不是对会计产生重大影响的唯一形式，税法也对保存账簿施加强制性要求。"1914年7月5日法律"和"1917年7月31日法律"（称为"卡约法律"，Caillaux laws）改变了1789年革命以来的税收体系。这两部法律要求对工业和商业利润课税。虽然法律没有明确提到损益表，却将应税利润定义为"扣减所有费用之后的利润，包括商业用建筑物的租金和按照每一行业或交易习惯计提的折旧"。税法中提及会计报表则需要推后至1924年和1965年。为了帮助募集战争所需资金，"1916年7月1日法律"引入超额利润税（the excess profits duty；contribution exceptionnelle sur les benefices de guerre），该项税赋依据公司利润计征。同样，"1924年3月22日法律"引入《普通税收法典》（*General Tax Code*）第1743-1条，即"按照《商法典》第8条和第9条的规定，任何人故意漏记分录或未作记录，或者，试图在日记账或财产清单中记录或已经记录错误或虚假的项目"，将处以罚金或监禁。这些法律标志着会计开始成为计算税赋的工具，由此产生对制订和计算公司利润规则的需求。自此，公司必须保存会计账簿，因为财政部门依赖会计计量来确定应缴纳的税额。公司法没有界定损益表中的利润数字确定应该遵循的规则。由于财政部门必须明确说明利润计算的规则，因此，能够通过实施新税收体系对会计规则产生影响。1918年10月25日，财政部门明确了有关折旧的规则，并第一次提出"折旧"的官方定义（Lemarchand，1990）。1930年1月25日，公司资产负债表价值重估规则也由财政部门确定通过。

同样，新税收法律的实施引发对会计师服务的需求。考虑到公司寻求独立会计师的帮助、后者则未必掌握从事账目记录工作所要求的技能，因此，税法不断增加的复杂性很可能促使政府通过法律明确规定一些专业胜任能力（CNCC & OEC，1993）。在第一次世界大战后，技术教育指导委员会（Direction de l'enseignement Technique，教育部下属机构）组建了一个委员会，旨在对"特许会计师"称谓（expert-comptable）的使用进行管理。1927年5月22日和1931年3月31日颁布的两项法令分别设立了会计师执照（brevet d'expert-comptable）和执业会计师执照（brevet professionnel de comptable)。其中,1927 年法令第一次提出专业会计师(expert accountant)的官方定义。根据法令的条款,专业会计师是指从事组织、验证、解释和操作会计系统与各类会计账目等常规性业务的技术专家。在专业会计师的常规性业务中不包括保存会计记录,1931 年法令对会计师的定义仍然保留了这一点。按照 1931 年 10 月 26 日法令组建的会计技术协会(Institute de Technique Comptable,Conservatoire National des Arts et Metiers),以组织并监管会计教育和考试为目标。后来,国家从职业界手中收回了对会计教育与考试的组织管理权。

法定审计的变革

尽管 19 世纪通过了许多有助于有限责任公司设立的重要法律变革,管理有限责任公司的法律机构却变化迟缓。到了 20 世纪 30 年代中期,变革法定审计的要求不断增长。变革需求的直接推动力十分明显:以有限责任公司形式的制造业和商业获得发展的同时,发生一系列公司失败与财务丑闻事件,并迅速蔓延开来。虽然 1867 年法律引入了外部审计要求,却没有界定监事的独立性或胜任能力。监事的控制有效性非常有限(Mikol,1993;Lemarchand,1995)。20 世纪 20 年代提出了一系列变革并加强法定审计的建议。然而,这些建议没有得到采纳。这主要来自商界的反对。公司没有对审计师的工作寄予很大期望,因此,反对在审计师的选择上施以任何约束,尤其是任何迫使公司在会计师或注册会计师(持特许会计师执照,experts-comptables brevetés)中选任监事的限制性规定。

1867 年法律中有关检验公司账目的条款最终被 1935 年 8 月 8 日法令(decree-law)修订。围绕这一时期经济困难的激烈的政治与社会争论,加之一系列令人瞩目的财务丑闻的强化作用,无疑地促使政府对 1867 年法律进行变革。政府的初衷也受到涌现出来的管制经济事务新理念的推动。Margairaz(1991)详细叙述了 1932 年尤其 1934 年之后政府针对经济政策的立场如何转向国家干预的方向。然而,政府信奉自由主义原则受到传统观点与信念的约束。1935 年法令采取的措施局限于那些企业界(business community)接受的部分。商界(commercial community)反对对监事的职能作出任何宽泛的解释,并且,不愿意从注册会计师(持特许会计师执照)或会计师中选任监事。1935 年法令的条款深受这些观点的影响。

虽然对被委任监事职务的人士要求适用独立性标准,公司仍然保留选择审计师的主要权利。监事不能是公司雇员,也不能为董事的亲属。在任期届满后的 5 年内,监事不能接受原先履行职责的公司在董事会中的任命。然而,在实务中,保护审计师独立性所要求的条件通常得不到满足(Mikol,1995)。此外,1935 年法令(decree-law)设立一项要求,通过公开市场募集资金的公司应该从上诉法庭(court of appeal)确立的名单中任命至少一位公司监事。1936 年 6 月 29 日法令确定了进入该法庭名单的条件,即进入与否取决于技术性考试。然而,许多试图进入上诉法庭名单的候选人却被豁免参加考试(Fain & Faure,1948;Mikol 1995 年引用)。更有甚者,通过考试必须掌握的技能要求并非处于令人满意的水平上(Hemard,Terre,& Mabilat,1974,Mikol 1995 年引用)。监事的职责范围也严格局限于控制公司的账目。此前关于监事应就"公司情形"作出评估报告的要求被废除。在 1935 年 8 月 8 日法令通过之前,对监事验证公司账目的有效性存在普遍质疑。1935 年法令未能改变这一点。直至 20 世纪 60 年代,1935 年法令强制推行的要求才成为行为准则(Mikol,1995)。

随着 1935 年 8 月 8 日法令的通过,统一性原则也进入法国的会计立法。采纳这一要求是为了应对年报缺乏信息含量的批评(Lemarchard,1993,1995;Standish,1997)。然而,这份法令没有制定关于保存账目和编制年报的任何指南。法国法律仍然保持沉默。直至 1947 年,由于当时公司所披露财务信息的无用性而导致《会计总计划》(*Plan Comptable General*)的出台。

实务中的会计:会计行业的规模与会计师的工作

人数

对于执业者而言,管制会计实务成为一个重要性与日俱增的问题,很可能发生在会计师人数开始达到一个至关重要的规模的时候。这似乎是 19 世纪 70 年代期间的事情(Bocqueraz,2000)。当时,会计作为一项适当的职业开始得到认可,那些被认为"不合格"从业人员的加入促使一些执业者提议组建会计师团体,由会计师团体来制定执业标准并管制行业的准入。然而,在 19 世纪最后 20 年间,会计师人数仍然相当少。事实上,直到 20 世纪第一个 10 年间,执业人数才开始显著增长。然而,增长的趋势在 1910 年之后没有持续下去。直至第一次世界大战结束,战争期间大量组建的公司可能在很大程度上激发了对会计服务的需求,会计师人数才又恢复增长。根据巴黎市(city of Paris)贸易指南的记录(Le Bottin,1910),1910 年、1920 年、1930 年和 1940 年独立执业者的人数分别为 270 人、283 人、640 人和 920 人。通过当地贸易指南确定会计师人数,几乎不可避免地会低估会计从业人员的真实数量,因为贸易指南仅对提供外部会计服务的从业者人数给出粗略指引。会计师受雇于公共业务之外的情形不会记录在当地贸易指南中。截至 19 世纪中叶,已经组建了若干个会计师协会。塞纳会计师协会(Association des Comptables du Departement de la Seine,巴黎)创立于 1847 年,1890 年、1900 年和 1920 年的会员数分别为 3 200 人、4 000 人和 5 000 人(Le Bottin,1890,1900,1920)。法国会计师学会(Société de Comptabilité de France,巴黎)的会员在 1921 年和 1922 年分别为 2 100 人和 2 300 人(*La Comptabilité et les Affaires*,1922,第 200 页),1925 年为 3 000 人(*La Comptabilité et les Affaires*,1925,第 9 - 11 页),1932 年为 5 000 人(*La Comptabilité et les Affaires*,1932,第 557 - 559 页)。一份《会计从业人员目录与会计师指南》(*Annuaire des Praticiens de la Comptabilité et Annuaire des Comptables Réunis*,巴黎,1925)表明,巴黎的会计从业者为 2 062 人,而外省(in the provinces)从业者人数是 4 894 人(Espinadel & Thueux,1925)。此外,几乎不存在 1920 年以前雇佣数十名员工的大型会计师事务所的证据。1910 年,也仅存在少数几家会计师事务所而已。1940 年,地方贸易指南中的会计师事务所以信托公司(sociétés fiduciaires)为抬头,而巴黎贸易指南中列示了 16 家以这种方式命名的会计师事务所。这些数字表明,绝大多数会计师支领薪水,这对其活动产生影响。至少截至 20 世纪 20 年代初,商业与制造型企业自行保管账目,只有在很少场合存在聘请外部人士帮助管理或控制账目的必要。根据 Leautey(1881)和 Petit(Société de Comptabilité de France,1981)的观点,公司不愿意向会计师披露信息,小企业甚至不认为有保存会计账簿的必要。

会计师的工作性质

专业期刊、书籍和贸易指南(directories)给出的法国会计师所从事工作性质的第一个印象是某种形式的多样化(会计工作包括账目保存、编制和验证以及成本会计核算与法律服务)。从业者很可能会详尽地介绍其工作,对所从事的各类工作进行描述,即便一些执业者经常从事这些工作,而另一些执业者仅仅偶尔甚至几乎不从事这些工作。第一次世界大战期间，新税法的推行使立法产生较大变动，迫使所有公司为了计算公司所得税而编制资产负债表和损益表。显然，这些法律对会计师的工作产生重大影响。1910年，提供税额计算服务的从业者依然很少。1920年，在贸易指南中给出业务细目的从业者中，27％的人提供的服务范围包含税务咨询（Le Bottin，1920），1930年这一比例为52％（Le Bottin，1930），1940年则为62％（Le Bottin，1940）。一项对教学和考试资料的研究也提供了关于人们期望从业者应当掌握的知识方面的信息。同样，这也只是一个确定会计师工作的替代变量。在从业者应该掌握的知识和他们在实务中实际使用的知识之间可能存在差异。这些资料表明，在第一次世界大战之后，法律问题（尤其是税法）变得更加重要。

第二次世界大战期间法国资本主义革新及其对会计与会计服务的影响

在第二次世界大战期间发起并由战后政府批准生效的两项措施，对会计与会计职业团体的组建产生了深远影响：制定《会计总计划》（*Plan Comptable General*，PCG）和设立会计师与特许会计师协会（Ordre des Experts-Comptables et des Comptables Agrees，OECCA）。战争期间国家与资本主义之间的关系变化可以解释上述措施获得通过的理由。

推行《会计总计划》

1807年《商法典》已经规定应当保存账目。1867年法律则强制要求公司编制财产清单、资产负债表和损益表。然而，法律没有具体制定保存账目和编制年报时应当采用的规则。Fourastie（1961）这样描述《会计总计划》（PCG）推行之前的情形："事实上，任何商人都可以按照他想要得到的预期结果的任何方式安排会计活动。"为这一期间的会计文献作出贡献的少数法国执业者呼吁制定法律规则，对年报的内容与格式作出规定。在这些从业者中，有人甚至考虑制定会计法典（accounting code），为账目保存与年报编制提供指南（Standish，1997）。虽然在20世纪30年代中期这些想法受到政府官员的关注，第二次世界大战前的法国立法却没有采纳他们的建议（Brunet，1951）。这其中存在两个主要原因：自由放任的主流意识形态和商业界反对任何会计管制。

第二次世界大战期间,政治氛围使推行重大变革成为可能(Kuisel,1981)。政治阶层意识到法国现代化的必要性可以追溯至20世纪30年代。一些工业技术专家和官僚已经注意到需要由政府强化经济发展方向。然而,只有在战争的紧迫氛围下才可能采取针对全国性经济计划的重要措施。1941年(4月22日法令),负责起草国家会计法典的会计计划委员会(Commission du Plan Comptable,CPC)成立(Standish,1990)。1941年,国家法典《会计总计划》制定完成,1942年提交至政府部门,1943年发布。《会计总计划》规定有关保存会计记录与编制财务报表的详细指南,但是,这部法典从未真正得到执行。第二次世界大战后,法国政府着手实施国家引领增长的策略,以国有化部门扩张和政府干预工业政策为特征。国家经济规划体系、政府计划制订小组(Commissariat Général au Plan)和旨在收集经济与社会数据的全国性统计机构(INSEE)建立起来。会计信息对于创建数据库、以更加数字化(dirigiste)的方式实施经济管理的作用迅速体现出来(Fourastie,1945,1961)。当1946年4月4日法令发布时,会计计划委员会(CPC)重组为会计准则委员会(Commission de Normalisation des Comptabilités,CNC)。该委员会的成员组成中包括许多曾经在1942年委员会的核心部门担任要职的人士。会计准则委员会准备并发布了1947年《会计总计划》。1947年PCG与1942年PCG存在许多相同的特征,主要的差异则体现在使成本会计核算成为可选择的内容。1947年PCG首先适用于公营部门和接受公共资金支持的私人部门[1947年10月22日法令,1947年12月30日部长令(ministerial order)],再逐渐地强制适用于所有企业。根据1982年4月27日法令(statutory order),所有商业企业和工业企业必须从1984年开始强制应用1947年PCG。1947年(1月16日法令),会计高级咨询委员会(Conseil Supérieur de la Comptabilité,CSC)成立,取代会计准则委员会,并被赋予继续开发和应用国家会计法典的职责。1957年,会计高级咨询委员会被国家会计理事会(Conseil National de la Comptabilité,CNC)取代。直至2009年,国家会计理事会一直负责会计标准化问题。上述这些机构的开支始终由财政部负责支付。

会计师与特许会计师协会设立

在法国大革命期间,职业管制因被认为阻碍经济自由而瓦解。按照

1791 年 3 月法律(称为《沙伯里法》,*Le Chapelier Law*)的条款,任何人可以在纳税之后(patente)从事他所选择的职业。20 世纪 30 年代,行业中再次涌现组建社团性质中介机构的趋势,并促使 1935 年形成一项设立会计师协会(ordre des experts-comptables, OEC)的建议(Bocqueraz,2000)。第二次世界大战期间,维希政府(Vichy government)接受了设立专业协会的观点,而这恰好与其通过法人实体组织经济活动的政策相适应。1940 年至 1942 年间,一系列法令出台(Lascombe,1987)。然而,组建公共权威机构干预经济事务方向,而不是通过更多政治与意识形态运动支持法人团体的决定可以解释对会计工作的管制。随着《会计总计划》的推行,合格会计师的缺乏和组织职业界的必要性在很大程度上得到承认(Chezlepretre,1940)。1941年,根据法令(1941 年 4 月 22 日法令),组建了特许会计师职业组织委员会(Commission Interminsterielle pour l'Organisation de la Profession d'Expert-Comptable),旨在对会计职业界进行管制。随后,根据 1942 年 4月 4 日法律,会计师与特许会计师协会(OECCA)成立,并由 1945 年 9 月 19日条例(ordinance)批准生效。对于任何希望以自由执业者身份从事会计师职业的人而言,取得 OECCA 的会员资格成为一项强制性要求。1942 年法律对未经授权的实务施以刑事制裁,并且,国家承担对无证经营提起诉讼的完全责任。

会计师与特许会计师协会受财政部监督,覆盖两类职业——会计师(experts-comptables)和特许会计师(comptables agréés)。只有那些持有成为 OECCA 会员必须具备的政府执照的人才可以使用这些专业头衔(会计师或特许会计师)。会计师执照要求具备 3 年实习经历并通过考试,包括撰写会计学位论文(mémoire d'expertise comptable)。这一划分体系的优势在于增加 OECCA 的会员人数,使其具备从事实际业务的资格。根据 1942 年法律设立的 OECCA 拥有 5 700 名会员:1 700 名专业会计师和 4 000 名具备执业资格的会计师(Blind,1945;CNCC & OEC,1993)。OECCA 的会员在被聘为会计师的期间,可以从事会计工作以外的其他任务,包括提供管理咨询、税务和法律意见,但是,不包括法定审计,因为 1935 年 8 月 8 日法令禁止法定审计师向客户收取提供审计以外工作的任何报酬。

1935 年 8 月 8 日法令推行的法定审计制度因 1966 年 7 月 24 日法律的颁布而发生改变,后者使商业公司立法作出重大调整。1966 年法律强制要求所有监事应该列示在专门名单上，并应成为职业组织国家审计师协会（Compagnie Nationale des Commissaires aux Comptes，CNCC）的会员。国家审计师协会（CNCC）根据 1969 年法令设立，受司法部监管。今天，会计师协会（OEC，1968 年停止授予会计师专业资格）和国家审计师协会（CNCC）两个机构依然同时存在。每一个机构均拥有将近 15 000 名会员。虽然，在法国，由会计师协会提供的公共会计服务不包括法定审计师角色，注册公共审计师中绝大多数亦为会计师，两个机构之间共同会员达 80% 以上。成为国家审计师协会的会员有两条路径：第一，经过 2 年以考试为导向的学习和至少 3 年实务培训，可以申请成为国家审计师协会的会员；第二，此路径则更为常见，即成为会计师协会的会员，再向国家审计师协会登记。在商业或工业领域就职的专业人士被排除在会计师协会和国家审计师协会会员之外。

国家监督

在第二次世界大战之前，会计服务由不同资质水平、教育程度和专业背景的从业者提供。会计师资格没有完全确立起来，并且，相对于律师、教授或高等商业学院（grandes ecoles）的学位获得者而黯然失色。没有一个专业团体有能力将会计工作作为优质服务统一起来，也不能将自身的教育与认证制度强制施加于任何希望从事这一职业的人。1942 年以后，如果会计从业者希望独立执业，那么，必须按照 1942 年法律规定取得会计师与特许会计师协会的会员资格。法国会计师应当将许多特殊待遇归因于强硬的政府管制（Berran，1942；Standish，1990）。会计师的协会是自上式强制推行并得以支持、而非自下式创建的。同样，从业者也没有能力强制推行账目保存和年报编制的标准。这些标准是政府按照《会计总计划》制定的。

详细制定会计准则的程序保留在政府的控制之下，由此限制了职业界的自治权。通过会计师和特许会计师协会（OECCA/Ordre），会计师仍然能够不断地对标准化过程施加影响，这可以通过已经由会计高级咨询委员会接任的准则制定机构人员构成和组织结构反映出来（Scheid & Walton，1992；Colasse & Standish，1998）。自从法国的会计立法中推行《会计总计划》以来，不同议程已经影响了会计规则的制定。最初创建的三个准则制定机构旨在制定并监督国家会计法典，该法典的主要功能在于管理经济。

Colasse 和 Standish(1998)将 1946 年至 1957 年期间的特征描述为在政府领导下的重建、经济计划和会计管制，其中，无论会计职业界还是私人企业均未能对这一过程施加影响。在这一时期，政府能够单独有效地部署方案，推行经济与社会的重建工作。后来，由于《会计总计划》中缺乏详细的界定，财政部门出于税收目的制定了强化会计工作的解释，由此产生的后果是会计计量受到税收政策的重大影响。最后，1973 年以后，国际层面的发展在会计规则形成中的作用日益增强。在为特殊类型公司制定会计规则时，已经结合考虑其他因素，尤其是向投资者提供更具有信息含量的信息的必要性。在这一阶段，职业界对制定详细会计规则的影响显得更为重要，由此，职业界获得了更多自治权。

不断增强的欧洲与国际发展的影响

会计与审计管制

尽管私人部门的代表尤其是职业界与规则的制定紧密相关，法国的会计管制仍然是公共权威部门的特权。因此，会计管制来源于法定的和成文的约定以及意见和建议。现在，主要的权威来源在层级结构上可以描述如下：

a. 欧洲指令与法规［第四号与第七号会计指令，《国际会计准则条例》(IAS Regulation)］。

b.《商法典》，确立了适用于所有商业主体的一般会计义务——需要指出的是，由于《商法典》（第一次发布于 1807 年）没有随着新法律的颁布而定期更新，显得过时且不完整。2000 年，《商法典》全面修订并重新编集成典。现今，这部法典涵盖 1966 年 7 月 24 日法律、1983 年 4 月 30 日法律和 1985 年 1 月 3 日法律等在内的一系列重要文本（见下文）。

c. 法令和条例等监管性文本，譬如会计监管委员会(CRC, Comite de la Reglementation Comptable)条例，对《会计总计划》作出修订(CRC regulation n°99 - 03)和与合并报表相关的规则(CRC regulation n°99 - 02)。

d. 由准则制定机构（国家会计理事会，CNC）和职业界（会计师协会与国家审计师协会）等组织发布的适用于所有公司的指南、解释和建议，或者，由证券监管机构(金融市场监管局,AMF,Autorié des Marchés Financiers)发布的适用于上市公司的指南、解释和建议。事实上,在法国,与美国 SEC 职能相当的机构是成立于 1967 年的证券交易委员会(COB, Commission des Opérations de Bourse),负责监管法国股票交易所。2003 年,证券交易委员会被金融市场监管局取代。该机构的职责包括监督那些经批准向公众发行证券的公司在发布财务报告时所适用的准则。因此,证券监管机构在塑造财务报告的过程中扮演着积极角色,这主要通过其在准则制定机构的代表和所提交的建议实现。它的立场向来是为上市公司寻求会计管制要求的自由化,尤其是与合并报表相关的方面,因此,国际会计准则(IASs)应当为上市公司所接受。

自 20 世纪 70 年代以来,欧洲共同体(EC)、国际会计准则委员会(IASC)和跨国公司成为推动财务报告体系变革的重要因素。变革的动力最初来自欧洲共同体。自 1957 年欧洲共同体创建以来,法国一直是其成员国。1968 年,欧共体的成员国开始就公司年报达成一份可能的指令进行一系列谈判,目标旨在就欧共体范围内的财务报告实务实现一定程度的统一。经过若干年的讨论,欧共体采纳了《第四号指令》(78/660/EEC,1978),确立最低的标准。法国称为"会计法"(Accounting law,1983 年 4 月 30 日采纳,1983 年 11 月 29 日法令生效)的法律将《第四号指令》确立的可适用于商业企业和其他一些公司的会计要求并入法国立法中。《第四号指令》中的这些会计要求确立了行业惯例和估值规则,并将真实与公允概念引入法国立法。1985 年 1 月 3 日法律(2 月 17 日生效法令)允许将有关合并报表的《第七号指令》(83/349/EEC,1983)引入法国法律。1986 年,有关合并报表的会计规则并入《会计总计划》。财政部发布两份法令(statutory order,arretes),对 PCG 作出修改:(1) 1982 年 4 月 27 日法令,该法令使 1982 年 PCG 取代 1957 年 PCG,并使 PCG 的内容与《第四号指令》相一致,尤其是制定了应当用于指导践行真实公允观的一般性原则;(2) 1986 年 12 月 9 日法令,该法令完善并更新了 PCG,其中一章专门处理合并报表的编制方法。

虽然法国会计规则历经修订,并吸收了欧洲指令确立的要求,通过这些指令实现的协调水平仍然相当低。这其中涉及两个主要原因。第一,法国会计规则反映了构成《第四号指令》基础的某种妥协,两套截然不同的财务报告方法之间的妥协:(1)大部分大陆国家的财务报告方法,报表格式与内容由法律作出规定;(2) 英国的财务报告方法,报表的首要目的在于提供真实与公允的观点,法律的作用经常退居会计职业界的判断之后。《第四号指令》指出,年度报表应该提供有关公司的资产、负债、财务状况和损益情况的真实与公允的观点。这一点被引入《会计总计划》,即年度报表应当给出企业状况与经营活动的"如实图景"(faithful picture, image fidele)。如实图景的概念和真实与公允观不完全相同。有观点认为,真实与公允观原则中涉及的判断要素难以引入那些会计管制主要源自法律的管辖范围。虽然根据《第四号指令》提供真实与公允观的要求应当高于法律的具体条款,并且,尽管法国《商法典》在吸收欧共体指令后规定,如果在例外情形中应用一项会计要求对于按照真实与公允观作出表述是不恰当的,那就可以背离这项会计要求,法国会计师将可能通过应用法律所能实现的方式对如实图景作出解释。第二,基于指令中给出的诸多选择性条款,通过欧盟指令实现的协调程度以及由此产生的对国家会计规则的影响十分有限。事实上,成员国能够保留大部分各自国家编制与列报法定报表的详细规定。

此后,为了反映国际层面的发展,会计要求被多次修订或改变。2002 年6 月,欧洲联盟采纳了一份条例(称为《IAS 条例》,第 1606/2002 号欧共体条例),要求在受欧盟管制的市场上市的欧洲公司必须自 2005 财年的财务报表开始,按照欧盟已经采纳的国际财务报告准则(IFRS)编制合并财务报表。法国遵从这一条例。非上市公司也可以在编制合并财务报表时应用 IFRS。然而,并非所有主体都可以采用 IFRS 编制年报,相反,所有主体必须采用法国的会计准则进行编报。基于对上市公司需求的调整,当前法国会计体系呈现二元属性:一方面,个别公司的报表按照国家规则编制,主要功能在于提供交易活动的概要信息,尤其是与财政和社会责任相关的内容;另一方面,合并报表的目标在于满足金融市场的信息需求。同样,尽管《会计总计划》的要求与 IFRS 之间的趋同已经在一些领域(如合并报表)实现,会计体系仍然受法国税收和法律环境的约束。当前的法国会计准则制定机构将会继续致力于趋同,但是,会考虑上述局限性。

作为成员国,法国遵从有关法定审计的《2006 年欧盟指令》(2006/43/EC)。该指令对《第四号指令》和《第七号指令》作出修订,并废除了有关批准相关人员负责对会计文件实施法定审计的《第八号指令》(84/253/EEC)。在法国,审计管制的发展走在部分欧盟立法的前面。2003 年,为了加强有关公司治理的法律条款,法国正式通过《法国金融安全法》(*Loi de Sécurité Financiére*,LSF)。这部法律与美国《萨班斯 - 奥克斯莱法案》(*Sarbanes- Oxley Act*)相似,主要旨在增加管理层责任、强化内部控制并降低利益冲突的根源。法律改革了法定审计的框架,向公司和机构投资者推行新的透明度要求。对于上市公司,两项主要的义务是披露董事的交易行为,并且,更为重要的,是编制一份关于内部控制与公司治理的报告。法定审计师必须对董事长报告中涉及编制与处理财务和会计信息的内部控制程序部分进行评论。随着《金融安全法》的通过,国家审计师协会成为负责起草审计准则的机构,而审计准则要求得到司法部的批准。追溯至 2000 年,CNCC 对《国际审计准则》(ISA)进行翻译,并作出若干修改,以适应地方性的法律规定和监管要求。翻译后的国际准则已经并入国家审计准则之中。

准则制定体系

在过去 10 年间,受社会与经济发展的影响,法国的会计准则制定也历经变革。变革的最终目标是使准则制定体系更加有效并对公司需求作出回应。1996 年,法令(1996 年 8 月 26 日 96 - 749 法令)对国家会计理事会(CNC)进行改革。截至 1996 年,CNC 是一个附属于财政部的咨询性机构,主要职责在于推行《会计总计划》,后者确立了法国报表的法定格式。CNC 对立法草案、技术性问题或者解释性问题发表意见。此外,CNC 也开展研究活动。虽然 CNC 的意见是解释性的,在塑造财务会计与报告的过程中却发挥了支配性作用。自其创立以来,CNC 的人员构成体现出会计准则反映广泛的经济和社会利益(利益相关的政府部门和公共机构、职业界、企业、学术界和工会便是其中的代表)这一共识。1996 年,CNC 的人员构成仍然代表广泛的利益群体。然而,为了更有效率,其成员人数被削减了。此外,处理紧急事务的委员会(comite d'urgence)也创建起来。1998 年,为了进一步完善 CNC,由经济部长担任主席的新会计机构会计监管委员会(CRC)成立(1998 年 4 月 6 日 98 - 261 号法律)。CRC 的创建旨在改进准则制定程序的前后一致性。法国会计准则经常是一般性规定,可以多种方式进行解释。CRC 的准则意图更加具体,由此使财务报表更加透明。CRC 被授予监管的权利,并负责批准可以适用于各类企业的新会计规则。会计监管委员会参照国家会计理事会的建议或意见作出决策,并且,其决定一经部长令的方式

批准,便具有法律约束力。CRC 自创建后采取的一项重要措施是修订了
1982 年《会计总计划》。CRC 通过发布 1999 年 4 月 29 日条例,以 1999 年
《会计总计划》取代了 1982 年《会计总计划》。通过并入 CNC 自 1986 年以来
发布的所有意见,并且,使《会计总计划》的要求与其他会计规则相一致,
CRC 修订了《会计总计划》的内容。当前的《会计总计划》不再处理合并报表
和管理会计问题。有关合并报表的规则已经收集归并于会计监管委员会第
99-02 号条例中。这份条例专门处理法定的合并报表问题。

由此,直至 2009 年,会计准则制定体系由两个主要机构组成:技术性机
构(CNC)和政治性机构(CRC)。其中,前者对所提议的会计规则提出建议,
随后,由第二个机构采纳。撰写此文之际,为了在法国立法中反映不断加强
的国际会计争论的影响,准则制定体系已经作出修改。2009 年,会计准则监
督局(Autorite des Normes Comptables,ANC)创建(2009 年 1 月 22 日第
2009-79 号法令,2010 年 1 月 15 日第 2010-56 号生效法令)。2010 年年
初,会计准则监督局开始全面开展工作,并取代了国家会计理事会和会计监
管委员会。国家会计理事会和会计监管委员会合并为会计准则监督局将简
化此前的体系。创建会计准则监督局的最终目标也旨在使法国拥有一个被
赋予充分资源和专家的单一机构,对国际争论(尤其是那些与 IFRS 相关的
问题)施加影响。

结　语

本章的历史分析强调广泛的经济与社会环境对理解会计的重要性。会
计与相关制度的演进取决于财务会计与报告旨在满足的需求。法国会计的
特殊性在于会计最初在实施一些重大国家政策时所发挥的作用,尤其在国
家经济计划或税收领域。这构成法国会计与会计服务发展的基石。由此,
法国公共权威部门在塑造会计准则和组织职业界的活动中扮演了支配性角
色。但是,这没有阻止过去 10 年间会计为了应对公司尤其是国际公司的需
求而发生的演进。由此产生两大后果,并构成法国会计最引人瞩目的特征:
第一,当前,法国财务会计与报告以法定报表与合并报表相分离为主要特
征;第二,职业界通过两个独立的机构来代言——会计师协会(OEC)和国家

审计师协会，因为审计工作在诞生乃至发展初期没有发挥重要作用。

参考文献

BERRAN A. 1942. La profession. L'Ordre des experts-comptables et des comptables agréés. La Comptabilité(270),129 – 156.

BLIND S. 1945. La présentation et le controle des comptes dans les sociétés anonymes en Angleterre et en France. Thesis, Pans.

BOCQUERAZ C. 2000. The professionalisation project of French accountancy practitioners before the Second World War. Thesis, University of Geneva, Geneva.

BRUNET A A. 1951. La normalisation comptable au service de l'entreprise. de la science et de la nation. Paris: Dunod.

CARON F. 1981. Histoire économique de la France: X1Xe – XXe siècles. Pans: Colin.

CHEZLEPRÊTRE J. 1940. Report presented by to the Commission de la normalisation des comptabilités. 6 December 1940. Archives of the Ministry of Finance, B 55187.

CNCC, OEC. 1993. Histoire de la profession comptable, le projet de la profession comptable libérale. Paris: ECM.

COLASSE B, STANDISH P. 1998. The French approach to accounting standardisation and the challenge of globalisation: A study of the management of anxiety. 21st Annual Congress of the European Accounting Association, Antwerp.

DAVIET J P. 1988. Un destin international. la Compagnie tie Saint-Gobain de 1830 à 1939. Paris: Editions des Archives Contemporaines.

ESPINADEL C, THUENX A. 1925. Annuaire des practiciens de la compabilitité et annuaire des Comptables(rêunis). Paris: Les Questions Comptables.

FAIN B, FAURE V. 1948. La révision comptable. Paris: Payot.

FOURASTIÉ J. 1945. Comptabilité générale(2nd ed). Paris: LGDJ.

FOURASTIÉ J. 1961. Compiabilité générale(9th ed). Paris: PUF "Que sais-je".

FREEDEMAN C E. 1979. Joint-stock enterprise in France 1807—1867. Chapel Hill, NC: The University of North Carolina Press.

FREEDEMAN C E. 1993. The triumph of corporate capitalism in France 1867—1914. Rochester, NY: University of Rochester Press.

HÉMARD J, TERRÉ F, MABILAT P. 1974. Sociétés commerciales. Paris: Dalloz.

KUISEL R F. 1981. Capitalism and the state in modern France. Cambridge: Cambridge University Press.

La COMPTABILTÉ et les AFFAIRES. 1922. Associations professionnelles. Sociétés de

Comptabilité de France(June),200 - 202.

La COMPTABILTÉ et les AFFAIRES. 1925. Associations professionnelles. Sociétés de Comptabilité de France(January),9 - 15.

La COMPTABILTÉ et les AFFAIRES. 1932. Mouvement corporatif. Sociétés de Comptabilité de France(December),557 - 563.

LASCOMBE M. 1987. Les ordres professsionnels. Thèse pour le doctorat d'État en droit public, Université de Strasbourg Ⅲ.

LÉAUTEY E. 1881. Questions actuelles de comptabilité at d'enseignement commercial. Paris' Libraine Guillaumin et Cie.

LEMARCHAND Y. 1990. Notes de travail sur l'histoire de la fiscaliré des bénefices. Unpublished.

LEMARCHAND Y. 1993. Du dépérissement à l'amortissement, Enquête sur l'hisroire d'un concept et de sa traduction comptable. Nantes: Ouest Éditions.

LEMARCHAND Y. 1995. 1880—1914, l'échec de l'unification des bilans. Le rendez-vous manqué de la normalisation. Comptabilité, Controle, Audit. Tome 1,1,7 - 24.

MARGAIRAZ M. 1991. L'Etat, les finances et l'économie: Histoire d'une conversion, 1932—1952. Paris: Comité pour l'Histoire Économique et Financière de la France.

MIKOL A. 1993. The evolution of auditing and the independent auditor in France. The European Accounting Review,1,1 - 16.

MIKOL A. 1995. The history of financial reporting in France. In: P. Walton(Ed.), European financial reporting. A history. London: Academic Press.

SOCIÉTÉ de COMPTABILITÉ de FRANCE. 1981. Centenaire de la Société de Comptabilité France 1881—1981. Paris.

SCHEID J C, WALTON P. 1992. European financial reporting: France. London: Routledge.

STANDISH P. 1990. Origins of the Plan Comptable Génárale: A study in cultural intrusion and reaction. Accounting and Business Research,20(80),337 - 351.

STANDISH P. 1997. The French plan comptable. Explanation and translation. Paris: Expert Comptable Média.

第三章　德　国[①]

沃尔夫冈·保尔维萨

会计与财务报告法律的发展

传统上，德国的会计与财务报告受法律管制。授权私营机构制定会计准则的历史可以追溯至 1998 年。当时，为了满足《德国商法典》(*German Commercial Code*)确立的一些目标(即 HGB 第 342 条第 1 段)，设立了德国会计准则委员会(*Deutsches Rechnungslegungs Standards Committee*，DRSC)(下文"德国会计准则委员会的作用"部分将对其进行讨论)。基于资金来源存在的实际困难，会计准则委员会的发展前景似乎不明朗。2010 年年底，委员会与联邦司法部(Federal Ministry of Justice)之间的标准化合同(standardization contract)已经终止。重组工作正在进行之中。

关于财务报告的学术研究和根据法律确立的强制性报告手段，曾经受到通货膨胀率[有关通货膨胀会计的发展，参见 Schneider(1995)第 139－144 页和 Mattessich & Küpper(2003)第 110－111 页]、企业合并数、德国企业的国际化增长(Busse von Colbe，1996，第 414 页)和利益相关者惊人破坏的影响。后文将详细解释这一点[有关这开始四个部分的许多内容，也可以参见 Ballwieser(2001)第 1223－1227 页、第 1231－1232 页和第 1331－1332 页]。本章第一部分的目标是提出一个有关德国会计与财务报告法律发展的

---

① 《世界会计史：财务报告与公共政策(欧洲卷)》，会计思想发展研究第十四卷 A，第 59－88 页(原书页码)。爱墨瑞得出版集团有限公司 2010 版权所有。ISSN：1479－3504/doi：10.1108/S1479－3504(2010)000014A006。

观点。

第一次将会计要求全面编集成典的是 1794 年《普鲁士普通邦法典》（*Preußisches Allgemeines Landrecht*）[有关更早期的德国会计发展，参见 Schneider(1995)第 125－129 页]。该普鲁士法典仿效了法国 1673 年制定的著名的《萨瓦里法典》（*Code Savary*）。《普鲁士普通邦法典》涉及破产事项中的财产清单和资产负债表，也包括具体的估值规则，尤其是适用于流动资产的成本或市价孰低原则和固定资产折旧规则。

1861 年，《德国普通商法典》（*Allgemeines Deutsches Handelsgesetzbuch*，ADHGB)在普鲁士和所有其他德国各州生效。根据新法律，企业必须在每一财年结束时编制财产清单和资产负债表。所有资产与负债必须按照资产负债表日（beizulegender wert）归属于该项目的价值进行表述。除了少数例外情形，归属于项目的价值可以采用现行价值。按照现行《商法典》，当项目的可归属价值（attributable value）低于取得或生产成本时，仍然采用可归属价值[HGB 第 253 条第 3 段第 3 句和第 4 段第 2 句；最低价原则（Niederstwertprinzip）]。

1870 年《股份公司法案》（*Aktiengesetz*，AktG)第一次引入适用于股份公司的财务报表（资产负债表与损益表）披露规则。该法案没有尝试制定编制财务报表时应当采用的格式。然而，法案确实废止了特许设立制度（charter system）。在此之前，设立股份公司必须获得政府的特许，并由此受政府的严格监管。

这些披露规则旨在保护股东利益。即便如此，在议会对这项议案进行辩论的期间，一项提议的修订——将披露的利益限定于股东——被撤销（Kohl ＆ Walz,1978,第 79 页）。于是，披露也意味着保护公众、债权人和受公司活动影响的第三方的利益（Döllerer,1958,第 1281 页）。由于规范个别报表编制的规则在根本内容上本应当仅受保护债权人之请求的推动，因此，这些根本内容被多次提及的事实不应视为一种巧合。

1874 年，萨克森（Saxony）和不莱梅（Bremen）两州通过法律，宣布商业账目（commercial accounts）应该作为税收账目（tax accounts）的基础。1891 年，普鲁士（Prussia）采用了相同的规则。另一方面，德国的“权威性原则”（*Maßgeblichkeitsprinzip*）——在税收规则未作出相应要求的情形下[税收规则成为 1934 年《所得税法案》(Income Tax Act; *Einkommensteuergesetz*,

EStG)的一部分之前], 要求采纳《商法典》的恰当簿记原则 (*Grundsätze ordnungsmäßiger Buchführung*, GoB)——经由法院的参与而获得发展, 尤其是 1901 年萨克森州高等行政法院 (*Sächsisches Oberverwaltungsgericht*)、1907 年普鲁士高等行政法院 (*Preußisches Oberverwaltungsgericht*) 和 1912 年普鲁士高等行政法院政府税收事务庭 (*Preußisches Oberverwaltungsgericht in Staatssteuersachen*) 的参与 (参见 Schneider, 1993 年, 第 717 页)。

1884 年, 《股份公司法案》的修订从法律上认可了固定资产的历史成本核算原则, 即以取得或生产成本为价值确定的上限。这项当前仍被普遍接受的创新 (HGB § 253, 第 1 段, 第 1 句) 归因于德国的工业化步伐加速、资本需求急剧增长以及与资产价值高估相关的一些灾难性经验。当时, 要求股份公司采用的估值规则对那些受《德国普通商法典》管制的其他形式企业不产生约束力, 也仍然不存在一套适用于股份公司的财务报表编制格式。

1892 年, 《有限责任公司法案》(*Gesetz betreffend die Gesellschaften mit beschränkter Haftung*, GmbHG) 生效。自此以后, 《有限责任公司法案》只是在细节上作过修订。这部 1892 年法案包括会计核算和利润确定及分配的具体规则, 但不涉及披露要求。1986 年以来, 由于欧盟范围内协调财务报告的努力, 德国才对有限责任公司 (Gesellschaften mit beschränkter Haftung, GmbH) 的披露要求作出规定。

1897 年《商法典》(*Commercial Code of 1897*) 涵盖适用于各类企业组织形式的会计规则, 并且, 几经修订, 在 1985 年以前一直有效。1985 年, 欧盟第四号与第七号指令生效。1897 年《商法典》第一次借鉴了恰当簿记原则 (GoB)。该法典在很大程度上假设, 恰当簿记原则可以理解为当时普遍接受的会计实务。但是, 法典推行的重要规则 [如最初只适用于股份公司 (*Aktiengesellschaft*, AG) 的成本或市价孰低要求] 与实务中约定俗成的惯例发生抵触 (Schneider, 1993 年, 第 718 页)。股份公司以外的企业组织形式继续免于承担任何公开财务报表的义务。针对股份公司的披露要求则载入《股份公司法案》中。

合作社 (cooperatives) 受《1889 年工商业合作社法》(*Gesetz betreffend die Erwerbs-und Wirtschaftsgenossenschaften*, GenG) 的约束。该法案分别于 1934 年和 1973 年经历实质性的重大修订。1889 年法案包含一些具体的会计规则和披露要求。

1931 年,由德国第二大保险集团(Frankfurter Allgemeine Versicherungs-Aktiengesellschaft, FAVAG)和一家"四大银行"(Darmstädter und Nationalbank, DANAT)经营失败引发的大萧条,导致国家元首在股份公司法律(Aktienrecht-snotverordnungen)下引入紧急状态令。这些法令强制推行新规则,对年度报表与董事报告[directors' report;当时称为"营业报告"(geschäftsbericht),注意与 HGB§289 下的管理层报告(Lagebericht)相区别]产生影响。同时,这些法令也确立股份公司年度报表必须经过审计的要求。(新设立股份公司的资产负债表自 1884 年开始必须经过审计,合作社的年度报表则于 1889 年开始必须经过审计)。强制审计要求促使审计师职业(wirtschaftsprüfer)开始兴起。

1937 年,根据紧急状态令的要求,《股份公司法案》作出修订。相对于任何其他涉及资产负债表与损益表格式、资产与负债列报及其估值的法案而言,新的立法涵盖更加详细的规则。这一情形延续至 1985 年。按照新的立法,开办费、权益资本发行成本和自创商誉均不再允许资本化。当前,这些规则依旧适用(HGB§248 和 HGB§246 第 1 段第 3 句)。修订后的法案第一次规定了适用于固定资产和流动资产的不同估值规则,其中,固定资产包括土地与建筑物、厂房、机器设备和其他固定资产等形式。法案给予管理层创造利润储备的权利,并且,法律没有对将利润划拨至储备的行为作出明确限制。

1937 年法案分别在 1959 年和 1965 年经历实质性修订。其中,1959 年修订了损益表的格式。1965 年法案则对利润确定与分配的权利作出重大修订,规定财务报表的新格式,并第一次提出编制合并报表的要求。对此,Busse von Colbe(1996 年,第 419 页)这样表述:

只有德国子公司被要求计入这些合并报表中,外国子公司则可以排除在外。在那个年代,德国企业的涉外交易相当少(例如,1960 年德国外商直接投资仅为 1986 年外商直接投资的 6.5%)。

1965 年法案的一项重要目标是抑制管理层创造秘密储备的权利。通过具体规定(固定价值原则,fixwertprinzip;Busse von Colbe,1996 年,第 419 页)资产可能据以计提折旧的价值(与取得及生产成本相比较),并限制准备的计提,使这一目标得以实现。

1969 年《披露法案》(*Publizitätsgesetz*, PublG)要求股份公司以外任何

法律形式的大型企业必须公布财务报表。当前,大型企业被界定为营业收入超过1.3亿欧元、资产总额超过6 500万欧元或者雇员超过5 000人的企业。上述3个条件中必须至少2个数据连续3个财务年度超过规定标准,才满足法案对大型企业的要求。出台披露法案的一个重要背景是:

1966年,科拉普(Krupp)集团因发生重大亏损而引发一场危机。危机对科拉普的许多供应商、客户和雇员产生不利影响,而其中大多数人对集团的危险处境一无所知,因为作为一家非法人制企业,科拉普在当时并未被要求公开财务报表。(Busse von Colbe,1996年,第419页)

截至1969年,只有股份公司或者股份两合公司(Kommanditgesellschaft auf Aktien,KGaA)必须发布财务报表。影响上述两类企业的要求在许多方面是一致的。当前,由于1985年《商法典》要求有限责任公司(GmbH)必须公布财务报表,现行《披露法案》已经要求有限公司之外的企业(如合伙企业或经济上活跃的联营企业)公开财务报表。

特殊行业中的企业和上市公司需要适用更多要求。银行受1983年《银行业法案》(*Kreditwesengesetz*,KWG;前身为1934年《帝国信贷业法》,*Reichsgesetz über das Kreditwesen*)和《商法典》第340 - 340o条(HGB §340 - 340o)的管制。保险公司必须遵循1983年《保险公司管制法案》(*Versicherungsaufsichtsgesetz*,VAG)和《商法典》第341 - 341p条(HGB§341 - 341p)。1983年《银行业法案》和1983年《保险公司管制法案》的最近一次修订均发生在2009年。2003年《投资法案》(*Investmentgesetz*,InvG;前身为1970年《投资公司法》,*Gesetz über die Kapitalanlagegesellschaften*,KAGG)确立了针对投资基金的要求。该法案最近一次修订发生在2010年。

为了满足股票上市交易的要求,公司必须采取股份公司或者股份两合公司的法律形式。这两类企业受《股票交易法案》、《股票交易上市法案》(该法案可追溯至1896年)和《股票交易上市法令》的管制。其中,《股票交易上市法令》从1910年开始实施,最近一次修订发生在2007年。

上市公司与非上市公司的年度报表类型基本相同(格式可能存在差异),但是,前者出于股票报价目的,必须满足一些特殊要求。1990年《证券募股法案》(*Wertpapier-Verkaufsprospektgesetz*,最近一次修订发生于2007年)要求对外公布的招股说明书包含对拟上市证券进行估价所必要的信息。这一要求也适用于证券转换和追加资本的情形。招股说明书必须经过审计，并由自身信誉良好的公众信用机构、私营银行或者金融公司来发布（Kohl & Walz，1978 年，第 77 页）。

只有上市公司才被要求定期发布中期报告（zwischenberichte）。这项要求可以追溯至 1987 年修订的《股票交易法案》。

1985 年，欧盟《第四号指令》与《第七号指令》的实施导致《商法典》作出重要修订。虽然两份指令都只涉及有限责任公司与集团，却带来一次对适用于所有企业的会计与财务报告法律进行修订的机会。由于此前分布在不同法案（《股份公司法案》和《有限责任公司法案》）中的适用于特殊法律形式的管制要求已经合并至《商法典》，现行的《商法典》便构成财务会计与报告的基础。1990 年的深层次修订是将银行适用的财务会计与报告规则从特殊法案（KWG）移并至《商法典》中。1994 年，保险公司适用的规则也作出相同变更。

最近期间，对财务报告准则的最重要修订可以追溯至 1998 年（《资本接受易化法》*Kapitalaufnahmeerleichterunggesetz*，KapAEG）、2002 年［2002 年 7 月 19 日欧洲议会关于应用国际会计准则的《第 1606/2002 号欧共体条例》(E. C. Regulation No. 1606/2002)］和 2009 年（《会计法现代化法》，*Bilanzrechtsmodernisierungsgesetz*，BilMoG）。1998 年，《商法典》允许参照（当时的）IAS 或美国 GAAP 来编制合并财务报表，以此取代德国《商法典》的相应要求（HGB 第 292a 条的旧版本）。此外，如果公司计划在法兰克福股票交易所的新市场上市，那么，在上述 IAS 或美国 GAAP 中选择一套制度则是强制性规定。这项义务源自与股票交易所之间的协议约定。由此，因为上市公司的管理层有义务采用 GAAP 来编制合并报表或者在采用 GAAP 时存在自行决定权，而其他公司仍然按照《商法典》编制合并财务报表，许多公司的合并财务报表便不具有可比性。

根据《第 1606/2002 号欧共体条例》，德国将《国际财务报告准则》（IFRS）确立为自 2005 财年开始公开交易的公司（证券被允许在一个受管制市场进行交易的公司）编制合并财务报表必须普遍强制适用的会计准则。特定类型的公司（尤其是那些在美国上市的公司）可以从 2007 财年开始适用 IFRS，以便有更多适应时间。非公开交易的公司在编制合并财务报表时，允许采用 IFRS，作为对德国规则的替代。IFRS 也可以用于编制个别报表，但是，在这种情形下，按照 IFRS 编制的个别报表仅履行信息职能，出于利润分配目的，必须编制第二套财务报表。如果《商法典》与《所得税法案》之间存在差异,那么,甚至需要编制第三套报表。因此,IFRS 的接受情况在个别报表与集团报表之间是不同的。由于合并财务报表具有事实上、虽然不是法定的利润分配职能(参见"利润确定、利润分配管制和真实公允观"部分的讨论),这在一定程度上很令人惊讶。

2009 年,《会计法现代化法》对《商法典》作出修订。新规则强制适用于从 2010 年开始的财务年度,但是,也可以提前一年采用。正如在规则的正当性表述中提到的那样,该法案的目标是将已经制定的有关财务报告的德国法律发展为一部持久的——并且,相对于 IFRS 而言——等效但代价更低、更简洁的法律。特别是,已经确立的恰当簿记原则(GoB)的最重要部分及其与税务会计的相关性("权威原则",*Maßgeblichkeitsprinzip*)不应被废止。

不幸的是,新法律既不同于 IFRS,也不像旧的法律或税务会计。一方面,法律明确禁止可用作盈余管理、并与 IFRS 及税务会计相对立的会计选择权,如现在计提准备总是要求存在一项对另一方的不确定性义务。另一方面,新规则不同于税务会计与 IFRS,如自创无形资产的确认和养老金义务的估值。在德国,尽管权威原则仍然得以保留,商业会计与税务会计之间的联系却已经被削弱。理由是,纯粹税务导向的价值已不再为商业会计所接受。此外,既然德国财务报告不存在向 IFRS 强烈趋同,第三种方式便由此形成,使现状将会持续多久变得高度不确定,因为许多公司将会抱怨不得不遵循三套不同的制度。

准则与准则制定

在成文法体系下,财务会计与报告准则由立法机构制定。德国法律很详细,但是,也以原则为基础。为了对各种即便不可预见的未来事项或交易类型作出管制,财务会计与报告均须遵循恰当簿记原则。不论企业采取何种法律形式或规模大小、处于何种行业或者股票是否上市等诸如此类的因素,所有企业均采用恰当簿记原则是普遍接受的观点。与许多其他国家不同,上述许多原则编集于《商法典》中,或者,可以追溯至其中的特定段落。因此,就法律在某种程度上的确定性而言,不存在相关组织关注恰当簿记原则制订与建议的必要。当含糊性出现时,原则将通过(一般地)演绎推理而得到完善(Döllerer,1959;Leffson,1987,第 29‑31 页)。原则必须与已经编集成典的法律保持一致,并且,需要反映立法机构在管制财务会计时考虑的意图(Moxter,1985,第 20‑21 页;Baetge, Kirsch, & Thiele,2009,第 105‑107 页)。应当承认,逻辑学中的演绎推理可能会不奏效,因为在某些方式下演绎基础具有含糊性。因此,就财务报告目标与恰当簿记原则的最佳匹配作出判断是必要的(Beisse,1994,第 19‑20 页)。

当新问题出现时,学术界内部与执业组织之间将引发激烈争辩(Busse von Colbe,1992)。注册会计师协会(Institut der Wirtschaftsprüfer in Dertschland e. V. , IDW)——历史可追溯至 1932 年——将总是试图在解释恰当簿记原则的基础上解决问题。协会起草有关会计与报告问题的公告,这些公告对审计师产生约束力:并非法律意义上的约束力,但是,如果参照这些公告,审计师的推理会更加确切。尽管如此,协会的公告不具有法律效力,法庭未必需要采纳这类公告。除了协会会员与其他个人执业者,大学里商业经济领域的教师对恰当簿记原则保持浓厚的兴趣,并且,这类原则经常成为博士论文的选题。

联邦财政法院(Bundesfinanzhof, BFH)受理涉及因对恰当簿记原则作出不同解释而产生的诉讼。联邦财政法院已经确立一套重要且给人印象深刻的关于恰当簿记原则的制度(Moxter,2007)。这直接产生于商业会计与税务会计的收益统一法(unified income approach)。统一法是指在不存在特定税收规则的情形下,商业会计中的恰当簿记原则也对税务会计产生约束力("权威原则")。诉诸财政法院的案件涉及税务问题。与可能的预期相反,联邦最高法院(Bundesgerichtshof, BGH)很少介入财务会计与报告争议(Münzinger,1987)。欧洲法院(European Court of Justice, ECJ)在这一问题上的立场也相同。

由于恰当簿记原则已经编集成法典,会计实务对原则的解释不像英国或美国对各自 GAAP 作出解释的情形那样有影响力。德国的恰当簿记原则不应视作公认会计实务的同义词。尽管从业者的观点认为它们可能在实质上是相同的,历史地看,重要簿记原则的制定是依据会计实务的需要(Schneider,1993,第 717‑719 页)。

由于立法机构制定准则,不同的集团都忙于游说。例如,行业协会(如德国工商大会,Deutscher Industrie-und Handelstag, DIHT)、工会(如德国工会联合会，Deutscher Gewerkschaftsbund，DGB)、注册会计师协会(IDW)、银行界(如德国银行联合会，Bundesverband deutscher Banken，BdB)、财务分析师(如金融业企业经营公司，Gesellschaft für Finanzwirtschaft in der Unternehmensführung，GEFIU)、重要的律师协会(德国法学家大会，Deutscher Juristentag，DJT)和企业经济学领域的学者(如企业管理学高校教师联合会中的会计委员会，Kommission für Rechnungswesen im Verband der Hochschullehrer für Betriebswirtschaft e. V.，WK RECH VHB)以声明的形式对新法案的草案展开辩论，并提出建议。这些集团的成员经常被邀请参加议会的听证会。

利润确定、利润分配管制和真实公允观

在德国，财务报告的基本概念包括以下几个方面：

• 债权人导向的谨慎利润确定观，强制适用于各种法律形式的企业组织，反映对利润分配的管制；

• 披露和真实公允观，作为承担有限责任的代价；

• 受重要恰当簿记原则约束的真实公允观。无论在何种层面上，这些原则(尤其是谨慎性原则、实现原则和差异性原则)的主旨均不是引出充分且无偏的信息；

• 作为补充性规则、而非首要原则的真实公允观。

德国的个别报表有两项重要职能：利润计量与利润分配管制的职能(Zahlungsbemessungsfunktion)和信息职能(Informationsfunktion)。

第一个目标——利润计量与利润分配管制——产生于向所有者和税务当局作出的支付(以及有时向债权人或经理人员作出的支付)依赖于利润数字的事实。尽管在法律上商业账簿不是征税的基础，按照商业会计规则计算的利润和按照税务会计规则计算的利润却可能是一致的。在有限责任公司中，向所有者作出的支付(股份公司情形下为股利形式)受到该财年收入与费用之间差额的限制，虽然该差额可能通过减少留存收益而增加(只要存在任何留存收益)。资本偿还是不被允许的(禁止归还出资额，GmbHG 第30 条第1 段和 AktG 第57 条)。

个别报表中利润计算的稳健性是德国会计的独特之处。这是为了避免对净资产或财富净额的印象过于乐观。通过对利润作出限制,而不是让使用者获得充分信息,谨慎性原则的深刻影响在于维护债权人的利益。利润总是被视为可分配的利润,并且,一经分配,便会减少资本。资本减少可能向债权人施加一定程度的风险,尤其当企业承担有限责任的时候(如股份公司或有限责任公司的情形那样)。历史地看,相对于企业主与公众,债权人似乎是利益最受保护的群体。

在德国法律中居首要地位的谨慎性原则及其他恰当簿记原则倾向于鼓励自我融资(有关会计在德国金融体系中作用的讨论,参见 Leuz & Wüstemann,2004)。许多公司将自我融资和债务融资视为比通过增发股份资本补充权益更为重要的方式。相对于在有组织的资本市场上募集权益资本,自我融资给予大型企业的管理层更多行动自由。经理人员并非普遍以对抗谨慎性原则而著称,尤其考虑到在德国薪酬与公司业绩相联系没有其他一些国家普遍的时候。由于银行作为具有很大影响力的债权人,能够借助监事会上拥有的席位而使自己获取充分信息,它们似乎也得到较好的安排。代理投票则允许银行在经营政策中享有发言权,这进一步强化了它们的地位。

与债权人及管理层相反,所有者的利益可能因利润低估而受损。当股东对公司提取的秘密储备一无所知或者资本市场成为不充分的信息来源时,情形尤为如此。另一个需要认真考虑的因素是商业会计与税务会计之间的紧密联系。通常,商业账簿中表述的利润与纳税目的下的利润是相同的。两者之间产生差异也并非不可能。但是,对于绝大多数中小规模公司而言,这两个数字将会相同(至少几乎一致)。因此,一般地说,如果调低利润水平以实现公司税负最小化,所有者——作为整体——可能因随之发生的递延个人所得税负债而受益。

第二个目标——信息职能。集团会计的法定职能被限定为提供信息,而不是管制利润分配,虽然集团报表中列示的利润可能(甚至在很大程度上)影响股利支付[关于专门的集团报表中利润计量的发展,参见 Ordelheide (2001)和 Busse von Colbe,Ordelheide,Gebhardt,& Pellens(2009)]。集团报表揭示的信息可以在一定程度上弥补个别报表中保守地计算利润产生的缺陷。尤其对于大公司而言,当出于募集外币资本投资的目的而需要在外国股票交易所上市或者促进产品出口时,将个别报表与集团报表中的利润数字相区分是明智的做法。从提供纳税优势和给予管理层融资自主性的角度,在个别报表中调低对外宣告的利润更为可取,然而,集团报表中报出更高的利润数字则可以提升公司声望、股票价格和自创商誉。当前,由于上市公司必须采用 IFRS 编制合并财务报表,《商法典》则用于规范个别报表的编制,因此,上市公司分别计量利润的实务受到支持。

信息职能的一个重要方面是披露要求。作为一般性原则,披露是承担有限责任必须付出的代价(大规模合伙企业或个体经营者属于例外情形,它们虽然不适用承担有限责任,却也负有披露义务)。为了确保可以获取合伙企业的充分信息,《商法典》授予所有者特殊的信息权利。就债权人而言,信息权利必须在合同中作出明确说明。

在有限责任公司方面,存在支持管理层以财务报表形式提供信息的规则。如果财务报表或中期报告显示(或者,如果在任何其他时间提出质疑也是合理的情形),一半股本已受到侵蚀,那么,有限责任公司的常务董事(managing director)必须召集股东大会(GmbHG 第 49 条,第 3 段)。类似的规则也适用于股份公司的管理层(AktG 第 92 条,第 1 段)。

前文("会计与财务报告法律的发展")曾经提到,需要保护的最重要群体是企业的所有者、债权人和一般公众。由此,产生一个有关雇员角色的问题。在特定情形下,雇员的代表必须借助财务报表来获取信息。此处,雇员受到较少关注的原因在于,雇员最重要的信息需求本质上不是财务层面(经营战略、工作条件、解雇风险、人力策划与培训以及职业前景)。基于雇员参与决定(*Mitbestimmung*)概念,雇员的特殊信息权利在 1951 年《矿冶类企业雇员参与决定法案》(*Montan-Mitbestimmungsgesetz*)、1952 年《行业规章法案》(*Betriebsverfassungsgesetz*, BetrVG)和 1976 年《参与决定法案》(*Mitbestimmungsgesetz*)中作出规定(相关概况,参见 Ordelheide & Pfaff,1994,第 44 - 50 页)。

信息职能和利润计量及利润分配管制职能在重要性上有所不同(Moxter,1986,第 16 - 18 页;1987,第 368 页;其他相关观点,参见 Baetge 等,2009,第 100 - 102 页)。通过检验确定可供分配利润的流行规则,这一点便十分明显。最重要的规则是谨慎性原则、实现原则和差异性原则。

作为谨慎性原则的一项后果,没有必要确认那些并非为了资产负债表中的对价而取得的无形固定资产,确认与否仅仅是一项选择权而已(HGB

第 248 条,第 2 段)。如果选择确认这类资产,那么,大致情形下,有限责任公司只有当分配后可自由处置的储备至少与已确认金额减去因确认这些资产所产生的递延所得税后的余额一样高时,才允许分配利润(HGB 第 268 条,第 8 段,第 1 句)。虽然利润确定不同于利润分配,并且,谨慎性原则最初只约束利润确定,分配规则却在事实上受谨慎性原则的影响。

当存在不确定性时,资产必须按照低于实现时的预期价值进行估值(这不仅影响具有不确定性的应收账款等估值,也影响资产使用寿命的确定)。这是谨慎性原则的进一步后果。对于具有不确定性的负债,则常常按照超过实现时预期价值的金额列示(然而,这不适用于为养老金计提准备的情形)。

德国的实现原则是指在一般情况下,利润(或损失)的确认取决于商品的发送或服务的提供(关于特定行业的豁免情形,参见 HGB 第 340e 条,第 3 段,第 1 句)。这也适用于长期建造合同及类似合同。相反,IFRS 不允许列示可实现的(而非已实现的)利润。实现原则的一项后果是购买成本和生产成本是资产估值的上限(历史成本会计)。有时,基于差异性原则,强制要求确认较低的价值。按照这一原则,未实现的损失必须在已知发生损失的期间作出预计,而利润不能在实现之前确认。通过计提特殊准备的方式预计未完成交易的损失,是差异性原则在实践中的另一种情形。

一方面,实现原则必须视为一种处理在未来的支付中所蕴含风险要素的特殊方式(Ordelheide,1988,第 282 - 283 页;Baetge,1990,第 1827 页)。因此,这可能受到了谨慎性原则的影响。换一种角度思考,这也可能符合财务会计的信息职能。另一方面,谨慎性原则和差异性原则阻碍了充分、无偏的信息流动,后者对决策的合理制定至关重要。因此,有必要追问,所有者与债权人可以获得有关企业经营的哪些更多的信息呢? 上文概述的利润确定规则背后的推理也需要进行讨论。

可以获得哪些方面的更多信息取决于企业组织的法律形式。合伙企业的合伙人和债权人没有收到任何有关报表的说明和管理层报告。如果他们没有其他途径获取信息(对于所有者,这似乎不大可能发生,但是,对于债权人,则是经常面临的处境),那么,基于这两项关键原则产生的偏差,从财务报表中收集的信息只能有限地用于决策基础。即便是(在一般情形下)可以查阅报表说明和管理层报告的有限公司所有者和债权人,也没有获得充分信息以完全补偿由谨慎性和差异性原则引起的信息损失。

这背后的根本原因全然在于,通过将利润的保守计算优先于盈利信息的公开与无偏差,保护债权人的利益。利润可能进行分配,并且,与不分配利润的情形相比,前者可能损害债权人的利益。当然,这似乎仅仅在公司承担有限责任时才相关。但是,不论选择何种法律形式,规则倾向于支持保守的确定利润。

只要市场价值高于取得或生产成本,那么,对于各类公司而言,在资产负债表中提取秘密储备便是一项法定要求。更有甚者,公司是被允许在账上创造秘密储备的,如通过保守地估计固定资产的使用年限,或者高估折旧率,或者过于谨慎地提取准备金。只有特殊部门的监管层才会要求披露有关秘密储备的信息。银行与保险公司必须向联邦金融服务监管局(Bundesanstalt für Finanzdienstleistungsaufsicht,BaFin)提交这方面的报告。

正如批评者阐述的那样,秘密储备可能会不留痕迹且无法解释地消失,也可能在最需要的时候发现储备金额不足,德国立法似乎已经接受这些缺陷。因此,无论企业组织采取何种法律形式,旨在保护债权人利益的谨慎性名义资本保全,是德国财务会计的一项重要特征。

虽然谨慎地确定利润经常削弱财务报告的信息职能,一个正面的特征却不应忽视。如果谨慎的利润确定真正降低了债权人的风险,那么,也同样会降低借款的资本成本,这将使所有者受益,尤其当债务融资像在德国这般重要的时候。

资本净值、财务状况和经营成果的真实公允观仅仅是对承担有限责任的公司(以及编制合并财务报表的情形)提出的要求(HGB 第 264 条第 2 段和 HGB 第 297 条第 2 段)。因此,真实公允观不是约束所有法律形式企业组织的一般性原则(Beisse,1988,第 26 - 28 页;1989,第 21 - 22 页)。相反,支配各类形式企业的普遍原则来自 HGB 第 243 条第 1 段:"财务报表必须按照恰当簿记原则编制。"(GoB)披露要求和必要的真实公允观是公司承担有限责任的代价。

虽然真实公允观很重要,观点本身却存在缺陷。首先,真实公允观受恰当簿记原则的约束,即谨慎性原则、实现原则和差异性(或者,成本或市价孰低)原则依然支配利润的确定。由于历史成本会计是实现原则(或谨慎性原则)的结果,因此,依据真实公允观、主张以更高的市场价值为资产估值,无论在资产负债表上或者附注中均是不可能的。其次,真实公允观概念不是一项高于一切的原则。根据大多数法律评论者的意见，不能够认为几种不同的折旧方法会同等恰当地满足法定要求，相反，必须采纳从真实公允观考虑的最佳折旧方法(Beisse，1989，第17-23页；Winkeljohann & Schellhorn，2010，第264条，第28款；关于其他观点，参见Claussen，1987，第89-92页)。这必须从尊重法律的监管体系角度进行解释。如果法律允许作出选择(如在估值过程中)，那么，真实公允观不能限制这些选择权，因为具体规则(允许选择权)优先于一般性规则(要求真实公允观)。

但是，真实公允观概念也有其价值。首先，利润计量仅是财务报表信息职能的一项要素。真实公允观与利润计量之外的信息相关。它约束有限公司提供信息的方式。这类信息不仅通过财务报表传递，也以报表附注和管理层报告的形式来提供。从绝大部分评论者的观点来看，真实公允观基本上仅仅对附注产生影响，而不是财务报表的每一个别要素(所谓的分离或去耦合性观点，Abkopplungsthese；Moxter，1986，第67-68页；Beisse，1989，第21-22页；Ordelheide，1990，第8页；有关其他观点，参见Winkeljohann & Schellhorn，2010，第264条，第30款)。其次，有关特定情形的信息可能以完全遵循法律的方式提供，却仍然未能实现真实公允观。在这一情形下，有必要提供更多信息：

如果特殊情形导致财务报表未能反映真实公允观……那么，必须在附注中提供更多披露。(HGB第264条，第2段，第2句)

于是，争议转向要求提供更多披露的理由。当一家陷入困境的公司签订销售和租回协议、却未在附注中给出任何提示时，这便是一种可能的情形。另外一种可能的情形是长期合同，即未能按照完工百分比法揭示长期合同上的利润(Moxter，1995，第427页)。

为了正确理解德国对真实公允观概念的态度，有必要了解商业会计与税务会计之间的相互联系。

作为德国特色的管理层报告：
2007年以来在欧共体范围内采纳

承担有限责任的公司(AG和GmbH)的财务报表包括资产负债表、损益表和附注,公开交易的公司还需提供现金流量表、权益变动表以及最后的分部报告(HGB 第 264 条,第 1 段)。合并财务报表的构成与个别报表相同(HGB 第 297 条,第 1 段)。这项管制与 IFRS 的要求相一致。

此外,作为(合并)财务报表之外的一部分,公司(至少为中等规模)、登记在册的合作社和采取有限责任公司形式的集团之德国母公司必须提交年度管理层报告(Lagebericht;HGB 第 264 条,第 1 段,第 1 句和第 290 句;第 1 段,第 1 句;第 1-2 段,第 336 句)。这也适用于非公司制形式且符合《披露法案》条款的大规模企业和合伙企业(personengesellschaft)与个体经营者(Einzelkaufmann)以外的企业(PbulG 第 5 条,第 2 段,第 1 句)。管理层报告必须经过审计并对外发布。这一法定文书作为《营业报告》(*Geschäftsbericht*)的一部分可以追溯至《1937 年股份法》(*Aktiengesetz*)。但是,自 1985 年以来,管理层报告作为《商法典》下财务报告中可自行裁量的部分得到进一步发展(有关细节,参见 Hartmann,2010)。《商法典》第 289 条和第 315 条(HGB§289 和 315)分别界定了必须提供的信息性质。

管理层报告必须按照真实公允观对业务发展和公司形势作出描述。与财务报表相比(参见上文前面的部分),这一观点不受恰当簿记原则的约束。业务发展和公司形势均必须借助与业务活动范围和复杂性相关的业绩指标进行分析。同时,管理层报告必须就公司的预期发展及其主要机遇和风险展开评论。此外,管理层报告"也应当评论"(被理解为"必须评论")以下特殊领域:

a. 特别重要的资产负债表日后事项;

b. 风险管理的目标与方法,包括套期方法和价格波动风险、违约风险、流动性风险以及现金流量波动风险;

c. 研究与开发的领域;

d. 在上市公司情形下,薪酬体系的主要特征。

法律没有对"业务发展"或"公司形势"作出界定。然而,由此构建的规则使对过去("发展")、现在("形势")和未来("资产负债表日后事项"和"公司预期发展")展开评论的责任日益凸显。

在描述过去的发展时,有必要对企业业绩作出报告,如融资、生产与销售(包括营业额规模与构成的重要变化)、主要的合理化判断、竞争地位的任何改变以及订单状态的变化。

由于过去的发展在当前已经结束，上述所有信息需求与有关当前形势的信息相关联。在描述公司形势时，管理层报告不能局限于财务报表中揭示的资本净额、财务状况和经营结果。例如，必须提供从年度报表角度看有关财务状况的一定程度上不清晰的额外信息。有关影响员工（如涉及工资、工作小时数或养老金的重要协议，或者，劳动力人数的重大变动）和业务结构变动（如组织内部或合伙人之间的变动，重要协定的签署）的因素的更多信息是必要的。

重要的资产负债表日后事项可能关注产能的缩减或扩张、厂房的关闭或启用、新协议的签订、与权益或债务资本相关的重要措施以及所有权结构的变动。

关于公司预期发展的报告必须包括有关企业经营所在行业部门的预期经济前景、价格趋势和当年预期订单的信息。此外，所有与过去及当前报告相关的要素在这里可能也是相关的。预期发展报告不需要包含量化的估计。预期之类的表述可以在言辞上显现出来，例如通过宽泛的分类（"销售保持稳定"）或比较（"与去年相比，营业额将下降"）。

当公司经营所处的领域中研究与开发（R&D）十分重要的时候，才要求提供研发报告（总体上，研发报告不需要由审计公司来提供）。必须通过有关目标、人员配备、成果保护和短期合营等信息支持，对研发活动的资源投入、生产能力和产量作出报告。同样，研发报告中也没有必要量化各种细节。

由于母公司有义务提交一份集团整体的年度管理层报告，集团和母公司的管理层报告经常合并至一份单独的报告中。这在法律上是允许的。

调查显示，就预期未来发展和研发领域的报告而言，管理层报告的信息含量在平均意义上相当低（Schildbach, Beermann, & Feldhoff, 1990；Krumbholz, 1994；Ballwieser, 1997；Quick & Reus, 2009；Ruhwedel, Sellhorn, & Lerchenmüller, 2009；Baetge & Sommerhoff, 2010）。

自 2007 年以来，一项协调证券发行人透明度要求的欧共体指令，要求将管理层报告（lagebericht）作为年度财务报告（Finanzbericht）的一部分［2004年 12 月 15 日欧洲议会关于协调透明度要求的《第 2004/109 号欧共体指令》（Directive 2004/109/EC），其中，透明度要求与允许证券在受管制市场上交易的发行人的信息相关。同时，该指令对《第 2001/34 号欧共体指令》

(Directive 2001/34/EC)作出修订]:

　　管理层报告的起草应当遵循《第 78/660 号欧共体指令》(Directive 78/660/EEC)第 46 款;并且,如果发行人被要求编制合并报表,那么,管理层报告应当遵循《第 83/349 号欧共体指令》(Directive 83/349/EEC)第 36 款。(《第 2004/109 号欧共体指令》,第 4 款,第 5 段)

　　《第 78/660 号欧共体指令》(Directive 78/660/EEC)第 46 款声明如下:

　　1. 年度报告必须至少包括对公司业务发展和形势的公允评论。

　　2. 报告也应当表明:

　　(a) 该财务年度结束后已经发生的任何重要事项;

　　(b) 很可能的公司未来发展;

　　(c) 研究开发领域的活动;

　　(d)《第 77/91 号欧共体指令》(Directive 77/91/EEC)第 22 款第(2)项规定的有关收购自身股份的信息。

　　执行《第 2004/109 号欧共体指令》的全国性法律(2007 年 1 月 5 日的《欧盟透明度指令施行法》,*Transparenzrichtlinie-Umsetzungsgesetz*, TUG)没有改变先前在德国已经为人们了解的管理层报告的内容。然而,自从执行该项指令以来,管理层报告也已经明确成为中期报告的一部分[《有价证券交易法》(*Wertpapierhandelsgesetz*, WpHG)第 37v、第 37w 和第 37y 条]。

德国会计准则委员会(ASCG)的作用

　　以私营方式组建并筹集资金的德国会计准则委员会(ASCG; Deutsches Rechnungslegungs Standards Committee, DRSC)根据《商法典》第 342 条第 1 段而设立。委员会的目标包括:

　　a. 为应用规范合并报表编制的原则而提供建议(《康采恩企业会计准则》,*Grundsötze über die Konzernrechnungslegung*);

　　b. 就财务报告准则问题进行立法时,向联邦司法部提交建议;

　　c. 成为国际准则制定机构中德意志联邦共和国的代表;

　　d. 开发对 IFRS 的解释。

第(b)项和第(c)项目标似乎很清晰,其他两项目标则需要进行讨论。

第一项目标看上去有些令人吃惊,因为在文献中,指导合并财务报表编制的原则似乎不是作为一个法律术语而存在。相反,财务报告受恰当簿记原则的支配,而恰当簿记原则没有划分为个别报表原则和集团报表原则。这一构想可以追溯至对以下问题的理解和相关观点:

a. 对以下事实的理解:恰当簿记原则的内容最终由立法和法院判决确定,尤其是联邦财政法院的判决。因此,有关应用原则的建议才会被提及。

b. 以下观点:对于资本市场参与者而言,跨国合并财务报表是比个别报表更重要的信息来源。既然只应当关注合并财务报表,并且,因为恰当簿记原则没有区分个别报表和集团报表,那么,必须以另一种方式准确陈述原则。

c. 就财务报告的法定职能构成利润分配的基础而言,合并财务报表原则的解释无需对恰当簿记原则作出反馈。原则应当仅关注财务报告的信息职能。这意味着《商法典》第252条第4段提及且必须视作谨慎性原则后果之一的实现原则,不应由德国会计准则委员会作出解释。

为了实现第一项目标,ASCG根据《商法典》制定了适用于企业编制合并财务报表的德国会计准则(German Accounting Standards, GAS)。一旦联邦司法部按照《商法典》第342条第2段以权威的德国范式发布这些准则,那么,GAS便被推定为代表了合并财务报告的恰当会计原则。考虑到未遵循GAS的情形,注册会计师协会(IDW)在第450号审计准则(Prüfungsstandard, PS)第134段发表如下声明:

采用法律允许的、但德国会计准则不允许的处理方式,不会产生审计师意见的限定条件问题。但是,审计师必须在审计报告中陈述该未遵循的事项。(作者的翻译)

1998年9月3日,德国会计准则委员会与联邦司法部之间的标准化合同在第四部分第2段至第4段阐述了准则制定的应循程序:

(2)只有满足以下条件,才可以正式通过一份准则:

a. 先就草案举行投票,再公开发布草案,并在不短于6周的期间内评论该草案;

b. 对已经收到的各类主张作出评估,并在公开会议上对重要的反对理由和提议的修改进行讨论;

c. 在对草案作出重大变动的情形下,改动后的草案经再次通告,在不短于 4 周的期间内公开评论。

（3）在制定准则的过程中，应注意准则不可与法律条款相抵触。由此，不排除对恰当会计原则进行有意义的发展。

（4）在机构的组成中，应注意保护编报者、审计师和报表使用者的利益。只有提交报表的人，才可以成为标准化机构或工作组的成员。

按照上述应循程序，德国会计准则委员会自 2000 年以来已经制定并陆续发布了 17 份德国会计准则（截至 2010 年 4 月 7 日）。直到若干年以后，这些准则几乎完全致力于那些只强制适用于集团会计的问题，或者，资产负债表和损益表以外的文书，如现金流量表（GAS 2）、分部报告（GAS 3）、外币折算（GAS 14）或管理层报告（GAS 15）等。一项明显的例外是针对无形固定资产问题的《GAS 12》。

会计准则委员会（ASCG）的第四项目标也同样令人吃惊，因为国家（德国）对 IFRS 的解释不可能得到 IASB 的支持，对 IFRS 的解释事实上依赖于专门的委员会［国际财务报告解释委员会（International Financial Reporting Interpretations Committee，IFRIC）和常设解释委员会（Standing Interpretations Committee，SIC）］。德国会计解释委员会（German Accounting Interpretations Committee，AIC；Rechnungslegungs Interpretations Committee，RIC）成立于 2004 年，迄今已经制定三份解释（AIC 1 - 3）。这几份解释分别讨论 IAS 1 下资产负债表中流动与非流动性分类、处置电气与电子设备形成的义务以及与 IAS 32 修订相关的解释问题。

有关成文法体系下私营机构会计准则委员会（ASCG）的作用，现有的经济学分析很少。Schwab（1999）、Hoffmann（2003）、Schmidt（2002）和 Kirchner & Schmidt（2006）则是其中的主要例外。

德国会计理论在准则制定中的贡献：反思

德国不乏对会计思想作出贡献的杰出人士，过去是，现在也是。会计甚至是企业管理的起点。在德语国家中，会计诞生于由商业企业和商会发起的私人性倡议而创立的 6 座商学院［经济专科学院（Wirtschaftshochschulen）和商学院（Handelshochschulen）］。这些商学院坐落于莱比锡（Leipzig）、亚琛

（Aachen）、圣加伦（St. Gallen）与维也纳（Vienna）（这 4 所学院均创立于1898 年）以及法兰克福（Frankfurt）与科隆（Cologne）（这 2 所学院创立于1901 年）。Johann Friedrich Schär（1846—1924）是苏黎世大学（Zurich University）（1903—1906）与柏林商学院（Handelshochschule Berlin）（1906—1919）的教授，他第一次详尽阐述了簿记理论（Busse von Colbe，1996，第 415 页）。第二次世界大战结束以来，Herman Veit Simon（1856—1914，律师）、Eugen Schmalenbach（1873—1955）和 Fritz Schmidt（1882—1950）也必须提及（Eugen 和 Fritz 均为工商管理学教授）。

1886 年，Simon 以对旧版《商法典》第 39 条（HGB§39）的解释为起点，发展了在持续经营假设基础上计量归属于公司所有者之财富的资产负债观（Simon，1899，第 303 - 306 页；也可参见 Moxter，1974，第 219 - 222 页）。Simon 的杰出成就在于区分流动资产与非流动资产：流动资产应以出售价格（Realisationswert）估值，而使用价值（Gebrauchswert）应当成为非流动资产的恰当估值类型。从实用视角，确定使用价值的问题——没有可靠的依据——可由购买成本（acquisition cost；Anschaffungspreis）作为替代。在发生损耗或其他情形下，应确认减值损失。Simon 理论的一项启示在于，作为同类商品市场价格意义上的公允价值，本应与所有市场参与者相关，事实上却不起作用。财富的计量取决于资产的个别使用及其各自的价值（Simon，1899，第 304 - 305 页）。

Simon 的观点遭到批评（Moxter，1974，第 226 - 227 页）：（1）他未能联系资产负债表的目标，在监督足额偿付公司债务的可能性时，必须考虑这一目标；（2）他对估值的建议不产生作用，因为 Simon 将计量公司所有者财富的目标等同于估值规则。从计量规则角度，不存在独立的所有者财富概念。尽管如此，Simon 的解释结合所谓"静态会计理论与动态会计理论"（static accounting theory vs. dynamic accounting theory，也可参见 Schweitzer，1990）或者"资产负债观与收益观"（assets and liabilities approach vs. income approach），成为德语国家中一场持续很长时间的关于利润计量目标讨论的起点。

Schmalenbach 是动态会计理论（dynamische bilanztheorie）的著名奠基人，动态会计理论则属于重要的收益理论。他试图计量主体经济活动的业绩。由于绝对意义上的业绩计量似乎注定不能实现（必须考虑自创商誉，而自创商誉未能在资产负债表中进行确认并单独估值），Schmalenbach 的活动以相对意义上的业绩计量为目的。如果利润之间可以比较，那么，利润便相对正确。在这一评述中，基于信息目的，利润变动应当揭示公司经营状况的起伏：

年度利润应在一方面指导公司管理层开展有效的活动，另一方面作为会计工作服务于所有者利益的工具（Busse von Colbe，1996，第 415 页；对 Schmalenbach 观点更详细的阐述，参见 Schneider，1995，第 134 - 136 页；其他作者对 Schmalenbach 观点的拓展性阐述，参见 Küpper & Mattessich，2005，第 367 - 368 页。）

毫不奇怪，Schmalenbach 的理论起点是收益表。为此，他详细阐述了如何管理公司经营活动起伏指示器的规则。资产负债表具有收集所有那些影响收益表指示器的（已实现或预期）现金流量的功能。例如，一个重要的潜在影响是预期的现金流出——在经济上可以划分为一项创造预期未来利润的未来投资导致确认一项负债。

由于计量对象的模糊性和演绎估值规则时存在许多不一致性，Schmalenbach 的观点受到批评。Moxter 通过收益估算会计（Einkommensapproximative Bilanzerung；Moxter，1974，第 245 - 329 页）详细阐述了消除上述缺陷的重要方法，并以比 Schmalenbach 更加雄心勃勃的方式考虑了不确定性预期。这一观点的优点在于清晰地定位于企业所有者的目标。但是，由于忽略公司所有者与经营者之间的代理问题，Moxter 的方法也受到批评（Wagner，1994，第 1193 - 1195 页）。

最具挑战性的论述来自 Schmidt（1921）。他发展了包括通货膨胀趋势下利润确定在内的组织理论（organische bilanztheorie）。尽管其他学者试图证明以名义货币单位计量利润（Rieger，1928）或者利用购买力指数更正利润数字的优越性（Schmalenbach，1933，第 217 - 274 页），Schmidt 对主体具体资产的估值则倚重于重置成本。Schmidt 出版著作的时间（1921 年——译者注）不是偶然的，因为"会计的最大挑战来自 20 世纪 20 年代初德国的恶性通货膨胀"（Busse von Colbe，1996 年，第 416 页）。

Schmidt 试图在经济学推理的基础上发展计量观点（Moxter，1974，第 346 页）：经济环境中的公司相对状况应受其计量的控制。公司价值的相对维持（Schmidt，1929，第 144 页）应通过公司实体（company's substance）来计量。实体的维持需要考虑资产的重置成本。

第二次世界大战以后，会计与财务报告理论者面临的挑战彻底发生改变。首先，基于财务理论的发展，财务报告的局限性被强化，特别是经 Horst Albach（1931 年生）、Adolf Moxter（1929 年生）、Wolfgang Stützel（1925—1987）和 Dieter Schneider（1935 年生）等人的论述。其次，合并财务报表、外币折算问题和资产负债表与收益表以外的新报告手段成为最受关注的会计领域。Walther Busse von Colbe（1928 年生）和 Dieter Ordelheide（1939—2000）的贡献尤其值得称颂。再次，主要由 Adolf Moxter 创立并发展，旨在解释"法律意义上的年度报表"（bilanz im rechtssinne）的所谓"法律意义上的年度报表理论"（bilanzrechtstheorie）赢得真正的重要性。此外，关于财务报告数字的预测价值和资本市场对财务报告的反应方面积累了大量经验研究。近期则涌现了大量有关不同会计体系的比较研究。

Albach（1965）通过现值技术将财务报告与企业估值结合在一起，即随着时间的推移，收益来自企业价值的发展。他将资产负债表作为企业所有者的控制机制。根据 Albach 的理念，企业在每个期间以最优的生产与融资计划为起点。财年结束时，资产负债表被视为一张揭示全部利润中已经实现部分的报表。如果企业按照计划发展，那么，已经实现的利润与利用企业投资内部回报率计算的初始资本产生的收益完全相同。基于企业的最优计划，使权益账面价值等于企业价值的资产负债表被称为合成资产负债表（synthetische bianz）。意识到未来现金流量预期中的不确定性，Albach 讨论了如何通过财务报告向那些只在短期持有资本的所有者或债权人提供保护的问题。Seicht（1970，第 555 - 558 页）认为 Albach 的观点建立在不切实际的隐含假设之上，并阐述了自己的观点（Seicht，1970，第 558 - 619 页）。

Moxter（1966）在全面回顾 Leffson（1987）著作的第一版后（现为第七版），着重阐述了传统财务报表的严重局限性，并就财务报告的其他手段提出建议。如果认真考虑公司利益相关者的财务利益，那么，编制一张不修饰金额、时间结构与现金流量不确定性的未来现金流量表（财务计划，Finanzplan）似乎是充分的。Moxter 的论点建立在利益相关者目标基础上的未来消费流最大化。

Stützel（1967）发展了一套全面的财务报告不同目标体系，每一目标下均要求适用不同规则，或者，只有在偶然情形下才会适用相同规则。他反对通用目的的财务报表目标。Stutzel 没有详细阐述不同目标下的财务报表细节。这方面的工作由 Schildbach(1975)和 Moxter(1982;1984)作出补充。

Schneider(1963)是德国经济利润讨论的早期贡献者。有关后期的发展,可以参见 Seicht(1970,第 558 - 619 页)和 Moxter(1982)。Schneider (1978)的文章从经济学理论角度指出了商业和税务资产负债表的理论缺陷。同时,正如 Schneider(1993;1995;1996)特别论证的那样,他毫无争议地成为表述德国会计思想发展的第一人。

除了 Karl Kafer(1976)[苏黎世大学的瑞士籍教授(1898—1999);最早的理论阐述可以追溯至 Bauer(1926)]之外,Busse von Colbe(1966,1990)是德语国家中讨论资金报表(funds statements)问题的先驱。此外,1972 年,Busse von Colbe 提出集团报表中外币折算的暂时性原则,这与美国提议相关方案发生在同一时期,却独立于美国(Busse von Colbe,1996,第 421 页)。Ordelheide 在集团会计、会计理论、国际会计与会计政治学领域成绩斐然。20 世纪七八十年代,他与 Busse von Colbe 联合开发一份有关德国集团会计的前后一致的概念框架。近期,Ordelheide 的工作重点关注准则制定程序和会计政治学(Ordelheide,1998;McLeay,Ordelheide,& Young,2004)。

具有重大实践意义的是 Moxter(2007)(1982 年第一版)。当恰当簿记原则体系在极具影响的联邦财政法院(BFH)的法庭判决中得到体现时,Moxter 不仅对这一原则体系作出表述,并进一步发展了这个体系。与最初的预期相反,由于原则经常被非常隐晦或者仅仅含蓄地采用,这不是一项简单的任务。这项工作需要的不只是法律解释的艺术,同时要求扎实的经济学知识。

上述学者对德国准则制定的影响不能直接从其著作中推断得出,但是,可以间接地从其对立法程序的听证和那些试图影响立法与司法的学者或学者与实务人士组成的机构所发布公告的贡献中得到体现。

德国《商法典》传统上采纳资产负债观,但是,尤其在 1985—2009 年间,法律已经被收益观的一些潜在影响所补充。这可以通过考虑准备计提与递延所得税等规则得到证明。1986 年以来,即便不存在对第三方的义务,也可以确认有关未来现金流出的重大准备[《商法典》第 249 条,第 2 段(旧版)]。这类准备的一些次要部分前面已经表述,但与刚提及的有关未来现金流出的重大准备不同,前者产生于税务会计,而新的准备类型在税务会计中是被禁止的。递延所得税采用时间性概念，也以收益法为导向。2009 年，《会计法现代化法》（BilMoG）废止了上述两项管制举措（关于 BilMoG，参见前文第一部分）。当前，德国已经不再允许按照《商法典》第 249 条第 2 段（旧版）计提准备，递延所得税则采用暂时性概念。

德国资产负债表也体现客观地列示"具有重要性的"资产项目［Beisse，1994，第 16 页：客观性（Vergegenständlichung）］：资产一方列示公司购入或生产的、以资产负债表日计量的商品。这意味着资产负债表不仅仅是收集那些影响收益表中未来收益指示器的现金流量的工具。这与 Schmalenbach 的意图相反，虽然他毫无疑义地对其他规则具有一些影响力。

Schmalenbach 的最重要影响似乎是在开发报表框架（Kontenrahmen）方面。他详细阐述了一份框架（Schmalenbach，1927），该思想对《1949 年行业常见报表框架》（*Gemeinschaftskontenrahmen der Industrie*，GKR）产生影响。在 1937 年至 1945 年间的"第三帝国"（Third Reich）时期，一份以 Schmalenbach 的思想为基础构建的框架得到强制应用。该框架对法国实务的影响并非无足轻重。

Simon 的影响似乎仍然是最重要的。目前，资产负债表区分流动资产与非流动资产。非流动资产以历史成本计量，最后因减值损失而减少其价值。但是，当流动资产的出售价格高于历史成本时，法律没有采纳 Simon 以出售价格计量流动资产价值的思想。这也表明，Schmidt 的理论未能说服德国立法者。正如 Busse von Colbe（1996，第 417 页）阐述的：

人们认为，企业的会计体系不应为通货膨胀这一毒瘤进入经济体而开启方面之门。在德国，由于 20 世纪 20 年代初恶性通货膨胀引发的货币性资产的巨额损失，人们对通胀的恐惧甚于其他经济不利因素。德国盛行这一经济政策。

相对于已实现利润，可实现利润过于不确定，因而未能在收益表上或者权益中得到确认。这是评论中可以发现的另一种理由。

参考文献

ALBACH H. 1965. Grundgedanken einer synthetischen Bilanztheorie. Zeitschrift für Beiriebswirtschafs, 35, 21 – 31.

BAETGE J. 1990. Principles of proper bookkeeping and accounting. In: E Grochla & E Gaugler(Eds), Handbook of German business management(col. 1816—1834).

Stuttgart: Poeschel.

BAETGE J, KIRSCH H J, THIELE S. 2009. Bilanzen(10th ed.). Düsseldorf: IDW-Verlag.

BAETGE J. SOMMERHOFF D. 2010. Best Practices bei der Prognoseberichterstattung. In: H. Baumhoff, R. Dücker & S. Köhler (Eds). Besteuerung, Rechnungslegung und Prüfung der Unternehmen Festschrift für N. Krawjtz(pp. 511 – 537). Wiesbaden: Gabler.

BALLWIESER W. 1997. Die Lageberichte der DAX-Gesellschaften im Lichte der Grundsätze Ordnungsmäßiger Lageberichterstattung. In: T. R. Fischer & R. Hömberg (Eds). Jahresabschluß und Jahresabschlußprüfung. Festschrift für J. Baetge(pp. 153 – 187). Düsseldorf: IDW-Verlag.

BALLWIESER W. 2001. Germany—Individual accounts. In: D. Ordelheide & KPM (Eds), Transnational Accounting (2nd ed. , pp. 1217 – 1351). Houndmills, Basingstoke: Palgrave.

BAUER W. 1926. Die Bewegungsbilanz und ihre Anwendbarkeit. Zeitschrift für handelswis-Senschaftlich Forschung,20,485 – 544.

BEISSE H. 1988. Die Generalnorm des neuen Bilanzrechts. In: B. Knobbe-Keuk F. Klein & A. Moxter (Eds), Handeldcrecht und Steuerrecht Festschrift für G. Döllerer(pp. 25 – 44)Düsseldorf: JDW-Verlag.

BEISSE H. 1989. Die Generalnorm des neuen Bilanzrechts und ihre steuerrechtliche Bedeutung. In: W. Mellwig, A. Moxter & D Ordelheide(Eds), Handelsbilanz und Steuerbilanz(pp. 15 – 31). Wiesbaden: Gabler.

BEISSE H. 1994. Zum neuen Bild des Bilanzrechtssystems. In: W. Ballwieser, H. -J Böcking, J. Drukarczyk & R. H. Schmidt(Eds), Bilanzrecht und Kapitalmarkt. Festschrift für A. Moxrer(pp. 3 – 31). Düsseldorf: IDW-Verlag.

BUSSE VON COLBE W. 1966. Aufbau und Informationsgehalt von Kapitalflußrechnungen. Zeischrift für Betriebswirtischaft,36,82 – 114.

BUSSE VON COLBE W. 1990. Funds flow statement, In: E. Grochla & E Gaugler (Eds), Handbook of German business management(col. 1816 – 1834). Stuttgart: Poeschel.

BUSSE VON COLBE W. 1992. Relationships between financial accounting research, standards setting and practice in Germany. European Accounting Review,1,27 – 38.

BUSSE VON COLBE W. 1996. Accounting and the business economics tradition in Germany. European Accounting Review,5,413 – 434.

BUSSE VON COLBE W, ORDEIHEIDE D, GEBHARDT G, PELLENS B. 2009. Konzernabschlüsse-Rechnungslegung nach betriebswirtschaftlichen Grundsätzen sowie nach Vorschriften des HGB und der IASB/IFRS(9th ed). Wiesbaden: Gabler.

CLAUSSEN C P. 1987. Zum. Stellenwert des § 264 Abs. 2 HGB. In: H. Havermann (Ed.), Bilanz-und Konzernrecht. Festschrift für R. Goerdeler (pp. 79 - 92). Düsseldorf: IDW-Verlag.

DÖLLERER G. 1958. Zweck der aktienrechtlichen Publizität. Betriebs-Berater, 13, 1281 - 1284.

DÖLLERER G. 1959. Grundsätze ordnungsmaβiger Bilanzierung, deren Entstehung und Ermittlung. Betriebs-Berater, 14, 1217 - 1221.

HARTMANN C. 2010. Die regulat orische Entwicklung des Lageberichts und seine Bedeutung im Rahmen der Unternehmenskommunikation In: H. Baumboff, R. Dücker & S. Köhler (Eds), Besreuerung, Rechnungslegung und Prüfung der Unternehmen. Fesrschrift für N. Krawuz(pp. 609 - 630). Wiesbaden: Gabler.

HOFFMANN J. 2003. Das DRSC und die Regulierung der Rechnungslegung-Eine ökonomische Analyse. Frankfurt are Main: Peter Lang.

KÄFER K. 1967. Kapitalfluβrechnungen. Stuttgart: Poeschel.

KIRCHNER C, SCHMIDT M. 2006. Hybride Regelsetzung im Recht der Unternehmensrechnungslegung-Fehlentwicklungen im europäischen Gemeinschaftsrecht. Betriebs-wirtschaftliche Forschung und Praxis, 58, 387 - 407.

KOHL H, WALZ R. 1978. The German way towards disclosure. Journal of Comparative Corporate Law and Securities Regulation, 1, 69 - 94.

KRUMBHOLZ M. 1994. Die Qualität publizierter Lageberichte. Düsseldorf: IDW-Verlag.

KÜPPER H U, MATTESSICH R. 2005. Twentieth century accounting research in the German language area. Accounting, Business & Financial History, 15, 345 - 410.

LEFFSON U. 1987. Die Grundsätze ordnungsmäβiger Buchführung (7th ed.). Düsseldorf: IDW-Verlag.

LEUZ C, WÜSTEMANN J. 2004. The role of accounting in the German financial system. In: J. P. Krahnen & R. H. Schmidt(Eds), The German financial system (pp. 450 - 477). Oxford. New York: Oxford University Press.

MATTESSICH R, KUPPER H U. 2003. Accounting research in the German language area—First half of the 20th century. Review of Accounting and Finance. 2, 106 - 137.

MCLEAY S, ORDELHEIDE D, YOUNG S. 2004. Constituent lobbying and its impact on the development of financial accounting regulation: Evidence from Germany. In: C. Leuz, D. Pfaff & A. Hopwood(Eds). The economics and politics of accounting. In appreciation of dieter ordelheide(pp. 285 - 316). Oxford, New York: Oxford University Press.

MOXTER A. 1966. Die Grundsätze ordnurigsmäßiger Bilanzierung und der Bilanztheorie. Zeitschrift für betriebswirtschaftliche Forschung, 18, 28 - 59.

MOXTER A. 1974. Bilanzlehre(1st ed.). Wiesbaden: Gabler.

MOXTER A. 1982. Betriebswirtschaftliche Gewinnermittlung. Tübingen: Mohr.

MOXTER A. 1984. Bilanzlehre 2, Einführung in die Bilanztheorie(3rd ed.). Wiesbaden: Gabler

MOXTER A. 1985. Das System der handelsrechtlichen Grundsätze ordnungsmaßiger Bilanzierting. In: G. Gross(Ed.), Der Wirtschaftsprüfer im Schnittpunkt nationaler und iniernationaler Entwicklungen. Festschrift für K. V. Wysocki(pp. 17 - 28). Düsseldorf: IDW-Verlag.

MOXTER A. 1986. Bilanzlehre 2, Einführung in das neue Bilanzrecht (3rd ed.). Wiesbaden: Gabler.

MOXTER A. 1987. Zum Sinn und Zweck des handelsrechtlichen Jahresabschlusses nach neuem Recht. In: H. Haverrmann(Ed), Bilanz-und Konzernrecht. Festschrift für R. Goerdeler(pp. 261 - 374). Düsseldorf: IDW-Verlag.

MOXTER A. 1995. Zum Verhältnis von handelsrechtlichen Grundsätzen ordnungsmäßiger Bilanzierung und True-and-fair-view-Gebot bei Kapitalgesellschaften. In: G. Fdrschle. K. Kaiser & A. Moxter(Eds), Rechenschaftslegung im Wandel. Festschrift für W. D. Budiie(pp. 419 - 429). Munich: Beck.

MOXTER A. 2007. Bilanzrechtsprechung(6th ed). Tübingen: Mohr.

MÜNZINGER R. 1987. Bilanzrechtsprechung der Zivil-und Strafgerichte. Wiesbaden: Gabler.

ORDELHEIDE D. 1988. Kaufmännischer Periodengewinn als ökonomischer Gewinn. Zur Unsicherheitsrepräsentation bei der Konzeption von Erfolgsgrößen. In: M. Domsch, F. Eisenführ, D. Ordelheide & M. Perlitz(Eds), Unternehmungserfolg. Festschrift für W. Busse von Colbe(pp. 275 - 302). Wiesbaden: Gabler.

ORDELHEIDE D. 1990. Soft transformations of accounting rules of the Fourth Directive in Germany. Cahiers Internationaux de la Campiabilité, 3, 1 - 15.

ORDELBEIDE D. 1998. Zur politischen Ökonomie der Rechnungslegung. In: W.

Ballwieser & T. Schildbach (Eds), Rechnungslegung und Steuern international. Zeitschrift für betriebswirtschaftliche Forschung, 68 (Special Issue 40), 1 - 16.

ORDELHEIDE D. 2001. Germany-. Group accounts. In: D. Ordelheide & KPMG (Eds), Transnational accounting (2nd ed., pp. 1353 - 1449). Houndmills, Basingstoke: Palgrave.

ORDELHEIDE D, PFAFF D. 1994. European financial reporting-Germany. London: Routledge.

QUICK R, REUS M. 2009. Zur Prognoseberichterstattung der DAX 30-Gesellschaften Zeitschrift für internationale und kapitalmarktorienitierte Rechnungslegung, 62. 18 - 32.

RIEGER W. 1928. Einführung in die Privatwirtschaftslehre. Nürnberg: Verlag der Hochschul-handlung Krische & Co. .

RUHWEDEL F, SELLHORN T, LERCHENMÜLLER J. 2009. Prognoseberichterstatrung in Aufschwung und Krise—Eine empirische Unterstuchung der DAX-Unternebmen. Der Betrieb, 62. 1305 - 1313.

SCHILDBACH T. 1975. Analyse des betrieblichen Rechnungswesens aus der Sicht der Unternehmensbeteiligten dargestellt am Beispiel der. Aktiengesellschaft. Wiesbaden: Gabler.

SCHILDBACH T, BEERMANN M, FELDHOFF M. 1990. Lagebericht und Publizitätspraxis der GmbH. Eine emipirische Untersuchung. Betriebs-Berater, 45. 2297 - 2301.

SCHMALENHACH F. 1927. Der Kontenrahmen. Zeitschrift für betriebswirtschaftliche Forschung, 21. 385 - 402.

SCHMALENBACH E. 1933. Dynamische Bilanz (6th ed.). Leipzig: G. A. Gloeckner. Verlagsbuchhandlung.

SCHMIDT F. 1929. Die organische Bilanz im Rahmen der Wirtschaft (3rd ed.). Unchanged reprint 1951. Wiesbaden: Gabler.

SCHMIDT M. 2002. On the legitimacy of accounting standard setting by privately organized institutions in Germany and Europe. Schmaienbach Business Review. 54. 171 - 173.

SCHNEIDER D. 1963. Bilanzgewinn und ökonomische Theorie. Zeitschrift für handelswissenschaftliche Forschung, Neue Folge, 15, 457 - 474.

SCHNEIDER D. 1978. Steuerbilanzen: Rechnungslegun als Messung steuerlicher Leistungsfä-higkeit. Wiesbaden: Gabler.

SCHNEIDER D. 1993. Geschichte der Buchhaltung und Bilanzierung. In: K. Chmielewicz & M. Schweitzer(Eds), Handwörterbuch des Rechnungswesens(3rd ed. , col. 712 - 721). Stuttgart: Schäffer-Poeschel.

SCHNEIDER D. 1995. The history of financial reporting in Germany. In: P. Walton (Ed.). European financial reporting—A history(col. 123 - 155). London: Academic Press.

SCHNEIDER D. 1996, Germany. In: M Chatfield & R. Vangermeersch(Eds), The history of accounting, an international encyclopedia(pp. 278 - 280). New York. London: Garland.

SCHWAB M. 1999. Der Standardisierungsvertrag für das DRSC—Eine kritische Würdigung(Teil Ⅰ)und(Ted Ⅱ). Betriebs-Berater,54. ,731 - 738 and 783 - 788.

SCHWEITZER M. 1990. Financial accounting theories. In: E. Grochla & E. Gaugler (Eds), Handbook of German business management(col. 877 - 889). Stuttgart: Poeschel.

SEICHT G. 1970. Die kapitaltheorerische Bilanz und die Enticklung der Bilanztheorien. Berlin Duncker & Humblot.

SIMON H V. 1899. Die Bilanzen der Aktiengesellschaften und der Kommanditgesellschaften auf Akten(1st ed. ,1886). Berlin: J. Guttentag, Verlagsbuchhandlung.

STUTZEL W. 1967. Bemerkungen zur Bilanztheorie Zeitschrift für Betriebswirtschaft, 37,314 - 340.

WAGNER F W. 1994. Periodenabgrenzung als Prognoseverfahren—Konzeption und Anwendungsbereich der "einkommensapproximativen" Bilanzierung. In: W. Ballwieser, H. -J. Böcking, J. Drukarczyk & R. H. Schmidt(Eds), Bilanzrecht und Kapilalmarkt. Fesrschrift für A. Woxer(pp. 1175 - 1197). Düsseldorf: IDW-Verlag.

WINKELJOHANN N, SCHELLHORN M. 2010. § 264. In: H. Ellrott, F. Förschle, M. Kozikowski & N. Winkeljohann(Eds). Beck'scher BilanZ-Kommentar(7th ed. , pp. 761 - 782). Munich: Beck.

第四章　意　大　利[①]

玛拉·卡梅伦，安吉拉·裴提尼奇

引　言

　　传统上，国际会计文献将意大利描述为以大陆法为基础、由税务推动且稳健主义导向的国家，极少上市公司必须遵循严苛的会计规则（Saccon & Zambon，1993）。从学术视角来看，一些国际学者认为，在帕乔利——有关会计史的每一篇文章（每一部著作）中均会提及并被视为"会计之父"——之后，意大利会计没有取得任何真正意义上的发展（Zan，1994）。尤其是作为任何一位意大利学者研究起点的商业经济学（economia aziendale）传统，其兴起几乎完全被意大利以外的世界所忽略（Viganò，1998）。虽然在学术上具有"差异化"的国家传统，国际文献中也较少被提及，意大利却不得不与欧盟法规相协调，并在最近几年采用了国际会计准则（IAS/IFRS，现为国际财务报告准则）。作为欧盟成员国之一，意大利自 1991 年以来有关财务报表的国家管制深受欧盟会计指令的影响。

　　从历史的角度，强调以下一点是重要的：意大利作为一个国家直至 19世纪下半叶才建立，并且，迄今仍然呈现区域性经济发展的特征。由此，管制性行为准则经常作为国家层面上实施并保证信息一致性与最低程度信息透明度的手段。除此之外，缺乏健全的国家传统与披露要求——20 世纪 90

---

　　① 《世界会计史：财务报告与公共政策（欧洲卷）》，会计思想发展研究第十四卷 A，第 89 - 106 页（原书页码）。爱墨瑞得出版集团有限公司 2010 版权所有。ISSN：1479 - 3504/doi：10. 1108/S1479 - 3504(2010)000014A007。

年代初期以前意大利管制的一大特征——可以在其他一些国家的特殊层面基础上进行解释。工业体系由大量小规模或中等规模的公司和闭锁型及家族拥有的企业主导是意大利最引人瞩目的特征（Canziani，1990）。在意大利经济体中，银行融资总是扮演关键角色。在这一框架下，传统上外部股东几乎没有发挥作用的空间，"稳健主义和信息保密被确认为商业活动中的重要价值"（Saccon & Zambon，1993，第271页）。国家会计管制主要致力于保护债权人而非股东的利益。强调税收在会计发展过程中的作用也十分重要：由于传统上财务报表是计算年度税负的基础，会计方法的选择在很大程度上受税收规则的影响。

更有甚者，20世纪90年代初期以前，意大利会计管制没有制定任何具体要求，国家会计原则也只是在自愿基础上采用。在这一制度背景下，1991年欧盟《第四号指令》的实施便引发一些不连续性。意大利立法者再一次发起会计领域的一系列重要变革（Di Pietra，2002）。意大利第一次对年度报表的格式与编报原则作出详细规定，由此提升可比性。考虑到传统上法律仅对最低限度的内容作出规范，报表可比性非常低。然而，由于一些意大利公司被要求从2005年开始采用IFRS提交合并报表与个别财务报表，另一些公司则可以在自愿基础上应用IFRS，这一可比性便随着IFRS的采用而消失了。这促使一个发挥更强有力作用且国际化程度更高的职业界建立起来。2003年以来的最近一段时期，基于另一次立法变革的影响，税收在确定财务报表方法选择及其评价中的重要性逐渐降低。改进财务报告质量的大门已经开启。

简要回顾早期会计学者的理论之后，我们在后面几个部分归纳了意大利会计管制的历史，重点关注最重要的历史、政治与经济层面的决定因素。考虑到意大利作为一个统一的国家，直至19世纪下半叶才出现，我们在世界范围内追溯与卢卡·帕乔利的名字相关联的会计基本原理，并通过回顾意大利会计记录与理论的发展，只对最重要的举措进行归纳。这些措施对随后国家会计管制的发展产生重要影响。

会计记录与会计理论的早期历史

虽然一些早期的正式会计凭证的证据可以追溯至古希腊和罗马帝国

（Masi，1964），现代的意大利会计记录则直到 13 世纪以后才被发现（Catturi，1989）。这一时期的十字军东征（the Crusades）发动欧洲对东方的扩张，现代资本主义萌芽则产生了商人阶层，成为新兴发展的意大利城市如阿马尔菲（Amalfi）、比萨（Pisa）、热那亚（Genoa）及威尼斯（Venice）的中坚力量。商人开始在经常发生的涉外交易中使用以黄金铸造的硬币，将中世纪的欧洲带入货币经济。由此，新的商人阶层开始依赖会计簿记来管理并监督复杂的且经常通过银行贷款融通资金的交易。由于银行不仅向商人提供资金，也贷款给地主，便不得不对债权进行登记，因此，银行在会计记录的发展中起到关键作用（Catturi，1989）。这些因素加上公共管理的需求，使系统地采用会计账簿成为一项现实的必要，尤其在商业流动高度密集的意大利。同一期间，主要基于数学家 Leonardo Fibonacci 的努力，印度-阿拉伯计数制度在欧洲得到传播（Liber Abaci，1202）。这也促进那一时期系统性会计记录的发展。

14 世纪的黑死病（Black Death）使包括意大利在内的欧洲经济陷入衰退。这一疾病消灭了将近⅓人口，导致严重的劳工短缺。作为后果之一，减少之后的人口发现自己更加富有、得到更多粮食和更多收益。需求尤其对艺术品和建筑设计等奢侈品需求的增长，促进新的不断壮大的商人、艺术家和银行家阶层的出现。正是在这一意大利文艺复兴的初期，重要的会计创新开始在全国范围得到传播。最重要的是推行通常应用于现金制会计的复式簿记。在复式记账体系首次完整的书面解释中第一次正式形成固定体系之前，这些创新迅速地运用到了常见的实务中，并在意大利和欧洲范围内广泛传播（Catturi，1989）。1494 年，修道士卢卡·帕乔利在威尼斯出版《算数、几何、比及比例概要》（*Summa de Arithmetica*，*Geometria*，*proportioni et Proportionalita*）一书的第十一章（*Tractatus XI -De computis et scripturis*）对实务中早已发展起来的技术作出基本归纳与描述。作为第一部印制出来的会计学书稿，《算数、几何、比及比例概要》促使 16 世纪的意大利作者撰写了一系列会计手册和论文，对整个欧洲的实务与商业产生影响。尤其早在16 世纪，最早的处理调整分录与结账分录的会计文献开始出现。直至这一时期，财务报表无非是对复式记账科目的概括。复式记账技术不断改进和完善，并开始向其他类型的商业组织（如农业、制造业及财产管理等）扩散（Zan，1994）。这些创新没有得到相关会计管制的支持。事实上，立法者不认为有必要对会计披露进行监督,因为当时的商业活动主要由私人展开,由此承担无限责任。此外,这一时期的税收计算不以利润为基础。因此,地方当局没有要求披露利润或监督其披露的动机。这一时期唯一形式的会计管制涉及公共事务,特别是各省账户与土地登记表的现金流入和流出条款。17世纪,意大利经济再次陷入衰退。国际贸易向欧洲以外转移,地中海贸易的重要性开始下降。除此之外,米兰大瘟疫(Great Plague of Milan)长期不断地侵扰着伦巴第(Lombardy)、威尼斯和那不勒斯(Naples)等城市。这次经济衰退强化了社会等级制度,强行促成土地与不动产投资,加强了拥有大量土地的贵族阶层的权利,并使富人与穷人之间的社会阶层化更加严格。

17世纪与18世纪均未出现会计技术或会计管制显著创新的特征(Caramiello,1971;Onida,1947)。这一时期的会计理论主要关注如何完善已经被认为令人满意且完整的会计体系。意大利在法国"账户拟人化"(accounts personification)传统的基础上发展出一个特殊的理论。这个理论起源于 Mattieu Delaporte(1685,1712)。Delaporte认为,账户应该主要参照其所涉及的人进行分类。具体地说,账户划分为三个主要领域。第一个领域包括与企业所有者相关的账户(资本、损益和经常性开支)。第二个领域涉及如现金及商品账户、应收款与应付款等事务或"以实物偿付的影响"(effects in kind)。第三个领域包括交易所牵涉人的账户(债权人和债务人)。在Delaporte观点的基础上,由Degranges(1795—1804)提出的所谓五账户理论(theory of cinquecontisti)在意大利得到发展。除了债务人与债权人的"私人账户"(personal account)之外,还确定了5个普通账户。具体而言,这5个账户(the cinque conti)分别是现金、商品、应收票据、应付票据和损益。当早期现代史临近结束的时候,在私营体系中发展与应用的会计技术开始与公共部门使用的会计技术相分离。当时,公共部门会计技术主要受奥匈帝国(Austro-Hungarian Empire)经济官员传统的影响(Franceschi,1970)。尽管私营体系中的会计技术开始建立在配比原则的基础之上,公共部门会计仍然与现金标准相关联。正是在这一时期,帕维亚(Pavia)和帕多瓦(Padua)(1839年)开始设立最早的大学会计学教授席位,尤其是公共会计领域的教席。

无论从历史视角,还是从会计发展的观点,19世纪均代表意大利的一个重要时代。这是一个复兴运动(the risorgimento)时期,不同的政治团体开始肯定国家主义和个人责任的深层含义。反对外国政权的暴动与叛乱促成意大利君主政体的创建，并通过《1861 年 3 月 17 日法律》正式成立。这一时期，意大利最早的正式会计管制开始出现并取得发展（参见下文）。

此外，意大利会计理论也经历一系列重要创新。具体而言，会计开始在单纯的会计簿记技术之外，关注更为一般性的企业管理研究。会计新方法的最重要倡议者之一是 Francesco Villa(1801—1884)。Villa 的主要贡献在于发展了新的会计视角，开始关注更宽泛的组织问题、对公司财富的经济影响以及会计交易的记录(Giannessi,1980)。在这一背景下，最早的专业会计机构会计师协会(Ragioneri eperiti commerciali,1879)和特许会计师协会(Dottori commercialisti,1924)成立。这些职业机构将为会计管制和意大利会计准则的发展作出重要贡献。

或许，对统一后的意大利产生最重要影响的意大利会计理论家是 Fabio Besta(1845—1922)。按照意大利学者的观点，正是基于 Fabio Besta 的努力，意大利的会计发展进入一个"恰当的科学主题"(Besta,1932)。[1]Besta 被称为意大利"当代会计之父"，他对"账户拟人化"传统作出严厉批判。相反，他认为会计应以对公司(the azienda)的研究为起点，是作为"相对资本数额进行管理的现象、业务及其关系的总和"(Zan,1994)。按照 Besta 的观点，经济交易需要在全面的复式记账框架中进行归纳，而不是仅对交易涉及的人员本身进行记录(Ferraris Franceschi,1994)。Besta 意识到，在经济现实中，公司与交易非常多样化，并且在性质上存有差异，因此，他不试图给出所有管理程序的完整推理。相反，他强调关注经济管理的必要性，会计由此被视为"对经济实施控制的科学"(Besta,1932)。由 Besta 的理论引入的最重要创新之一是所谓资本基础的体系(sistema patrimoniale, capital-based system)。根据他的观点，复式记账旨在确定企业财富的价值，因为这是各类企业共有的特定层面和企业管理活动的最终目标。在 Besta 的理论中，损益金额只定义为两个连续期间的财富差额。因此，他支持"实物主义"观(a "materialist" approach)或"价值基础"观("value-based" approach)，截然不同于受法国影响的"人格主义"观("personalist")。他承认企业财富中包含的不同定量与定性项目之间存在潜在的差异。因此，Besta 提议一种新的会计方法，对所有定量与定性项目均以量化方式进行计量。具体而言，成本(价值)被视为所有项目均共有的数量层面，由此成为 Besta 在理论中选用的计量参照。账户的确定不参照交易中所涉及的人,而是交易所涉及的资产与负债,差额便形成权益。Besta 也引入资产负债表外的账户,尽管没有对单独收入与费用项目的确定作出分析性规定。Besta 的资本基础体系取代了此前意大利的所有会计惯例。

在新世纪初期,意大利经济实现巨大扩张。规模庞大且受到保护的钢铁行业兴起与第一次世界大战相关,造船与纺棉也对 1896 年至 1913 年间产量将近翻番作出贡献。1905 年,铁路实现国有化,由此扩大了对金属制品及所有轨道车辆(rolling stocks)的需求。汽车行业得到发展,菲亚特(Fiat)成为欧洲工业的领头羊。然而,这一时期的巨大扩张主要集中在北部,这加重了北方与南方之间的经济差距。今天,南北发展悬殊依然是意大利经济的显著特征。

正是在这一时期,Besta 的一位校友 Gino Zappa(1879—1960)为完善意大利会计理论的发展进程、改进“资本基础体系”作出贡献。“资本基础体系”正式发展为现代“企业经济学”(business economics)学科。Zappa 强调企业是一个持续经营的主体。按照这一观点,会计不应当只关注企业的财富,应更宽泛地关注特定财政年度中所有经济交易的结果。这一新“收益基础体系”(income-based system)也由前文提及的这一期间意大利经济发展得到解释。公司开始在规模上获得增长,并向外部资金提供者募集资本。由此,正如 Zappa 建议的那样,管理层不得不在收益表中向股东公开披露经营成果。后来,在 20 世纪 70 年代,“T 形”收益表成为意大利立法者强制要求采用的收益表格式(参见下文)。[2]

意大利会计管制的发展

1861 年以前,意大利是多省联合之邦。事实上,自从罗马帝国没落以来,意大利领土一直处于分散状态。如上文提到的那样,当 1861 年 3 月 17 日颁布的法律宣布国家统一之后,1861 年意大利君主政权便正式建立。正是在这一时期,国家经过很大努力以实现统一前各省之间不同立法的协调与统一。除此之外,意大利工业革命和与日俱增的私人首创精神凸显对经济与商业活动进行合理管制的必要性。

统一之前，无论从经济或立法角度，皮德蒙特－撒丁岛（Piedmont-Sardinia State）地区均是最发达的。在此基础上，并结合考虑统一进程中该省给予的政治与军事支持作用，新组建的意大利政府在起草第一部意大利《商法典》（*Italian Commercial Code*）时，决定吸收《皮德蒙特商法典》（*Commercial Code of Piedmont*）中的有益之处。1865 年，《商法典》实施，与其同时生效的还有新意大利《民法典》（*New Itallian Civil Code*）。这部法典与《拿破仑法典》（*Nopoleonic Code*）非常相似（Padoa Schioppa，2007），迎合了年轻的意大利政府的需求，强调将土地作为主要的财富形式，并重视商业自由。此外，《拿破仑法典》也深深地扎根于罗马法背景，意大利法学家则对罗马法十分熟悉（现在依然如此）。

最早的意大利《商法典》（1865 年与 1882 年）

意大利《商法典》（1865）没有包括以管制经济行为人为目标的具体条款。然而，这部法典是意大利第一次就与经济活动相关的会计账簿和所谓不具名公司（società anonime）[3] 作出清晰规定的行为准则。这是现代有限责任公司（società di capitali）的前身，《民法典》（1942）则将有限责任公司正式引入意大利。

这一时期不具名公司模式的扩散是称为"工业三角"地区（米兰、都灵和热那亚之间的区域）经济发展的推动力之一。由于国家的需求与经济特征随着经济的高涨而发生改变，《商法典》（1865）的缺陷也暴露出来（Rodota，1995）。意大利实现统一后，两部前后连贯的意大利商法典的制定也与这一"自由主义时代"紧密相关。自由主义在 19 世纪下半叶持续将近 40 年，并以国家在经济中发挥非常有限的作用为显著特征。国家主要干预公共的基础设施领域，经济活动则表现为私营性质，由新组建的商会实施自我管制。意大利总体上是一个农业社会，工业化局限在国家的特定区域（Ferrarini，2005）。正是基于这样的观点，《商法典》（1882）放弃了必须经过政府的正式批准方能组建不具名公司的要求，因为这与新生的资本主义制度不相适应。1882 年，《商法典》第一次规定一套系统性公司规则。尤其重要的是，法典的条款重点关注股东大会、董事会作用、公司控制体系和并购活动。此外，《商法典》（1882）第一次规定审计委员会（Collegio Sindacale）的行为准则。当前，这一机构依然存在，构成意大利公司治理制度的特色之一，其职责在于对主体的恰当管理以及对法律与法规的遵循情况进行监督。

随着《商法典》(1882)的颁布,意大利立法者也开始以更精细的方式对公司账目实施管制。然而,在法国法律体系的影响下,会计规则依然过于原则化。具体而言,1882年法典只包含为数不多的几条与财务会计报告相关的条款:第22条及其后所述("商业主体")和第176条及其后所述(不具名公司)。

法典第22条介绍编制年度报告的义务,包括制订一份所有固定与非固定资产、所有债务以及各类债权的财产清单。年度报告的结尾处必须附上简要归纳所有资产负债表项目的财务报表和该期间的损益表。

法典第176条指出,特定类型公司的董事会必须编制财务报表。审计委员会必须在确立股东大会(general assembly)批准年度报告之日起一个月内审计文件并编制补充性报告。该条款特别强调权益账户和仍然必须由公司合伙人缴入的权益公积金(equity contributions)。然而,该条款没有规定有关财务报表内容与格式以及估值标准的任何具体规则。这些问题留给公司自行界定,而公司必须在公司章程的范畴内作出详细说明。这一时期没有规定任何特定的披露要求。

此外,法典第176条特别要求公司必须"坦率且真实"(evidenza everità)地报告已实现利得与损失(utili realmente conseguiti)。这项声明被视为编制财务报表整体上应当遵循的一般性条款(Zambon, 2003)。参照"现实"(reality)可以视作稳健主义原则(principio della prudenza)的初期形式。然而,只要会计估值技术在理论上符合"真实性"(truth)原则和公司章程,任何此类方法都是潜在允许的。

法典第184条则是对缺乏精确会计信息的一个部分例外。该条款规定,审计委员会必须界定财务报表的格式,并确定会计主体的适格性(suitability)。这一职能必须由审计委员会与董事会共同履行。

尽管存在局限性,《商法典》(1882)实施了60多年(直至1942年),并被法学家视为欧洲最现代化的法典。事实上,该法典建立在欧洲最先进的法规基础上,同时,也包含创新性发展(Padoa Schioppa, 2007)。

原创的《商法典》(1942)

混合经济成为20世纪初的主要特征。这一时期,公共所有权开始增长,并且,作为法西斯主义政权的后果,国家在意大利经济中的作用得到加强。整个工业领域(如铁路、航空运输及供水等)演变为公共垄断经营,政府必须对所有经济活动的任何准入予以授权。

20世纪30年代初的经济衰退进一步强化了国家在意大利经济中的干预程度。一个新的政府主体——工业复兴协会(Institute for Industrial Recovery,IRI)创立,并成为一系列上市公司、银行及其他工业集团的控制性股东。这一公共干预原本计划是暂时性的,事实上却在意大利经济中保留了下来,直至20世纪后期私有化浪潮发生。

在这一时期,意大利先后实施了《法律660/1931》(Law 660/1931)和《民法典》(1942)(Civil Code of 1942)。《法律660/1931》明确将财务报表与所有公司行动中对虚假交易作出欺诈性披露属于正式犯罪的条款引入意大利。《民法典》(1942)发布于敌视股票交易所发展的意大利法西斯政权期间(Cinquini,2007),这一时期的经济环境主要以公共所有权为标志。这便是1942年法典几乎忽视有限责任公司与证券市场之间的联系并规避一些现代公司治理的主要问题(包括上市公司中所有权与控制权分离)的原因(Ferrarini,2005)。

在会计管制方面,《民法典》(1942)涉及相当详细的有限责任公司财务报表准则,并轻微修改了"一般性条款"(第2423条)。与参照"真实性"不同,新规定援引了"清晰与精确"两个概念(Saccon & Zambon,1993)。这些概念与原则将在编制财务报表和报告公司财务状况以及最终损益情况时采用。除此之外,法典也就一些资产负债表项目引入明确的估值标准,其中大部分建立在稳健性原则基础上。需要强调的是,《民法典》中包含的条款并未通过制定一套会计准则而得到支持。法典也没有对外部审计的一般形式作出要求,只规定有限责任公司必须向审计委员会提交年度报告。

《民法典》(1942)没有提及损益表。这很可能是基于以下原因:首先,会计管制仍然受到Besta理论的影响,而Besta的理论与资本基础体系相关(参见上文)。其次,那一时期总体上抵制企业家披露损益表,因为披露损益被视为构成对市场竞争的威胁。最后,意大利立法者将财务报表的角色界定为保护公司债权人免受构成有限责任公司主要特征的有限责任侵害的至关重要的方式。相反,立法者较少强调财务报表对所有其他利益相关者的信息作用。最后这一点也可以通过观察意大利公司为活动募集资金的典型方式得到解释，即强烈地依赖外部债务（Barca，Ninni，& Silva，1997）。这部新《民法典》规定了资产负债表的法定格式（第2424条），但是，仅作为参照基准。虽然这只是选择性的格式，却促进了那一时期会计披露的协调过程。而《民法典》将期间损益作为纯粹的概括性结果进行处理。

为了作出公开披露，所有有限责任公司必须向公司登记处（Registro delle Imprese）交存年度财务报表。这是1942年法典的一项重要创新。

如前面提及的那样，这套规则是资本市场在经济中仅发挥微小作用的时期设计出来的。基于这一原因，上市公司与非上市公司之间未作任何区分，也没有建立监管机构监督股票交易所的运行并保护股东利益。由此产生的结果是，即便埃迪森（Edison）与比瑞利（Pirelli）等大规模公司也未对销售额等基本项目作出披露（Amatori & Brioschi，1997）。

1974年发布的《法律216》对1942年《商法典》的修订

在第二次世界大战结束后，政府开始慢慢地收回控制，意大利完全融入欧洲的贸易活动中。这是一个被称为经济奇迹的时期（1953—1963年间达到巅峰），每年实现8%的工业增长率。管制的缺乏与意大利的新经济环境不相适应。最终，在1974年，《法律216》（Law 216）的实施标志着迈向公司与会计立法现代化的重要第一步。在《法律216》颁布后，全国证券交易委员会（CONSOB，Consiglio Nazionale per la Società e la Borsa）成立。这一监管机构［相当于美国证券交易委员会（SEC）的意大利机构］的作用在于监督股票交易所的恰当运转，并制定适用于上市公司的披露要求。此外，上市公司必须指定外部审计师，由外部审计师与审计委员会共同对财务报表进行验证。

对股东利益的新关注也影响会计管制。按照Zappa的理论，立法者引入一项编制相对拓展的收益表义务（第2425条a部分），并在《民法典》中直接规定了最低标准的参照格式（"T形"格式）。此外，法律也规定董事会报告的最低限度内容。然而，在这项新的管制中，没有正式区分会计与财政报告。在那一时期，并且，直至2003年，税收对会计报告的影响事实上普遍存在。按照财政规则（《第600/1973号总统法令》，Presidential Decree 600/1973），公司应税收益必须间接地根据会计记录进行计算（第52条）。此外，为了扣税目的，某些费用必须包含在损益表中（第75条）。

这些新的法规仅适用于有限责任公司,合伙企业的会计管制依然停留在最低限度上。合伙企业甚至不需要披露财务报表。[4]

直至 20 世纪 60 年代,有关意大利制定并实施会计准则的争议开始在职业界中兴起。在这些争议声中,意大利国民议会(National Council of Italy)于 1975 年组建了会计职业机构,[5]旨在制定一套会计原则。[6]在 1975 年至 1991 年期间,议会发布 10 份会计准则。然而,是否接受这些准则经常是随意确定的,因为制定的准则不属于法律或行业强制性要求(就像其他以民法为基础的国家那样)。直至 1982 年,全国证券交易委员会发布《条例 1079》(Ordinance 1079),才规定将国民议会发布的会计准则视为适用于上市公司的推荐基准。所有意大利原则未涉及的领域则参照国际会计准则(IASs)处理。此外,根据法律,外部审计师在审计公司财务报表时,也必须参照这些原则。

欧盟管制的影响

1957 年,意大利成为欧洲经济共同体(European Economic Community,EEC)的创建成员国。这加速了产品与资本市场的自由化,并且,外国竞争成为意大利经济中的显著特征。然而,直到 20 世纪 90 年代,跨界交易的所有约束事实上均已解除,这也加强了股东在大规模公司中的代表性,并改进了市场流动性。

这一期间,欧洲共同体协调欧洲范围内市场管制的压力引发意大利密集的立法干预。其中,通过实施《法律 127/1991》(Law 127/1991)而采纳第四号与第七号指令,显著改进了会计管制。最重要的是根据新的管制,编制个别财务报表与合并财务报表成为强制性义务,并且,实施的新规则专门提及相关报表的格式、披露要求和审计。

资产负债表[指令第 9 条,按照起源目的地原则(origin-destination principle),采用横式资产负债表格式]与收益表(指令第 23 条,按照性质划分成本类型,采用竖式收益表格式)均明确规定了严格的格式。这最终在一定程度上实现财务报表披露中的同质性,促进了公司间的可比性。[7]此外,报表附注成为法律概念财务报表不可或缺的一部分。

意大利立法者受英国"真实与公允观方式"(true and fair view formula)的影响,也认为会计报告数字必须"按照真实与正确的方式表述公司的经济与财务状况,必须清晰地编制财务报表"(Saccon & Zambon,1993)。这一条款也拓展应用至公司财务状况与年度内赚取的损益。[8]同样,在编制财务报表时,通过列举公司应该参照的特定基本会计原则,一般性条款将得到更具体的表述。这些基本会计原则包括稳健性原则、配比原则、统一性原则、历史成本和持续经营原则。

在《第127/1991号法令》(Legislative Decree 127/1991)发布后,意大利也对国内的会计原则进行评估,并发布额外的20份会计原则。这部法律正式撤销了外部审计师在履行审计服务时应当保证遵循会计原则的要求。然而,准则仍被视作解释基准,"至少在处理模糊不清的问题时依然参照法律条款"(Santesso,1992)。

《第127/1991号法令》也在尝试降低税收规则对会计数字的影响方面采取重要措施。具体而言,在收益表的最后一部分中加入所谓财政附录,该附录中包括"税前收益、所得税、财务年度成果、完全由税收规则导致的估值更正、纯粹由于应用财政法律引起的备抵以及该财务年度的损益"(Saccon & Zambon,1993)。虽然这一附录被《法律503/1994》(Law 503/1994)所废止,此前包含于该附录中的信息则转移至报表附注。

最近十年

在20世纪90年代,主要基于与欧洲经济实现一体化以及资本市场自由化的推进,意大利股票交易获得迅猛增长。上市公司数量增加凸显出向市场中的上市公司提供区别于其他私营公司的经过改进的管制需求。这一态势导致《第59/1998号法令》[Legislative Decree 59/1998,《综合金融法》(Testo Unico della Finanza),即所谓《德拉吉法》(Legge Draghi)]获得通过。这部法律详细制定了一套以上市公司披露与治理为目标的标准,通过加强审计委员会的权利与责任,改进对执行董事与董事会实施的公司管理的监督。

为了应对近期的财务丑闻[如帕玛拉特(Parmalat)],意大利出台《法律206/2005》(Law 206/2005)。该法律对《第59/1998号法令》作出修订,强化对财务披露的监督,并规定公司必须任命一位对公司财务报告负责的主管经理(dirigente preposto)。

直到今天,因引入《第四号指令》而确立的适用于所有有限责任公司的会计管制框架几乎一直保持未变。在若干次修订中,《第6/2003号法令》(*Legislative Decree 6/2003*)引入一项例外,强调对私营公司与公众公司作出更清晰的区分,并且,私营公司与公众公司是该次变革推行的主要变化所在。第一,受益格鲁-撒克逊传统的影响,立法引入"实质重于形式"的会计原则。第二,不再允许财政干扰会计利润的确定。《第6/2003号法令》宣告前文曾提及的《民法典》第2426条之第二个逗号部分无效,即允许对完全由税收规则得出的估值金额作出更正。此外,税收立法部门宣告税法第75条无效(《第600/1973号总统法令》,*Presidential Decree 600/1973*)。税法第75条指出,会计利润必须成为应税利润的计算基础。税法中新的第109条允许在满足以下条件后,完全出于税务目的而扣除费用——在应税利润的特定位置对总金额与相关会计及财政价值作出清晰报告。应税利润与会计收益的分离意味着必须确认递延所得税资产与负债。随着意大利实施《第6/2003号法令》而对《第四号指令》作出修订,这一点得到特别强调。

此外,2003年12月,通过颁布《第394号法令》(*Legislative Decree 394*),意大利商法开始实施"公允价值指令"(fair value directive)(《欧共体指令2001/65》,*EC Derective 2001/65*)。指令没有对估值标准(以历史成本为基础)产生影响,但是,要求在报表附注中披露更多信息。

这些修订再次引发对所有意大利会计原则进行更新的必要。2001年,由会计职业界组成的意大利会计协会(Organismo Italiano di Contabilità,OIC,意大利会计机构)取代了此前的意大利会计准则制定机构。

新的意大利会计协会(OIC)是独立的私营机构。作为基金会,OIC的创建旨在成为一个能在政府与国际层面上代表财务信息编报者与使用者的组织。董事会的构成遵循代表不同的公共与私人利益相关方的严格标准:审计师、编报者、财务分析师、机构投资者、股票市场和公共部门。OIC在基金会的创建章程中阐述了大量雄心勃勃的目标,可以简要归纳如下:(1)向不要求采用IFRS的主体发布会计准则;(2)通过与国际及欧洲准则制定者的合作,在意大利实施IFRS;(3)协助立法者在制定会计法的过程中提升会计文化。

在意大利重新规划会计准则的过程中,恰逢国际会计准则(IAS/IFRS)开始应用于自2005年的合并财务报表编制(《第38/2005号法令》,*Legislative Decree 38/2005*)。上文曾提及的1998年《德拉吉法》允许上市公司在合并报表中采用"国际承认"的会计准则。但是,意大利强制实施 IAS 则开始于 2005 年。

此外,2005 年以后,国际会计准则(IAS/IFRS)的强制性应用拓展至所有上市公司的个别财务报表。所有其他公司(可以选择简式财务报表的公司例外)可以选择采用本国会计准则或者国际会计准则(IAS/IFRS)。给出这一可供选择的方法则是为了改进私营公司与上市公司报表之间的同质性。另一方面,随着 IFRS 拓展应用至个别财务报表,为了限制由公允价值标准产生的储备与未实现利得的分派,立法者在《民法典》中加入一项新的条款,这显示出稳健主义的倾向(Sottoriva,2005)。

最后,也应当指出近期意大利会计协会(OIC)为了在国际准则制定过程中发挥积极作用而采取的一系列努力。自 2003 年 12 月以来,OIC 已经制定意大利实施国际财务报告准则(IFRS)的指南,强调国家立法与国际准则之间的差异。通过向欧洲财务报告咨询组(European Financial Reporting Advisory Group, EFRAG)和国际会计准则理事会(IASB)发表针对 IFRS 及其解释的官方评论,OIC 试图对 IFRS 的发展施加一些影响。与其前任相比,OIC 毋庸置疑地显示出不仅在国内而且在国际会计领域更为积极认真的承诺。

结论与未来发展

意大利会计管制以一套应用于经济活动的、范围广泛的规则为显著特征,包括从个体经济(individual entrepreneurs)与合伙企业适用最低要求,到上市公司则需遵循高度复杂的规则体系。

同时,近期意大利会计管制启动了国际化进程,开始借鉴外国法规与惯例。这使实质重于形式原则直接引入意大利《民法典》和国际财务报告准则(IFRS)在意大利的实施。

与欧盟其他成员国的情形相同,国际化进程预计将会持续下去。然而,演进的路径不可能总是和谐的。例如,意大利反驳近期修改欧洲共同体层面针对小型企业①管制的建议。在意大利的经济体系中,不超过上述标准的

---

① 小型企业被界定为在资产负债表日未能满足以下三项标准中之两个条件的公司:(1)资产总额 50 万欧元;(2)营业净额 100 万欧元;(3)员工人数 10 人。

企业数量相对较多。作为关注小型企业会计信息的主要群体,地方税务机构与银行不愿意降低小型企业披露的程度。尤其是银行,存在强烈的利益动机反对简化小型企业会计处理的提议,因为这将必然会减少银行通常用于评估客户可靠性的信息数量。

我们可以合理地推测,绝大多数意大利企业将继续按照意大利会计原则编制财务报表,并在这一高度稳健主义导向的体系下,尝试实现整体上与国际会计准则(IAS/IFRS)趋于一致。

总体上,尽管应用这一在非常不同的文化与经济背景下发展的准则模式,引发了诸多理论与实务问题,国际会计准则确定无疑地正在直接和间接地影响意大利的会计管制。

注释

[1] 此外,Besta 的理论也于 1879 年在罗马举行的第一届官方会议(the Consiglio dei ragioneri e dei periti)和 1880—1881 学术年度的开幕式上(at the Regia scuola superiore di commercio di Venezia)进行介绍。

[2] 20 世纪 90 年代,随着《第 127/91 号法令》(D. L. 127/91)的发布,意大利开始采用《第四号指令》,由此强制推行一种将价值增值与生产成本计入在内的不同收益表格式。

[3] 这个名字("不具名公司")起源于投资者可以获得公司中的不具名股份的事实。

[4] 这一情形在今天依然有效。然而,除了将财务报表交存至公司登记处的强制义务以外,会计职业界正在推动使合伙企业适用与有限责任公司相同的规则。

[5] 最初,议会只在特许会计师协会(Dottori Commericalisti)下设立一个专门委员会。从 1983 年开始,意大利另一个重要会计机构会计师协会(Regionieri)的代表也加入议会。

[6] 由议会制定的早期会计原则中,有一条涉及财务报表的内容与格式(会计准则第 2 号—1977 年原始版)。这是为了应对《民法典》规则未作出保证的同质性披露的强烈需求。

[7] 这些格式适用于制造型企业。金融企业(如银行与保险公司)适用特殊的法规。

[8] 意大利会计准则要求,会计附注应当包括现金流量表。这套准则同时指出,中小规模主体可以豁免承担编制这类报表的义务。在实务中,绝大部分中小规模主体接受这一豁免条款。

参考文献

AMATORI F, BRIOSCHI F. 1997. Le grandi imprese private:Famiglie e coalizioni. In:

F. Barca (Ed.), Storia del capitalismo italiano dal dopoguerra ad oggi. Roma: Donzelli Editore.

BARCA F, NINNI A, SILVA F(Eds). 1997. La politico industriale: Teorie ed esperienze. Roma and Ban: Laterza.

BESTA F. 1932. La Ragioneria(2nd ed). Milano: Vallardi.

CANZIANI A. 1990. The evolution of Italian accounting regulations. Working paper presented at the EIASM Workshop on Accounting in Europe. Brussels.

CARAMIELLO C. 1971. Considerazioni sul contrihuto allo sviluppo della disciplina contabile. Rivista Italiana di Ragioneria,7,224 - 234.

CATTURI G. 1989. Teorie contabili e scenari economico-aziendali. Padova: Cedam.

CINQUINI L. 2007. Fascist corporative economy and accounting in Italy during the thirties: Exploring the relations between a totalitarian ideology and business studies. Accounting, Business & Financial History,2,209 - 240.

DI PIETRA R. 2002. La cultura conrabile nello scenario internazionale: Istituzioni. principi ed esperienze. Padova: Cedam.

FERRARINI G A. 2005. Corporate governance changes in the 20th Century: A view from Italy. Working paper. University of Genoa, Law School, and European Corporate Governance Institute.

FERRARIS FRANCESCHI R. 1994. Il percorso scienrifico dell'economia aziendale. Tonno: Giappichelli.

FRANCESCHI R. 1970. Considerazioni su alcuni aspetti attuali del concetto di controllo. Rivista Italiana di Ragioneria,10,372 - 377.

GIANNESSI E. 1980. I precursori in economia aziendale. Milan: Giuffrè.

MASI V. 1964. Ragionensti Greci e Romani. Rivista Italiana di Ragioneria(7 - 8),155 - 165.

ONIDA P. 1947. Le discipline economico-aziendali. Oggetto e rnetodo. Milano: Giuffrè.

PADOA SCHIOPPA A. 2007. Storia del diritro in Europa. Dat medioevo all'età conremporanea. Bologna: Il Mulino.

RODOTÀ S. 1995. Le libertà e i diritti. In: R. Romanelli(Ed.), Storia dello Stato Italiano Dall'Unirà a oggi. Roma: Donzelli Editore.

SACCON C, ZAMBON S. 1993. Accounting change in Italy: Fresh start or Gattopardo's Revolution? The European Accounting Review,2,245 - 284.

SANTESSO E. 1992. Valutazioni di bilwtcio. Aspetti economico-aziendali e giuridici(2nd ed). Torino: Giappichelli.

SOTTORIVA C. 2005. Principi contabili internazionali e coordinamento con il TUIR. Le Societá,5,590 – 594.

VIGANÒ E. 1998. Accounting and business economics traditions in Italy. The European Accounting Review,3,381 – 403.

ZAMBON S. 2003. Accounting in Italy. In: P. Walton, A. Hailer & B. Raffournier (Eds), International accounting(2nd ed). London: Thompson.

ZAN L. 1994. Toward a history of accounting histories: Perspectives from the Italian tradition. The European Accounting Review,2,255 – 307.

第五章 荷　兰[①]

齐斯·坎福尔曼

引　言

长期以来,荷兰一直是欧洲经济不可或缺的一部分。因此,荷兰会计史也自然与邻近国家的会计史紧密结合在一起。法国、德国、英国以及更近时期美国的影响都可以在荷兰找到,这些因素结合本土的发展,形成了一个很不寻常的会计环境。与其他国家中的情形一样,近期全球会计协调的动向已经趋向于抹去更突出的国家特征。本章以财务报告为重心,描绘荷兰会计实务与管制发展的主要脉络。

从簿记到财务报告: 19 世纪 70 年代以前的初步发展

19 世纪上半叶是荷兰经济增长缓慢的一个时期。虽然近期的史学著作经常对这一期间的荷兰经济表现作出更为正面的阐述,传统的模式化观念似乎仍然具有一些正确性。按照传统的观点,这一时期的荷兰呈现出向相反方向发展的趋势,专注于历史与传统,对工业革命带来的机遇反应迟缓。

---

① 《世界会计史:财务报告与公共政策(欧洲卷)》,会计思想发展研究第十四卷 A,第 107 - 137 页(原书页码)。爱墨瑞得出版集团有限公司 2010 版权所有。ISSN:1479 - 3504/doi:10.1108/S1479 - 3504(2010)000014A008。

这一倾向的痕迹在会计中同样明显。

对于一个追溯 19 世纪中叶前历史的荷兰人而言，经济史似乎围绕国际贸易与金融而演进。从中世纪后期开始，荷兰日益发挥中心市场的作用。在这里，北欧的产品与来自南欧、非洲以及东方的产品相互交易。16世纪晚期，当荷兰成为独立共和政体后，贸易网络随着分布广泛的殖民地贸易帝国的建立而拓展。在 17、18 世纪，荷兰人可能有理由相信，外面的世界几乎没有可以向荷兰传授的有关国际贸易技术的经验。贸易带来大规模资本积累，并创建了有限责任公司和股票交易所。阿姆斯特丹（Amsterdam）成为国际金融中心。但是，18 世纪的相对衰退和拿破仑时期战争的严重干扰，使荷兰降级至第二梯队。在很长一段时间里，复苏的希望继续建立在阿姆斯特丹的支柱产品及其国际货币市场的振兴之上。在 19 世纪前⅔的时间里，尝试探索工业革命所创造的机会仍然很少发生，并表现得犹豫不决。

会计的演进反映经济的发展。16 世纪，在佛兰德（Flemish）作家 Jan Ympijn(1485—1540)和其他一些人的影响下，荷兰采用了意大利簿记体系。17 世纪，有关簿记的理论与实践得到进一步发展。在这一时期的作者中，Simon Stevin(1548—1620)占据显著的位置。17 世纪，关于簿记的荷兰教科书的翻译作品在英国得到采用，而荷兰也暂时成为这一类商业技术的领跑者(Brown,1968;Ten Have,1973)。但是，如同经济领域的情形那样，黄金时代（Golden Age）的会计传统显示出对变革的抵制。在整个 19 世纪，教科书的关注点一直集中于商业簿记。一本自称为针对簿记的"理论与实务完整指南"("*complete theoretical and practical guide*"，Oudshoff & Van Otterloo,1863)在 368 页的篇幅中，仅用略多于两页的内容讨论"工厂中的簿记"。这本书和其他一些教材更偏向于详细讲述商业资本主义时代的典型问题，如咖啡期货合约、外币汇率、海上货物和流动性账户上的利息。

会计的发展存在很少经济刺激因素的同时，也几乎不存在法律的指引。在 17 世纪与 18 世纪的社会及政治制度(ancien regime)下，许多有限责任公司纷纷设立，如 1602 年的荷兰东印度公司(Dutch East-India Company)。这些公司通过制定公共章程或者签订私人之间的协议而设立，而两种情形下均不存在清晰的法律框架指引。东印度公司虽然开发了内部使用的详尽会计程序，却在其存在的将近 200 年的大部分时间里，成功地维护了财务报表的保密性(Camfferman,2000,第 76 - 77 页)。

拿破仑时期(尤其是 1810 年),荷兰被法国短暂吞并的这段小插曲,导致社会秩序发生许多变化。其中,一项变化是引入统一的法律规范,包括法国《商法典》。这部法典在 1813 年荷兰恢复独立后仍然有效,直至 1838 年被本国的《商法典》所取代。法国《商法典》第一次向荷兰引入了标准化的有限责任公司(Naamloze Vennootschap 或 NV)。然而,这一新法律形式的采用十分有限:截至 19 世纪 60 年代初,有限责任公司(NVs)约有 280 家,其中三分之二为保险公司,并且,大部分情形下这类公司对国家经济的贡献微不足道(De Vries,1985,第 28 页;Go,2009,第 229 - 231 页)。

法国与荷兰法典的指导性原则均是将公司视为股东之间的私人合约,并且,签约各方应在很大程度上不受约束地确定各自的安排。国家在避免有限责任被滥用的过程中扮演次要角色:新公司的组建必须取得"王室批准"(royal assent),提议的公司章程通过检查并在中央政府认为必要的情形下实施任何更多的调查之后,才能得到承认。一旦公司成立,应当能够由未来的股东和债权人提出必要的查询,或者,股东和债权人与有限责任公司(NVs)开始任何交易之前应要求更多的合同保护。

基于对私人主动性的依赖,法律上便不存在制定详细会计要求的必要性。沿用法国的原始规定,荷兰法典只确立有序记账要求、编制(但不公开)年度资产负债表的义务和向股东大会提交年度"报表"的内容,没有对"报表"的格式与内容作出具体规定。情形似乎是,在申请王室批准的审查程序中,公司有时被鼓励甚至被要求在履行对股东受托责任的过程中提供比法律的字面意义要求更加正式的财务报表,但是,对实践的影响仍然是一个有待进一步研究的问题。[1]

铁路特许经营权的条件中加入了在每日出版的报纸上发布财务信息摘要的要求,类似条件也在主要流通银行荷兰银行(Nederlandsche Bank)中强制推行。19 世纪 60 年代涌现了一股创建新银行的浪潮,而数家银行将公开财务报表作为吸引资金政策的关键内容。财经媒体开始翻印国内外公司的资产负债表。截至 19 世纪 70 年代,证券上市公司的财务报表可公开获取在很大程度上成为一件理所当然的事(Camfferman,2000,第 82 - 90 页)。

1871 年,一份有关修订《商法典》中有限责任公司管制的法律草案提交至议会。这份建议受到一些欧洲国家公司法现代化的启示,如 1862 年英国

《公司法案》、1863 年和 1867 年法国法案以及 1870 年北德法律（Northern German Law）。法律草案提议废除以王室批准形式的预防性监管，以财务公开的基本要求取代之（主要是披露超过某一最低限额的损失）。议会承认财务公开是公司法中的一项重要原则，但是，不愿意仅仅为了追随外国范例而接受变革。这份被撤回的草案唯一的真正成果是设立了一个委员会，负责起草新的建议。然而，这并未被视为一件十分紧迫的事情，1910 年才推出后续措施的事实便可证明这一点。如果不是 1879 年爆发一件重大的会计丑闻，涉及非洲贸易协会（Afrikaansche Handels-Vereeniging）和鹿特丹（Rotterdam）一位最显要的市民 Lodewijk Pincoffs，改革的动力便不会成功形成。

在财务报告的发展历程中，税法扮演了比公司法更加次要的角色。1893 年，第一部适用于非法人制企业的所得税法律开始实施，有限责任公司的股利税也同期生效。除了第一次世界大战期间的一次简短插曲外，适用于法人制企业的所得税直至 1940 年才推行。[2]第二次世界大战前占主导地位的股利税制度下，税务当局对按照公司法要求编制的财务报表产生了一些兴趣，并认为应当区分股利与费用这两类支付。然而，总体上，财务报告的发展独立于税法。当最终引入适用于法人性质主体的利润税时，财务报告与税务会计之间的分离已经充分确立。

财务报告与公司法变革：
19 世纪后期至 20 世纪 20 年代

在截至 20 世纪 20 年代的 50 年间，工业化、现代化和经济增长是主要特征，并且使荷兰经济发生转型。虽然经济继续在很大程度上依赖传统的国际贸易、航运和东印度殖民帝国的基础，这些传统活动已经被规模的增长和经营方式的现代化所深深改变。这一期间，纺织业、钢铁工业、机械装置和食品加工等领域的工业化也取得迅速增长，化工与电子产业则于后来加入其中。有限责任公司开始日益广泛地成为工业活动的手段。这类公司总数大约每 10 年便翻一番，由 1851 年的 137 家增加至 20 世纪 20 年代中期的约 20 000 家（Valkhoff，1938，第 152 页）。一些有限责任公司发展为迄今难以想象的规模。到了 20 世纪 20 年代后期,许多大型的国际上活跃的公司已经存在,著名的有飞利浦(Philips)、皇家荷兰石油(Royal Dutch Petroleum)和联合利华(Unilever)。直至 19 世纪 70 年代,股票市场主要发挥外国政府债券交易途径的作用。1876 年,对股票市场的管理得到加强。交易所成为经济增长融资的焦点,并开始与国家经济融为一体。1880 年至 1914 年间,在阿姆斯特丹股票交易所上市的非政府性质的国内证券由 64 只增加至 660 只。在同一期间,交易所的国际化特征继续保留,上市外国证券的数量由 222 只增加至 840 只,包括大量美国的工业证券(De Vries,1976,第 87 页)。

正如可以预计的那样,经济活跃性的增加和现代企业的发展带来会计的变革。不过,最初更为重要的是经济发展催生了一个截然不同的"会计师"职业团体(De Vries,1985)。传统的簿记员宁愿倾向于将自己的职责定位于特定企业中,而不是一个职业团体的成员。19 世纪最后 10 年间,办公室工作的重要性日益加强,由此认可了会计职员确实已经成为一项独立职业的事实。1864 年,由政府资助设立的全国性会计考试(Acte M. O. Boekhouden)使会计师的法律地位和职业自我意识得到进一步增强。虽然这项考试原本旨在作为会计教师的资质证明,事实上却发挥了会计业务一般性资质认定的作用。国家级别的制定促进了由大量共同知识而非各自企业传统实务中孤立知识装备的独立会计师职业团体的身份认同。

在 19 世纪的最后 20 年里,荷兰审计职业从会计师职业团体中分离出来。19 世纪 80 年代,为了应对前文已经提及的 Pincoffs 会计丑闻,第一次提到了尚处于萌芽时期的审计企业。个人或合伙形式提供保持会计记录、设计并改进会计系统、鉴定和检验账户等服务。1895 年,荷兰审计师协会(Nederlandsch Instituut van Accountants 或 NIvA)成立,这是现代职业机构的前身。[3] 这一新组织声称以英国会计师团体为范例来塑造自己(Limperg,1903),可用作解释的一项事实是在荷兰语中采用了英语单词"会计师"(accountant)来指代审计职责。

由于荷兰审计师协会(NIvA)只能接纳通过考试后的新会员,在最早的71 名创始会员之外,人数增长缓慢。那些认为被排除在协会的严格进入要求以外的人,便创建了大量竞争性机构。截至 1928 年,已有 12 个审计师协会存在,会员总数达 760 人。其中,荷兰审计师协会毋庸置疑是最重要的,拥有 314 位会员(De Vries,1985,第 144 页)。就职业界的分裂情形而言,荷兰似乎也延循了英国范例(Edwards,1989,第 277－279 页)。

由于许多会计师机构开始创办自己的刊物,几个会计师和审计师团体发表了大量文献。有关工业企业成本会计的书籍自 1889 年以后开始出现(Latorf,1889;Van Everdingen,1898;Simon,1909)。1900 年,第一部完全致力于公开财务报表的专著问世(Van Slooten,1900)。第一部审计手册则出现于 1896 年(Reiman,1896)。

Théodore Limperg(1879—1961)是年轻的审计职业界中最杰出的成员之一。在 20 世纪的最初 10 年中,当 Limperg 才二十几岁的时候,他的有关荷兰审计进一步发展的观点便开始受到关注。作为月刊《会计师》(Accountancy)1903 年至 1924 年期间的主编,他为发展中的文献贡献了大量会计尤其是审计的专题(ad hoc)文章。Limperg 提出一种考虑周全且系统的方法,以辩论的风格和那些据称由他的一些荷兰审计师协会的会员同事惯常采用的更加草率的方法进行对比。1906 年,当 Limperg 和一些观点相同的审计师脱离荷兰审计师协会、组建自己的社团时,双方之间的差异达到顶点。最终,Limperg 的观点胜出。1919 年,按照 Limperg 的主张,他的社团再次与荷兰审计师协会合并。在其一生中,Limperg 始终对荷兰审计职业产生显著影响。

经济、会计和审计的发展对 1871 年发起的公司法改革进程产生复杂的影响。我们可以很容易地认为,1838 年《商法典》的简单与过时的设计不适用于拥有大量不具名股东的大型现代有限责任公司。但是,经济增长也刺激了一种观念——有限责任公司的事务已经演变得如此复杂,以至于为了达成有效的结果,任何管制将不得不全面且细致。由于这与时代的自由放任倾向直接冲突,推进新的立法存在明显的犹豫。

这一担忧在财务报告层面特别显著。自 19 世纪 70 年代以来,强制公开财务报表已经被广泛接受为一种在理论上优于国家预防性监管的备选方案。但是,由于折旧更广泛地应用于固定资产等因素,会计变得日益复杂。基于这一复杂性,在法律与会计文献中关于制定能够避免意思不明确或误导性的财务报表、但同时不会产生过度抑制效应的法律规则的可能性,尚存在争议。

于是,政府谨慎地推进改革。1890 年,此前于 1872 年任命组建的委员会制定一份法律草案,建议修订《商法典》中涉及有限责任公司的所有章节。

法律草案提议所有有限责任公司均应强制性公开资产负债表和收益表。这部草案以冰川溶解般的缓慢速度向前推进，经历了修订并提交至议会（1910）、进一步修订（1925）和通过（1928—1929）等多个阶段。在50多年的进程中，反对施加严格会计要求的一方胜出。需要指出的是，商业周期总体上已经在1838年少量管制的背景下进入繁盛阶段。此外，由于荷兰不存在与德国有限责任公司（GmbH，1892年设立）相对等的企业，有限责任公司被越来越多地用于私人拥有"家族"企业的工具，而在这类企业中，强制要求公开财务报表被视为对隐私的侵犯。

所有法律草案（包括1925年版本）均约束有限责任公司这一法律形式公开财务报表，以此作为承担有限责任这一特权必须支付的代价。在1925年草案发布后，这项原则遭到攻击，因为雇主团体发起一场运动，请求议会放松所提议的针对"家族企业"的公开披露要求。这场运动在一定程度上取得成功，两院制议会中的上议院于1928年拒绝通过已经获得下议院认可的这部法律。由于上议院不具备修订法律的权利，它便在获得以下承诺之后被说服了：一旦法律获得通过，就立即任命一个委员会，考虑对法律作出变更。该委员会中包括一群坚实的企业代表，并适时建议将强制性公开要求限定于大规模和（或）上市公司。几乎是作为事后想起并添加的内容，并且，或许是作为削弱公开要求的一项平衡，委员会在建议中附加了一份简短的强制披露内容清单。由于这份清单着实是很基本的，在企业界和上议院形式上的口头反对之后，便获得通过。

1928年至1929年间最终通过的法律反映了自由主义的观点。虽然公开资产负债表和收益表第一次成为大型和（或）上市公司的强制性义务，对这些报表内容的管制事实上程度很低。资产负债表的资产一栏必须进行分解，但是，权益和负债的报告（包括储备问题）仍然没有受到管制。此外，也不存在有关收益表内容的任何指引。资产估值必须提供附注，但是，会计政策的选择完全是自由的。实务中，简短的注释变得很普遍，如"资产已经按照成本进行估值"或"股票的估值是很谨慎的"。虽然股东有权任命一位非特别指定的"专家"对财务报表进行审计，但是，审计不是强制性的。

因此，法律最终在总体上迎合并满足了企业界的需求便不足为奇了。审计职业界将这部法律的整体措辞理解为认可了审计师确定各个企业恰当报告实务的技术并保证恰当报告实务得到实施的专业技能（Limperg,

1928)。在议会围绕是否通过这部法律的辩论中可以发现对这一立场的支持,这表明政府对股东依赖审计师专业技能的这项权利期望更多。

战争期间会计思想的发展

20 世纪二三十年代期间,审计师之中开始出现采用更加学术性路径的倾向,这在一段时间内成为荷兰职业界的显著特征之一。审计职业界已经由其形成初期成长为具有稳定组织形式和明确教育路线的团体。尽管仍然存在相当数量的竞争性组织,这一领域由荷兰审计师协会和通过统一的考试要求与荷兰审计师协会确立工作关系的其他两个最大规模的社团所主导。1926 年,阿姆斯特丹举办国际会计师大会(International Congress of Accountants),这被视为荷兰审计界取得国际重要地位的标志。牢固地位的获得,或许还有进一步向上提升的愿望,促使职业界中至少一些会员将注意力转向更加彻底地思考其学科领域中的问题。

将会计与审计引入学术环境中是对这一反思趋势的最清晰表现。在荷兰,大学在组织与观念上对审计职业界产生影响要早于并在程度上大于英国的情形(Edwards,1989,第 284 页)。荷兰在这方面似乎接受了来自德国的启示。作为一般意义上经济学范畴的一部分,一个称为商科(bedrijfseconomie,按照字面意义为商业经济学,business economics)的学科在荷兰得到承认。与德国的企业经济学[*Betriebs(wirtschafts)lehre*]相当相似,这一学科原则上包含与企业相关的所有经济现象,但是,在实践中,会计问题格外引人瞩目。在 1913 年、1922 年和 1927 年,商业经济学分别引入鹿特丹(Rotterdam)、阿姆斯特丹和蒂尔堡(Tilburg)的大学课程中。这一领域的大学教授和其他工作人员的职位由此创设出来,而课程也明确表示以进入审计职业界为目标。

20 世纪 20 年代以前,在这个后来发展为商业经济学领域中的文献主要包括对已经接受的商业实务的批判性描述和评价。当然,这类侧重实务的文献仍然不断涌现。但是,新组建的小规模学术团体开始探寻更高形式的理论问题。按照他们的观点,商业经济学应当主要解释构成商业现象基础的经济因果关系。只有这样的理论基础才能保证恰当实务应用的发展。

最初积极参与商业经济学的学者人数很少,这是不可避免的。在这一形成时期,最杰出的学者当属前文已经提过的 Limperg 和 Nico J. Polak (1887—1948)。1922 年,这两位学者分别成为阿姆斯特丹市立大学 (Municipal University of Amsterdam) 和鹿特丹经济学院 (Rotterdam School of Economics) 的商业经济学教授。Limperg 和 Polak 均以自己的方式为新兴的商业经济学学科特色理论方法作出贡献。

Limperg 在探寻与经济理论的联系方面最为严谨。他发展了建立在奥地利经济学派基础之上、但与有关企业在社会中地位的相当原创性的理论融为一体的演绎价值理论。总体上,Limperg 提出的企业理论意义在于,如同英语世界中的发展那样,"价值"按照与"对所有者的价值"概念相一致的方式进行解释(Solomons,1966)。Limperg 将资产的价值定义为现行成本 (current cost) 与第二基准价值 (second benchmark value) 之间的较低者。其中,第二基准价值被定义为以下两者中的较高者:(1) 未来利益的现值;(2) 现行脱手价值。Limperg 认为,经济上理性的决策需要以这一价值概念为基础的成本数字,并计算可分配的收益。

Limperg 的价值与收益理论及其对现行成本会计的影响是商业经济学运动对会计的最显著贡献。这一理论在荷兰的成功至少部分地归因于以下事实:对德国第一次世界大战后出现的通货膨胀会计文献的熟悉程度相当普遍,接受理论的基础已经确立起来。尽管这一背景可能在一定程度上贬低了 Limperg 贡献的原创性,但是,可以合理地假设,Limperg 及其学生对现行成本会计的坚定支持,而不是德国文献,成为第二次世界大战后现行成本会计在实务中广为接受的决定性因素(Camfferman,1994)。

但是,商业经济学绝对不等同于现行成本会计。在 20 世纪 30 年代及之后,带有 Limperg 印记和不带有 Limperg 印记的荷兰学者密切地追踪欧洲和美国的会计文献,吸收并发展标准成本核算、预算编制和合并报告等概念。虽然他们对实务的即时影响很小(如果不是可以忽略的话),不断壮大的经过大学训练的商业经济学家(bedrijfseconomen;"business economists")队伍成为后来应用会计中变革的基石。许多荷兰审计师协会(NIvA)职业教育项目中的教师或者与实务导向的会计学位相关的教师在大学中得到训练,促进了新理念的传播。

但是,尽管这些理论和教育上的努力,会计实务(至少就财务报告而言)

表现出很少现代性的迹象。20 世纪 30 年代的任何财务报表样本给人的印象仍然是一种有限的披露。资产负债表的特色是经常谨慎地将资产估值为一荷兰盾,而收益表(始终不变的"T"形账户格式)通常仅由贷方的毛利数字和借方的折旧、利息和准备等两项或三项费用构成。

1925 年,发生了一件可能十分重大的会计丑闻,作为联合利华(Unilever)前身的其中一家公司(N. V. Anton Jurgens' Vereenigde Fabrieken,简称为 Jurgens)被财经媒体谴责为严重操纵账户并表述虚假利润。恐慌性抛售使股票价格迅速下滑,但是,由于公司事实上拒绝通过提供相关信息来回应指责,指控的事实基础得不到证实。这次事件以不满 Jurgens 公司的股票抛售者和为最初作出报道负责的新闻记者之间的诉讼而告终,而震荡显然未能对当时正在修订的《商法典》产生影响。因此,事件的意义相当不同于 1931 年英国皇家邮政(Royal Mail)案件,后者促使英国审计师和公司的态度发生转变,并在总体上提升了报告的标准(Edwards,1989,第 155 页)。如果存在一些意义,那便是 Jurgens 事件表明,荷兰公司可以逃避被广泛认为不充分的保密性报告实务的惩罚(Sternheim,1925,第156 页)。

20 世纪 30 年代,据称秘密储备的使用很普遍。正如对皇家邮政事件的影响所作的思考那样,1939 年,荷兰审计师协会(NIvA)认为(并于 1946 年重申同一观点),不应由审计师来决定企业不能使用秘密储备这一商业政策工具。NIvA 在《职业行为规则》(*Rules of Professional Conduct*)中坚定地主张,干净的审计意见不排除秘密储备的存在。除了对未予披露的将秘密储备释放至收益中的实务进行禁止之外,NIvA 不能走得更远(Camfferman,1998b)。

财务报告管制框架:战后至 20 世纪 70 年代

尽管大规模生产设备在第二次世界大战中毁于一旦,荷兰仍然幸存下来。除此之外,荷兰东印度群岛(Dutch East Indies)大量殖民地领土独立。这些损失激发了一种通过联合努力重建国家并实现现代化的坚定决心。得益于马歇尔援助计划(Marshall Aid),国家确实开始了稳定经济扩张的过程。与此同时，荷兰将更多重心放在避免行业冲突上，这在重建初期是必要的，却部分地导致企业在社会中的地位逐渐发生转变。主体模式（entity model）作为反对企业所有权模式（ownership model）的理念赢得支持。同时，关于工人更多参与管理和管理层向全社会承担更多受托责任的主张兴起。当重建让位于更为常规化的环境时，这些要求开始遭遇企业管理层的一些抵制便不足为奇了。

这一时期盛行的现代化和集体主义道德观也对会计产生一定程度的影响。在一个非常实务的层面，会计教育的现代化被视为现代商业周期的先决条件。20世纪40年代后期开发的实务型会计新课程和考试越来越多地吸收了20世纪二三十年代理论上的改进，如标准成本核算、预算、差异分析、合并报表会计和现行成本会计。通过这种方式，一段时期以来已在学术性商业经济学领域了解并提倡的概念得到更广泛的传播。重心的转变如此明显，以至于"现代商业会计"（moerne bedrijsadministratie）这一用语开始成为新方法的缩写，由此尝试扩大会计信息的范围并提高相关性。

在财务报告领域，最大规模的公司开始摒弃20世纪30年代的保密性报告实务。益格鲁—荷兰跨国公司联合利华的财务报表曾经是20世纪20年代丑闻的根源，并且，在战前被奚落为"只是一个关于企业规模的印象"（Sternheim，1938）。战后，这些财务报表完全"修饰一新"。在1945年、1946年和1947年的财务报表中，销售总额、生产线和地理区域的销售额、十年概要以及大量其他数据开始披露出来（Camfferman & Zeff，2003）。皇家荷兰壳牌（Royal Dutch/Shell）、阿克苏·诺贝尔公司（AKU）及飞利浦（Philips）等其他公司如法炮制。1951年，飞利浦通过在资产负债表和收益表中采用现行成本会计而吸引许多关注。

一些大型企业改变会计实务的一项强有力的解释因素是他们遭遇外国准则的约束，尤其在那一期间这些公司因在纽约股票交易所上市而受到美国报告准则的制约。在某种程度上，人们也可以发现商业经济学领域教育努力的成果：飞利浦的首席内部审计师A. Goudeket通过荷兰审计师协会（NIvA）的课程而逐渐熟悉了Limperg的学说，并成为现行成本会计的热情拥护者。

大规模企业的示范效应和对海外报告实务了解的显著加强使财经报纸和专业文献中对荷兰财务报告的批评数量增加。这确实引起股票交易所和荷兰审计师协会(NIvA)的缄默式回应,因为这些机构传统上依赖温和的说服来改进报告。20 世纪 50 年代,股票交易所和荷兰审计师协会都出台了一定数量措辞谨慎的指南。但是,至此,最重要的回应来自企业界自身。1955年,雇主组织联合发布一份手册(Het jaarverslag;年度报告,The Annual Report),推荐的财务报告实务显著地超越当时惯例。这本小册子的中心原则是,财务报表应当提供有关实际财务状况和收益的"洞察力",一种与更为传统的假设——估值与收益确定的稳健主义不存在任何向下的限制(downward limit)——明显不同的观点。报告强烈反对使用秘密储备,而提倡现行成本会计。在大量披露建议中,包括对合并数字、销售额和销货成本以及对下一年度预期的披露。

雇主组织采取的这项史无前例的举措是集体努力的成果,参与的组织与个人很可能存在不同的动机。虽然对于一些参与者而言,这份报告可能反映了一种出于自身利益而改进会计的兴趣,这项动议的主要和表面上的理由则是对企业保密性形象的担忧。从这个视角观察,这份报告仅仅是一项改进公共关系的实用性尝试。然而,对于其他人而言,这项倡议可能主要成为另一项设计巧妙的策略,预先阻止政府对一个正在日益政治化的领域的干预。

20 世纪 50 年代期间,最初在某种程度上不受重视的对财务报告质量的担忧成为一种呼吁,提出了参照美国证券交易委员会(SEC)建立"公司委员会"(companies commission)的要求。1928 年修订《商法典》时曾经提出设立官方机构负责审阅财务报表的构想,但是,这在当时没有产生多大影响。这一构想在一部学术出版物(Sanders,1952)中被再次提出,并且,这一次在范围更广的有关更多社会受托责任和工人参与管理的争论中确实发挥了决定性作用。1959 年,工党在改革企业法律形式的竞选宣言中采纳了这一思想。这份宣言引发的关注促使政府于 1960 年任命一个委员会,成为就公司法领域提议新立法的一项重要因素。

1960 年任命的委员会主要致力于监事会上的工人代表等关键政策问题。财务报告问题则授权给一个下属委员会,该下属委员会的建议(见下文)没有在委员会中产生多大争论便获得采纳,而在许多其他问题上,委员会按照政党的路线明显产生分歧。最初,就委员会可能提议设立一个强大的公司委员会、作为监管财务报告的手段,这无论如何都是难以置信的。因此,1962 年,雇主组织认为在其 1955 年有关财务报告建议的基础上发布一份拓展的版本是适当的,似乎由此强调,企业界能够通过自我管制而确保作出充分的报告。虽然这第二份出版物被一些人谴责为阻止企业真正民主进程的另一次手段高明的策略,但是,不可否认,从纯粹报告视角,这些建议仍然十分进步。财务报表应当提供"洞察力"的观点被再一次强调,而拒绝秘密储备和采用现行成本会计的建议甚至以更加强烈的措辞表达出来。最终,委员会于 1965 年制定的财务报告法律草案成为自我节制的范例。1970 年,在经过大部分属于次要性质的修订之后,1970 年,这份法律草案作为一项关于企业年度财务报表的法案而获得通过。

1970 年法案在许多要点和措辞上应当归功于下属委员会的委员、荷兰审计职业界的领军人物 Jacob Kraayenhof(1899—1982)。自 1930 年以来,Kraayenhof 便是 Klynveld, Kraayenhof & Co.〔代表后来国际联营企业毕马威(KPMG)中的"K"〕审计公司的合伙人。这家公司的客户包括皇家荷兰壳牌和飞利浦,而 Kraayenhof 在会计和审计问题上的权威性在荷兰得到普遍认可。Kraayenhof 是曾经负责起草 1955 年和 1962 年雇主报告的委员会成员,因此,在 1970 年的法案中再次出现前述报告中的一些术语便不奇怪了。总之,很难低估 Kraayenhof 对战后荷兰财务报告发展的影响。

1970 年法案的一般原则仍然大量出现在当前的荷兰立法中,因此,值得做一些深入阐述。作为一项一般性规则,法律要求财务报表应当提供"洞察力,由此形成关于企业财务状况和收益、在财务报表性质允许的情形下关于偿债能力和流动性的有充分根据的意见"。这项原则旨在引导估值、收益计量以及披露公司为了提供必要的"洞察力"而能够在多大程度上被要求超越或偏离于法律的形式要求。虽然很可能要求更加严格,"洞察力"标准似乎在实务中的作用更像英国的"真实公允观",类似于应用中的"优先"原则。

1970 年法律第一次引入强制审计。法律的披露条款包含一份简明的列表,给出了资产负债表和收益表主要项目,并且,这些条款明确设计为最低要求,公司完全可以超越这些最低要求。估值和收益确定所允许的实务操作没有逐一列举出来。相反,公司必须选择那些"在经济与社会环境中被认为可以接受的"会计政策(in het maaschappelijk verkeer als aanvaardbaar worden beschouwd)。在这个短语的具体措辞中,存在对美国"公认会计原则"的仿效,而这很可能是由 Kraayenhof 发起的。但是,更重要的是,这一表述在会计界的文献中已有先例,并可以回溯至 20 世纪 20 年代。它反映了这样一种信念:真诚且专业的审计师将能够辨别并应用现行实务中所归纳的未编集成典的财务报表标准,并就个别客户所处的客观环境提出意见。这类未编集成典但客观存在的标准蕴含的理念在拟订 1928 年法案的最低限度要求时发挥了一定作用,但是,"经济与社会环境标准"的概念在战后得到充分发展。雇主组织的出版物被视为这些标准的主要示例,并由此成为这一概念具有实用属性的证明。雇主的报告为有关恰当报告共识的假设提供了可信性,而"经济与社会环境标准"的观念主要依赖于该假设。

然而,更多技巧被创制出来,为参照"经济与社会环境"提供更多事实基础。首先,以"企业商会"(ondernemingskamer)形式引入了一个类似于美国证监会(SEC)的公司委员会备选机构。这是一个为裁决工人、股东、管理层和其他利益相关方之间的争端而设立并有能力处理涉及财务报告案件的专家法庭。这其中蕴含的假设是,企业商会的决定将逐渐发展为一套关于恰当会计实务的权威文献。其次,一项更直接的尝试是就"经济与社会环境"提出意见。受 Kraayenhof 的启发,时任司法部长建议,有组织的商业周期和审计职业界应当承担收集并评估"在经济与社会环境中被认为可以接受的"原则的责任。于是,一个由雇主组织、工会联盟和荷兰特许会计师公会(Nederlands Instituut van Registeraccountants,NIvRA)代表组成的委员会建立起来。如下文将要讨论的那样,这个"三方研究小组"(tripartite study group)在 20 世纪 70 年代制定了一系列手册,包括有关财务报告问题的所谓"成熟观点"(beschouwingen)。

基于后见之明和一定程度上过度简化的风险,关于存在一套截然不同的财务报告和报告管制的"荷兰体系"的信念在 1970 年前后达致高潮。如当代人理解的那样,荷兰财务会计的关键特征包括:(1)假设:详细的财务报告管制不仅因企业性质不同而不可行,同时,将可能导致仅仅为形式上的报告并抑制向更高质量的财务报表进一步发展而不符合要求;(2)假设:经过学术性商业经济学充分训练的审计师,其专业技能将能够为选择报告实务进而对个别案例表达所要求的"洞察力"提供必要且充分的指引;(3)假设:企业将不会滥用针对报告的宽泛法律管制所内含的信任,并且,愿意为了自己的利益而遵循合理的会计和披露准则。

经验为这套假设提供了若干支持。在不完备的法律框架下，公司自第二次世界大战以来已经对财务报表作出显著改进。雇主组织的报告提供了其所承诺的在自愿基础上改进报告的更多证据。荷兰审计师对制度的独特性感到一些自豪，这一制度将相当多的精巧设计和少量管制结合在一起，并强烈地诉诸专业判断。因此，20世纪60年代美国或德国实施的更加严格的管制制度经常被援引为需要避免的典型类型。审计职业界在1970年前后至少处于信心十足的巅峰。1967年，审计的地位在法律上得到确认。荷兰审计师协会（NIvA）由私营社团转变为一个名为荷兰特许会计师公会（NIvRA）的公共机构，后者的会员专享对经过审计的报表发表意见的权力。与这一垄断权同时发生的是强制审计的引入。在审计职业界内部，这些变化没有在很大程度上被视为是法律的支持，而是对荷兰审计师协会所实现的没有任何法律支持的质量标准的公开承认。虽然如此，就像可能预期的那样，立法的变动导致对审计服务需求的增加和审计职业界的进一步发展（Maijoor，1991）。

虽然财务报告取得重大进步，截至1970年，可以观察到的情形几乎完全依赖自愿性改进的不充分性。一方面，显然不是所有公司均参与了改进报告的运动。另一方面，发现由商业经济学提供的指南比通常想象的情形更不明确。当起草1970年法案时，有人质疑，为何法律援引相当含糊的"经济与社会环境"标准，而不是规定估值原则应当遵照商业经济学原则。更特别的是，有人质疑，为何法律中没有提及现行成本会计。在回答这个问题的时候，这份法律的补充备忘录或许有充分理由指出，商业经济学尚未在这一领域提出清晰、明确的指导原则。真实的情形则是现行成本会计在"第二次世界大战"后已经相当流行。许多大型公司已经采用这一实务做法，并且，如上文所述，雇主团体已经在1955年和1962年手册中提议采用现行成本会计。但是，在20世纪五六十年代，Limperg现行成本会计的理论有效性在荷兰会计文献的长期争辩中遭遇到挑战。在争论的过程中，有一点变得很清楚，即构成Limperg发展的收益和估值理论基础的推理确实包含许多缺点。由此形成的共识是，现行成本会计是一种核算价格变动的非常有用且务实的方式，但是，它的使用必须建立在实用性依据而非规范理论的基础之上。对现行成本会计相对属性的认识没有阻止荷兰审计师协会在国际领域积极地宣传其作用，但确实对阻止商业经济学进入1970年法案文本产生效果。

在灵活性和协调化之间：
20 世纪 70 年代至 90 年代

作为 20 世纪 70 年代初期实施的财务报告管制体系的特征，强调灵活性并倚重一般性原则，在欧洲会计指令项目和国际会计准则委员会（IASC）创建后不久便面临质疑。

会计立法变革

1970 年法案本质上是一项真实公允观原则的声明，并带有一套为数不多的形式要求。从 1971 年发布《第四号指令》的第一份草案以来，欧洲经济共同体（E. E. C.）的其他一些成员国对详尽地管制估值与披露的可取性明显持有十分不同的观点。因此，在荷兰，指令项目被视为一项对近期才实施的制度的潜在威胁。最初的回应是对将可能成为《第四号指令》内容的选择项进行协商，以确保继续在自愿基础上使用现行成本会计。在主张《第四号指令》采用约束力相对较弱的措辞的过程中，荷兰因英国于 1973 年加入欧共体而受益。将真实与公允原则写入《第四号指令》中是一项重要的成果。在将一些更具有约束性的特征从指令中删除后，下一个步骤便是将指令的最终版本对荷兰立法的影响最小化。1983 年，吸收《第四号指令》内容的法律获得通过。根据补充性备忘录，新的法律试图保留荷兰已经确立的关键特征。因此，1970 年法案的最重要特征，如对"洞察力"的需求（以实施指令的"真实公允观"）、参照"经济与社会环境标准"和企业商会得以保留（关于详细内容，参见 Zeff，Buijink，& Camfferman，1999）。一些被认为与荷兰传统不相容的特征（对财务报表格式作出详细规定便是明显一例）未包含在正式的法律中，而成为行政性法令的一部分。《第四号指令》中允许的选择权被完全用于维护法律中的灵活性。因此，尽管《第四号指令》显著增加了法律要求的复杂性，指令所要求的财务报告实务的实质性变动很有限，至少上市公司的情形是如此。大部分非上市公司则是另外一种情况。与《第一号指令》的内容相结合，现在所有有限责任公司都必须发布财务报表。财务报告立法的适用范围从 1970 年前后将近 1 000 家公司拓展至 1980 年年末大约

70 000 家公司(Maijoor,1991)。

后续的会计指令没有成为标志性事件。1988 年,为了适应《第七号指令》的要求而对荷兰法律作出的调整只对实务产生有限影响,因为自从 1970 年法案颁布以来,至少对于较大规模的公司而言,合并财务报告已经十分普遍。1993 年,有关银行与保险公司会计的指令并入法律中,主要的后果是废止了银行提取秘密的通用目的储备。一般地说,会计指令在荷兰没有被视为财务报告革新的根源,并且,至少从 20 世纪 90 年代初期以来,欧洲委员会(European Commission)在这一领域既无愿望、也不存在提出更多重要倡议的预期。

私营部门会计指南

尽管《第四号指令》使重新考虑 1970 年法案推行的法律要求成为必要,1973 年国际会计准则委员会(IASC)的创立则促使对 1970 年制度的另一项要素"三方研究小组"进行评估。

为了理解 IASC 的影响,以荷兰本国背景下思考"三方研究小组"这一早期组织为开端是有益的。如上文所述,研究小组的设立是为了回应司法部长的建议。这项建议指出,有组织的企业和会计职业界应当为 1970 年法案所提及的"在社会与经济环境中被认为可以接受的标准"制订一份详细清单。为此,雇主联合会与荷兰特许会计师公会(NIvRA)组成的代表团在 1970 年开始举行会议,代表主要工会的第三个代表团则于 1971 年加入。雇主组织已经通过 1955 年和 1962 年出版物明确主张将参与"经济与社会环境下的标准"制定。但是,工会此前并未对报告表现出任何兴趣。因此,工会而非投资者团体的代表加入这个三方机构,似乎主要反映了"第二次世界大战"后荷兰经济生活中雇主与雇员之间协商特征的一般模式,有时称之为"低地模式"(polder model)(参见 Delsen,2002)。该研究小组没有制定任何正式章程,但是,可以肯定,它的"成熟观点"将在三个代表团一致意见的基础上发表。以术语"在社会与经济环境中被认为可以接受的标准"来表达小组的使命,则可以认为该小组不是一个彻底的改革者,但是,它将通过消除不再受到广泛支持的实务来引导循序渐进的变革与改进。小组否认应当将其言论视为建议,并且,在仔细商议和广泛共识的基础上,不主张给予"成熟观点"超过其内在价值的其他任何权威。因此,荷兰特许会计师公会不要求其会员在审计报告中说明已经遵循"成熟观点"。

国际会计准则委员会(IASC)则建立在非常不同的原则基础上。与英国会计准则筹备委员会(Accounting Standards Steering Committee，ASSC)一样，它仅是一个会计职业界的机构。IASC 拥有正式的章程，表明它可以通过符合要求的多数投票而非一致意见来制定准则。它的会员机构必须尽"最大努力"鼓励采用国际会计准则，包括对那些未引起注意进而在审计报告中不遵循准则的审计师采取"适当的行动"。就 IASC 和研究小组之间的明显差异而言，必须考虑荷兰特许会计师公会对两个机构所作承诺的潜在不相容性。

由于 IASC 在坚定地确立其准则的权威性方面并未立即取得成功，这一问题的紧迫性在一定程度上被削弱了。大部分其他 IASC 会员机构不倾向于强行遵循国际会计准则，或者，至少发现他们几乎没有强行遵循国际会计准则的权利。因此，IASC 黯然采用发布相对简单的准则的策略，至少认可委员会所代表的国家中的主要实务。因此，荷兰特许会计师公会有可能坚称，就像 IASC 的其他会员机构那样，遵循国内的会计指南意味着遵循了大部分国际准则，并且，NIvRA 可以通过支持将国际准则吸收进"三方研究小组"所发布的指南中，而履行对 IASC 的义务。这使荷兰的报告公司有可能在 20 世纪七八十年代为了所有实务目的而忽略 IASC，尽管通过更仔细的检查可以明确发现，国际准则在一些议题上比国内指南要求更多。

尽管如此，相对低调的 IASC 的出现激励了对研究小组的组织结构进行评估，评估的结果则是在 1979 年至 1982 年间发生了几项组织结构上的变动。研究小组形成现在的形式，更名为"年度报告理事会"(Council on Annual Reporting；Raad voor de Jaarverslaggeving)。与其前身相比，理事会具有正式的法律结构和稳固的预算。它确实保留三方构成，虽然雇员代表团被一个同时代表雇员和财务分析师的"使用者代表团"所取代。"成熟观点"改写为更加正式且合理的名字"指导原则"(Guidelines；Richtlijnen)。在"指导原则"之下，仍然发布荷兰会计指南。"指导原则"仍然在全体意见一致的基础上发布，由此保留了参与代表团的否决权。权威性的进一步提升通过在新的出版物中区分"建议"(recommendations)和"正式公告"(firm pronouncements)而得到正视。其中，"正式公告"以粗体字印刷，采用国际会计准则对现行准则和解释性文本进行区分的方式。但是,旨在制定更具有权威性的财务报告指南的运动因缺乏具有正式约束力的准则自然而然地停下来。1980 年,改写后的"指导原则"发布,在其前言中呼吁所有相关各方将"正式公告"视为具有约束力的指南。但是,由于意见分歧和强烈反对,荷兰特许会计师公会未能克服那项挑战,并且未能使其会员承担在审计师报告中提到偏离"指导原则"情况的责任。因此,在准则制定过程中引起的变动最终不过向三方研究小组的工作补充了口头的权威性标志。

企业行会

如上文表明的情形那样,1970 年制度的第三项要素是企业行会(Enterprise Chamber)。曾经有若干年,情形似乎是,企业行会的声明事实上可能开始发展为一个发布权威性财务报告文献的重要机构。1977 年企业行会发布第一份声明后,诉讼案件的数量迅速上升。在几个案件中,发现经审计的上市公司财务报表存在缺陷,引起审计师的一些忧虑。由此,制定更清晰指南的期望成为 1988 年前后推动三方研究小组改革的另一项因素。然而,企业行会没有保留最初的备忘录。直至 20 世纪 80 年代中期,大部分诉讼来自 Pieter Lakeman——一个致力于反对误导性财务报告单人运动的个人。当 Pieter Lakeman 从这一领域退出之后,案件数量随即下降,尤其是涉及上市公司的惹人关注的案件。

此外,企业行会也没有明确宣称支持三方研究小组的"成熟观点"或者其继任者年度报告理事会的"指导原则"。由此,只要遵循了法律的要求,并且,公司能够为其选择作出合理辩护,那么,报告公司可以偏离"指导原则",包括粗体字部分的"正式公告"。这成为 20 世纪八九十年代的一致性观点。

总之,尽管更为周密的制度性基础架构逐步建立起来,20 世纪 80 年代后期和 90 年代的财务报告氛围在遵循会计管制方面呈现出灵活的、甚至有人可能认为草率的方式特征。公司援引"真实公允观优先"这一条从 1970 年以来便已经成为法律的原则并非是不同寻常的。譬如,一些公布财务报告的公司援引这项原则为建筑合同采用完工百分比法和更具有争议性的将自创无形资产重大金额资本化处理进行辩解。

新财务报告体系：20 世纪 90 年代至 2007 年

尽管直到 20 世纪 90 年代末我们仍然可以在一些适当的场合发现 1970 年前后建立的"荷兰制度"，重要的发展则已经持续若干年，并且，将要发生重大的变革。最重要的是，截至 80 年代末，IASC 找到了一条摆脱其作为制定主要与发展中国家相关的低标准准则机构这一声誉的路径，尽管这一声誉未被完全证实。它开始了使其准则为证券市场监管者出于跨境上市目的而接受的进程。为此，它促使自己与数量不断增加的欧洲公司潜在地直接相关，包括 90 年代寻求在美国上市的几家来自荷兰的公司。为了实现这一目标，IASC 在 1987 年至 1998 年期间密集地工作，以使其准则更加全面和严格。

荷兰年度报告理事会对 IASC 战略变更的最初反应是消极的。在对 1989 年 IASC 具有里程碑意义的第 32 号征求意见稿（ED32）的评论中，理事会重申了传统观点，即公平对待具体情形的灵活性比统一性与可比性更为重要（Camfferman & Zeff，2007，第 414 - 415 页）。

然而，在接下来的几年里，前景发生改变，并且，已经形成的认识表明，在变革的环境中，维护截然不同的本国会计文化可能是一项弱点而非强项。最有说服力的变革性标志是飞利浦在 1992 年决定放弃现行成本会计，这主要受到使飞利浦与国际竞争者的会计核算相一致的动机所推动。这项支持可比性、甚至仅仅为了一致性目的的明确选择，被那些经过商业经济学概念框架思考会计方式训练的人视为一项不可忽略的冲击。飞利浦在过去 40 年里采用现行成本会计曾经是国内和国际上最重要的证据，表明该框架可以作为切实可行的财务报告体系的基础而发挥作用。20 世纪 90 年代，无论在会计实务还是会计课程中现行成本会计迅速失去了大部分基础。

也许是巧合，抑或不是，1992 年，年度报告理事会将 IASC 新近发布的概念框架翻译后作为自身工作的基础。理事会越来越多地寻求将国际会计准则充分并快速地融入"指导原则"中。这与其过去偶尔选择性或滞后性的适应截然相反。

就短期而言，加速国际会计协调的趋势使荷兰的管制体系甚至比从前更加灵活。1995 年,欧洲委员会宣布,它将在欧盟范围内寻求通过 IASC 来采取更多会计协调的步骤。[4]为了与这一战略保持一致,荷兰政府公开宣称,它无意阻挡那些希望采用国际会计准则或美国公认会计原则的公司,尽管荷兰政府在引入立法措施,使其正式成为可能上行动迟缓。这样一种氛围无益于严格地遵循法律要求,更何况是年度报告理事会的"指导原则"。

2000 年,欧洲委员会宣布,从 2005 年开始,所有上市公司必须在合并财务报表中采用国际会计准则。这至少在欧洲结束了有关国际会计协调前景的不确定期间。这一行动在荷兰没有受到强烈反对,并且,那些认为财务报告总体质量开始在一定程度上从迄今盛行的非常灵活的方法中遭受损失的人,也支持这一行动。2003 年,当大型荷兰上市公司 Ahold 与 Parmalat 一道成为"欧洲的安然"(Knapp & Knapp,2007)这一头衔的候选者时,余下的怀疑便静寂了。尽管 Ahold 的问题并未必然地对荷兰财务报告准则的质量提出质疑,却很可能显著加强了对管制变革的支持。

这场变革不仅仅是将国际财务报告准则(IFRS)引入荷兰并成为一套共同的会计准则。在 2000 年 6 月的沟通中,欧洲委员会强调证券监管者在确保遵循报告准则中的"关键作用"[5]。这对于荷兰而言是全新的。如同我们已经看到的那样,荷兰在 20 世纪 60 年代拒绝积极的强制遵循。自那以后,企业行会充当了一项消极的机制。

20 世纪 90 年代,为了将证券交易监管从传统的自我管制式协会转变为新创建的独立机构,股票交易所采取了一系列措施。然而,监督财务报告不属于股票交易所的职权范围。为了与欧洲的发展相一致,该监督机构的权力和预算得到显著加强,并且,在改名"荷兰金融市场监督局"(Autoriteit Financiele Markten,AFM)之后,它成为一个完全成熟的证券委员会。从 2000 年开始,界定证券委员会对财务报告的权力经历一个长期的协商过程。最终的结论是不完全改变过去,并保留企业行会的重要作用。2006 年法案授予金融市场监督局(AFM)监管财务报告的权力,并明确要求,当报告公司拒绝遵循 AFM 的指引时,AFM 需要向企业行会寻求裁定。对于 AFM 而言,不幸的是,第一次并且迄今唯一一次诉诸企业行会的涉及上市公司以 IFRS 为基础编制的财务报表案例被否决了[6]。由于企业行会似乎强调自身对报告公司及其审计师在应用与解释 IFRS 中的职责,与过去传统的割裂会有多深仍有待观察。

与在其他国家中的情形一样,上市公司转向 IFRS 引发了有关国家准则制定者未来角色的问题。年度报告理事会现在倾向于在国际上被称为荷兰会计准则委员会,并于 2004 年改变了采纳 IFRS 的立场。与采纳所有 IFRS 作为原则相反,理事会更加苛刻地考察 IFRS 对非上市公司的适用性。现在,理事会的指南专门地致力于非上市公司。

结 束 语

我们容易得出以下结论,但也未必恰当:不久之前,荷兰财务报告的历史已经进入一个全新的阶段。尽管如此,不能简单地将这一改变等同于 2005 年 IFRS 的引入。在本章中,我们已经提出理由表明,多年以来,在荷兰许多人有一种共同的自觉信念,那就是荷兰的财务报告和财务报告管制方法截然不同于其他国家。然而,当欧盟采用国际会计准则仍然是一项带有高度疑问的建议的时候,希求这样一种荷兰方式的信心已经开始受到侵蚀。

理想的方式是一种自我管制的制度,经过训练的、以共同概念框架为工作起点的强大审计职业界和承诺在一致意见基础上确定准则的企业界在这一制度中发挥关键作用。导致对这一理想方式失去信心的许多因素可以归入"全球化"这一总的标签之下,但是,一定程度上仍可以进一步具体化。

自 20 世纪 70 年代以来,国际资本市场的重要性日益凸显,这显然是一个根本因素。除了推动国际会计准则发展成为任何国家管制体系的主要备选方案之外,国际资本市场的发展在荷兰无疑是一个因素,因为在 90 年代许多最大规模的公司完全转向国际投资者。对于这些公司而言,譬如已经在 20 世纪五六十年代荷兰财务报告现代化的过程中处于领先地位的飞利浦,对支持完全不同的本国会计文化不再有任何兴趣。商业活动的国际化反映在审计职业的国际化中,大规模国际审计网络的出现及其日益协调化的实务操作使荷兰特许会计师公会(NIvRA)难以维护思想的原创性,并在会员之间就教育和职业标准问题产生争论。学术活动的国际化使大学和会计职业界之间形成差距,尤其是随着 20 世纪 80 年代后期以来会计研究中"实证方法转向"在荷兰越来越为人们所接受。

但是，将这一"荷兰体系"描述为纯粹全球化的另一个受害者，那将是不正确的。作为理想方式的消失，一定程度上也是逐渐意识到以下事实的结果：这一体系的各个组成部分实在未像其预期的那样良好运行。尤其是在 20 世纪 70 年代，人们普遍认为，Limperg 的商业经济学至多为开发财务报告标准提供有限基础。相反，美国 GAAP 或者其他国家类似会计准则的相关内容成为大多数财务报告问题讨论的出发点。构成"荷兰体系"基础的另一项假设是，有组织的企业将承诺在年度报告理事会上以一致意见为基础制定准则，并遵循这些准则。20 世纪 90 年代的情形日益清晰地表明，该理事会不是新思想的来源，并且，有时理事会的行动非常迟缓。一个极端的例子是现金流量表，直至 1996 年，理事会没有发布一份明确的准则，尽管第一份征求意见稿已经在 1979 年发布。甚至当理事会确实在 90 年代表现得更加积极的时候，这在很大程度上是由于将国际会计准则吸收并入其"指导原则"的政策变化，而非出于自身着手开始更新的项目。即使如此，对"指导原则"的遵循情况仍然很不完整，这再一次引发了对企业界承诺自我管制体系假设的质疑。

简而言之，早在 2000 年欧盟作出宣告之前，荷兰便逐渐开始支持转向前景更加国际化、更依赖强制性指南以及对正式遵循情况进行监督的报告体系。

更多英文阅读

关于荷兰财务报告的经济背景，Wintle(2000)和 Van Zanden(1998)分别介绍了 19 世纪和 20 世纪的情况。Sluyterman(2005)回顾了 20 世纪的商业史。

Zeff, Van der Wel 和 Camfferman(1992)是关于荷兰财务报告历史的最全面英语文献，涵盖 19 世纪至 1991 年间的管制体系演变。从不同视角关注荷兰会计历史要素的更加简短的一般性描述，可以在许多国际会计教材中找到。Van Seventer(1984)，Parker(1991)和 Blake 与 Amat(1993，第 12 章)可以归入这一类。

关于 19 世纪以前荷兰会计的英语资料似乎较少，局限于 Brown(1968)

和 Chartfield(1977)等综合性著作中的若干段落。但是,荷兰语的文献并不比英语文献更为丰富,De Waal(1927)和 Ten Have(1933)保留了有用的大致参考目录。一个例外是荷兰东印度公司(VOC)的会计实务曾经成为荷兰语和英语语境下一些历史性争论的主题(更多文献,参见 Camfferman 和 Cooke,2004)。

在财务报告实务发展的实证研究方面,Van den Brand(2005)报告了 19 世纪至 20 世纪的情况,Camfferman(1997)的研究则涵盖第二次世界大战和欧洲会计指令发布之间的期间。

关于 Limperg 及其现行成本会计,Clarke 和 Dean(1990)收集了一些 Limperg 作品的有用译文,Camfferman 和 Zeff(1994)则提供了 Limperg 生平详细资料及其理论概要。Klaassen 和 Schreuder(1984)提供了有关商业经济学在一定程度上有些过时、但历史地看仍然有用的荷兰会计研究观点。Bouma 和 Reenstra(1997)提供了一个较近时期的观点。Camfferman(1998a)回顾了自 Limperg 以来现行成本会计在荷兰的发展情况。

作为荷兰会计文献的重要贡献者,Burgert(1972)对反对 Limperg 理论的观点做了极好阐述。作为一家较大规模的荷兰公司,飞利浦在国际文献中吸引了相当多关注。Vangermeersch(1983)和 Brink(1992)为飞利浦的财务报告历史提供了证据。关于 1970 年建立的准则制定程序(1970 年法案、企业行会和三方研究小组),可以参见 Klaassen(1980)和 Schoonderbeek(1987)。

关于审计职业界,De Vries(1985)及其后 De Hen,Berendsen 和 Schoonderbeek(1995)毫无疑问分别是对 1935 年以前和 1935 年至 20 世纪 90 年代期间荷兰会计职业界历史的最重要研究。遗憾的是,这两篇文献无一以英语撰写。不过,对变化中的荷兰审计师自我形象的有趣见解仍然可以从荷兰人为外国读者之便所撰写的文章中找到。这类文章包括 Limperg(1903),Kraayenhof(1955),Kleerekoper(1959)和 Burgert(1980)。Camfferman(1998b),Camfferman 和 Zeff(2009)讨论了 20 世纪中期前后荷兰会计职业界国际定位的诸多方面。Post,Wilderom 与 Douma(1998)和 Sluyterman(1998)涵盖了 20 世纪后半叶主要会计公司的国际化情形。基于历史数据的审计市场结构实证研究包括 Brocheler,Maijoor 和 Van Witteloostuijn(2004),Buijink,Maijoor 和 Meuwssen(1998)。

注释

[1] Van Hall(1834)引用了自 19 世纪 20 年代以来财务报告方面的要求被强制施加于新组建公司的若干个例子。

[2] 1917 年,股利税(dividend-en tantiemebelasting;dividend tax)取代适用于有限责任公司的 1893 年企业税(bedrijfsbelasting;business tax)。1940 年,股利税被利润税法令(besluit winstbelasting;decree on profit tax)所取代。1916 年,荷兰引入一项有关超额战争利润的临时税。

[3] 1967 年,协会更名为荷兰特许会计师公会(Nederlands Instituut van Register Accountants,NIvRA)。

[4] "Accounting Harmonisations:A new strategy vis-à-vis international harmonisation",COM 95(508),November 1995.

[5] "EU financial reporting:The way forward",COM(2000)359,June 13,2000,para. 28.

[6] LJN BC1057, *Ondernemingskamer Hof Amsterdam*,928/2007 OK. 这个案例涉及 Spyker Cars 2006 年度的财务报表。

参考文献

BLAKE J, AMAT O. 1993. European accounting. London:Pitman.

BOUMA J L, FEENSTRA D W. 1997. Accounting and business economics traditions in the Netherlands. The European Accounting Review,6(2),175 - 197.

BRINK H. 1992. A history of Philips'accounting policies on the basis of its annual reports. The European Accounting Review,1(2),255 - 275.

BRÖCHELER V, MAIJOOR S, VAN WITTELOOSTUIJN A. 2004. Auditor, human capital and audit survival:The Dutch audit industry in 1930—1992. Accounting, Organizations and Society,29(7). 627 - 646.

BROWN R. 1968. A history of accounting and accountants. (reprint of original 1905 edn.). London:Cass & Co. .

BUIJINK W F J, MAIJOOR S J, MEUWISSEN R H G. 1998. Competition in auditing: Evidence from entry, exit, and market share mobility in Germany versus the Netherlands. Contemporary Accounting Research,15. 385 - 404.

BURGERT R. 1972. Reservations about'replacement value'accounting in the Netherlands. Abacus,8(2),111 - 126.

BURGERT R. 1980. Current accounting practice in the Netherlands. Opening lecture,

3rd EAA Annual Congress, Amsterdam [also published in Maandblad voor Accountancy en Bedrijfshuishoudkunde,55(2/3), February/March 1981,52 – 64].

CAMFFERMAN K. 1994. Schmidt, Limperg and the dissemination of current cost accounting in the Netherlands. The international Journal of Accounting,29(3),251 – 264.

CAMFFERMAN K. 1997. Voluntary annual report disclosure by Dutch listed companies, 1945—1983. New York, NY: Garland.

CAMFFERMAN K. 1998a. Deprival value in the Netherlands: History and current status. Abacus, 34(1),18 – 27.

CAMFFERMAN K. 1998b. Perceptions of the royal mail case in the Netherlands. Accounting and Business Research, 29(1),43,55.

CAMFFERMAN K. 2000. Jaarrekeningpublicatie door beursgenoteerde naamloze vennootschap-pen in Nederland tot 1910. NEH. A Jaurboek, 63. 71 – 103.

CAMFFERMAN K, COOKE T E. 2004. The profits of the Dutch East India Company's Japan trade. Abacus,40(1),49 – 75.

CAMFFERMAN K, ZEFF S A. 1994. The influence of Th. Limperg Jr on Dutch accounting and auditing. In: J. R. Edwards(Ed.), Twentieth century accounting thinkers(pp. 112 – 141). London: Routledge.

CAMFFERMAN K, ZEFF S A. 2003. The apotheosis of holding company reporting: Unilever's financial reporting innovations from the 1920s to the 1940s. Accounting, Business & Financial History,13(2),171 – 206.

CAMFFERMAN K, ZEFF S A. 2007. Financial reporting and global capital markers: A history of the international Accounting Standards Committee. 1973—2000. Oxford: Oxford University Press.

CAMFFERMAN K, ZEFF S A. 2009. The formation and early years of the Union Europeen des Experts Comptables Economiques et Financiers(UEC),1951—1963: Or how the Dutch tried to bring down the UEC. Accounting, Business and Financial History,19(3). 215 – 257.

CHATFIELD M. 1977. A history of accounting thought. Huntington, NY: Krieger.

CLARKE F C, DEAN G W. 1990. Contributions of Limperg and Schmidt to the replacement cost debate in the 1920s. New York/London: Garland.

DE HEN P E, BERENDSEN J G, SCHOONDERBEEK J W. 1995. Hoofdstukken uit de Geschiedenis van het Nederlandse Accounrantsberoep na 1935. Amsterdam/Assen: NIVRA/Van Gorcum.

DELSEN L. 2002. Exit Polder model? Socioeconomic changes in the Netherlands. Westport, CT: Praeger.

DE VRIES J. 1976. Een Eeuw vol EFFecten: Historische Schets van de Vereniging voor de Effectenhandel en de Amsrerdamse Effectenbeurs 1876—1976. Amsterdam: Privately published.

DE VRIES J. 1985. Geschiedenis der Accountancy in Nederland: Aanvang en Ontplooiing 1895—1935. Assen/Maastricht: Van Gorcum.

DE WAAL P G A. 1927. De Leer van het Boekhouden in de Nederlanden tijdens de Zestiende Eeuw. Roermond: Romen.

EDWARDS J R. 1989. A history of financial accounting. London/New York: Routledge.

GO S. 2009. Maritime insurance in the Netherlands 1600—1870. Amsterdam: Aksant.

KLAASSEN J. 1980. An accounting court: The impact of the enterprise chamber on financial reporting in the Netherlands. The Accounting Review,55(2),327 – 340.

KLAASSEN J, SCHREUDER H. 1984. Accounting research in the Netherlands. In: A. G. Hopwood & H. Schreuder (Eds), European contributions to accounting research: The achievements of the last decade. Amsterdam: VU Uitgeverij.

KLEEREKOPER I. 1959. Some aspects of accounting and auditing in the Netherlands. Edinburgh: Seventh Summer School Booklet, Institute of Chartered Accountants of Scotland.

KNAPP M C, KNAPP C A. 2007. Europe's Enron: Royal Ahold. NV. Issues in Accounting Education,22(4),641 – 660.

KRAAYENHOF J. 1955. The profession in the Netherlands: Sixty years of growth and development. The Accountant, 133(4215),382 – 390.

LATORF G F. 1889. Het dubbelhoekhouden, praktisch toegepast op naomlooze vennootschappen in her algemeen en assurantie in het bijzonder. Amsterdam: Elsevier.

LIMPERG T, JR. 1903. Accountants abroad. In: G. Lisle (Ed.). Encyclopaedia of accounting. Edinburgh: Green & Sons.

LIMPERG T, JR. 1928. Postscript to W. J. Hartmann. De nieuwe wet op de naamloze vennootschap en de accountant. Maandhlad Voor Accountancy en Bedrijfshuishoudkunde, 5(8),115 – 118.

MAIJOOR S. 1991. The economics of accounting regulation: Effects of Dutch accounting regulation for public accountants and firms. Doctoral thesis. Maastricht University, Maastricht.

OUDSHOFF W, VAN OTTERLOO A. 1863. Volledig Theoretisch en Praktisch Handboek voor het Italiaansch-of Koopmans-boekhouden. (5th ed.) Amsterdam: Brinkman.

PARKER R. 1991. Financial reporting in the Netherlands. In: C. Nobes &. R. Parker (Eds). Comparative international accounting. Hemel Hempstead, UK: Prentice Hall International.

POST H, WILDEROM C, DOUMA S. 1998. Internationalization of Dutch accounting firms. The European Accounting Review, 7(4), 697 - 707.

REIMAN J D. 1896. De accountant als controleur. Zwolle: Tjeenk Willink.

SANDERS P. 1952. Veraniwoording van bet bestuur in de publieke naamloze vennootschap. In: Rechtskundige Opstellen(pp. 329 - 362). Zwolle: Tjeenk Willink.

SCHOONDERBEEK J W. 1987. Setting accounting standards in the Netherlands. Council for Annual Reporting, Amsterdam.

SIMON K G. 1909. Kostprijsberekening en administratie in fabrieksorganisaties. Rotterdam: Delwel.

SLUYTERMAN K. 1998. Internationalisation of Dutch accounting firms. Business History, 40(2), 1 - 21.

SLUYTERMAN K. 2005. Dutch enterprise in the twentieth century: Business strategies in a small open economy. London: Routledge.

SOLOMONS D. 1966. Economic and accounting concepts of cost and value. In: M. Backer(Ed.), Modern accounting theory(pp. 117 - 140). Englewood Cliffs, NJ: Prentice Hall.

STERNHEIM A. 1925. Jurgens. De Kroniek van Dr. A. Sternheim, 3(91), 156.

STERNHEIM A. 1938. Balans-analyse. Lever Brothers &. Unilever. De Kroniek van Dr. Mr. A. Sternheim, 16(394), 13.

TEN HAVE O. 1933. De Leer van het Boekhouden in de Nederlanden tijdens de Zeventiende en Achttiende Eeuw. Delft: Waltntan.

TEN HAVE O. 1973. De Geschiedenis van het Boekhouden. Wassenaar: Delwel.

VALKHOFF J. 1938. Een eeuw rechrsontwikkeling: de vermaatschappelijking van het Nederlandse privaatrecht sinds de codificatie(1838—1938). Amsterdam: Arbeiderspers.

VAN DEN BRAND B. 2005. Financial reporting, environmental factors and their relationship in Belgium and the Netherlands. PhD thesis, Tilburg University.

VAN EVERDINGEN G A. 1898. De Fabrieksboekhouding. Amsterdam: Brinkman &. Zoon.

VANGERMEERSCH R. 1983. An historical analysis of the financial reporting practices of Philips Industries of the Netherlands for tangible fixed assets and inventory, 1915—1981. Working Paper Ⅲ. The Academy of Accounting Historians.

VAN HALL F A. 1834. Verdediging van de onajhankelijkheid des handels. bij het oprigten van naamlooze maatschappijen. Amsterdam: Gartman.

VAN SEVENTER A. 1984. Accounting in the Netherlands. In: H. P. Holzer(Ed.), International accounting(pp. 345 - 368). New York, NY: Harper & Row.

VAN SLOOTEN G. 1900. Verplichte Openbaarmaking van Balans en Winst-en Verliesrekening van Naamlooze Vennootschappen. Den Haag: Hoekstra.

VAN ZANDEN J L. 1998. The economic history of the Netherlands 1914—1995. London: Routledge.

WINTLE M. 2000. An economic and social history of the Netherlands. 1800—1920. Cambridge: Cambridge University Press.

ZELL S A, BUIJINK W, CAMFFERMAN K. 1999. 'True and fair' in the Netherlands: inzicht or getrouw beeld? The European Accounting Review,8(3),523 - 548.

ZEFF S A, VAN DER WEL F, CAMFFERMAN K. 1992. Company financial reporting: A comparative and historical study of the Dutch regulatory process. Amsterdam: North-Holland.

ZEFF S A, VAN DER WEL F, CAMFFERMAN K. 2002. A reflection on 'Company Financial Reporting' after 10 Years. Maandblad Voor Accountancy en Bedrijfseconomie, 76(11). 513 - 519.

第六章　波　　兰①

艾里恰·A·加卢卡，普尔泽米斯劳·卡保尔斯基

引　　言

波兰的经济史（包括会计制度）整体上与国家历史紧密关联。基于这一理由，本章将波兰的会计发展划分为五个部分，分别对应波兰国家历史的不同时期。作为概述，表6-1归纳了波兰会计演进的主要阶段。

表 6-1　波兰会计发展概要

时期/年份	采用的处理方法与法规的特征	采用的波兰方法与法规的范式
15～16 世纪	波兰的商业会计开始于 15 世纪。最早的商业账簿以德文记录（较少用意大利文）。16 世纪，出现以波兰文记录商业账簿。大部分企业采用单式簿记会计，仅保存一套账簿。当时，波兰只有一些较大规模的商业企业应用复式簿记会计制度。	波兰保存商业簿记的技能，直接从意大利北部城市引入，或者，间接地沿袭自德国的城市。
19 世纪（包括直至第一次世界大战爆发前的 20 世纪最初若干年）	与工业革命相关，簿记的重要性和复杂性加强。会计成为一项独立的职业。为了保护债权人利益不受因企业所有者滥用职权与舞弊引起的侵害，保存账目的必要性在商法中得到体现。	各瓜分国在波兰领土上实施的法典参照的是法国《商法典》。

①　《世界会计史：财务报告与公共政策（欧洲卷）》，会计思想发展研究第十四卷 A，第 139-162 页（原书页码）。爱墨瑞得出版集团有限公司 2010 版权所有。ISSN：1479-3504/doi：10.1108/S1479-3504(2010)000014A009。

时期/年份	采用的处理方法与法规的特征	采用的波兰方法与法规的范式
20世纪两次世界大战之间的时期	随着1934年《商法典》的实施,波兰经济法的秩序日臻完善。《商法典》界定了企业会计规则。	《商法典》的规定(包括会计)参照了德国的处理方法。
中央计划经济时期(1945—1989)	会计从属中央计划经济的要求。财务报告重点关注宏观经济层面的国家统计。会计的主要要素是统一会计科目表。会计(记录与财务报告)也从属于税收要求(尤其在20世纪80年代)。	账户体系参照了德国(战后不久)、苏联(20世纪50年代)和法国(20世纪70年代)的处理方法。
第三共和国时期—1990年重获独立后至今	会计管制体系逐渐向市场经济条件调整,有时则向全球管制调整。 1991年:财政部对会计规则的管制,强调会计提供有助于经济决策的信息(引入真实公允观原则)。 1994年:《会计法》:会计由税收目标向商业导向的转变; 2000年:《会计法》"重大"修订; 2005年:(基于欧盟管制)特定主体强制性应用IFRS的第一年。	波兰会计准则靠近欧盟规则的最初尝试。 欧盟会计指令和一定程度上的国际会计准则。 国际会计准则。

瓜分之前的时期[1]

从963年梅什科一世(Mieszko Ⅰ)主政开始至18世纪末国家领土被瓜分,其间800年的独立波兰史,以无数次伟大胜利或者毁灭性溃败结局的战争、经常性的疆域变动、社会政治变革和内部斗争为标志。波兰曾经是欧洲的军事与政治强国,却也曾经一度陷入"混乱的泥潭"。

按照 Mala Encyklopedia Rachunkowości(1964,第203页)的观点,波兰领土上记录账簿的技能直接地沿袭自意大利北部城市,间接地则传承于德国城市。商业账簿最初采用德语保存,在少数情形下,也以意大利语记录。16世纪开始出现以波兰语记录的账簿(在德国与意大利商人家庭逐渐融入波兰的过程中)。那一时期最有价值的账簿可以在格但斯克档案馆

(Archives of Gdańsk)找到(24 本账簿)。

在那个年代，只有一些最大规模的商业企业采用复式会计体系。绝大多数企业家采用单式簿记会计，并只使用一本账簿。这类简单的会计形式更容易掌握，并且，所需的人工更少。如果业务规模较小，单式簿记会计也能保证充分地理解交易及其结算情况。在早期波兰，皇室和市政当局也记录账簿。17 世纪后半叶，波兰经济与文化逐渐衰退。与其他领域的知识一样，会计发展的停滞持续将近 100 年。

被 吞 并 时 期

在 19 世纪与 20 世纪初，基于三个瓜分国俄国、普鲁士和奥地利之间的所谓分割，波兰领土分裂。第一次瓜分发生于 1772 年，后面两次则分别在 1793 年和 1795 年（最后一次涉及国王退位和被驱逐）。对于波兰民族而言，领土分割后的时期在政治、社会、经济和文化上都非常困难。即便今天，在物质和精神层面均可以观察到国家分裂的影响。

19 世纪，工业革命在波兰境内展开，虽然分裂后各个地区的工业化与技术进步并不一致。大型资本主义纺织工厂开始创立［主要在沙俄强占的罗兹(Lodz)地区］。在并入普鲁士的领土中，发展主要集中在机械、化工、冶金及采矿领域。奥地利占领区的最大城市克拉科夫（Kraków）与利沃夫(Lvov)见证了手工艺和贸易的发展。所有这些均有助于提升会计工作的重要性，推动建立独立的会计师职业，而这要求掌握专门的知识与技术。

在采取股份公司形式的大规模工厂和银行中，簿记日趋复杂。所有者及其家庭没有能力处理账簿的记录工作，因此，他们将这项任务委托给专业人士。专业会计师最初来自商人、银行家和市镇簿记员。对专业会计服务需求的增加带动了经济学教育的发展和专家手册数量的增加。这一时期，专业期刊开始出现，并尝试创建一些组织，将会计师联合起来。第一份会计专业刊物是 1899 年至 1900 年间在利沃夫发行的月刊《簿记员》(*Miesiecznik Buchalteryji*)(Lagiewski，1934，第 19 页)。

作为专业簿记员组织的开端，应该考虑在华沙贸易与工业工人互助协会(Stowarzyszenie Wzajemnej Pomocy Pracowników Handlowych i Przemyslowych

Warszawy)内创建并于 1884 年开始运行的簿记员团体(Kolo Buchalterów)
(Bień,1997,第 32 页)。1904 年,一个商业协会成立,该协会于 1907 年改组
为"华沙簿记员联盟"(Zwiazek Buchalterów w Warszawie)[2]。该组织遍及
整个波兰王国[3]。从 1907 年开始,华沙簿记员联盟出版一份名为《簿记员编
年史》(Kronika Buchaltera)的双周刊,这标志着波兰会计领域专业期刊系
统性出版的开端(Bień,1967,第 46 - 47 页)。

《商法典》(Commercial Codes)中具体规定的法律要求也促使对会计专
业人士的需求增长。在波兰领土上,各个参与瓜分的国家立法情况如下:

a. 普鲁士占领区:最初为《1794 年普鲁士普通国家法律》(Common
National Law for Prussian Countries of 1794);自 1861 年开始为《德国商
法典》(1857 年);

b. 哈普斯堡皇室当政时期的奥地利占领区(Habsburg Austria):以《德
国法典》为基础的《奥地利商法典》;

c. 沙俄帝国占领区:《俄国商法典》。

与此同时,在华沙公国(Duchy of Warsaw)[4],企业从 1809 年开始采用
法国《1807 年商法典》,即《拿破仑法典》(Napoleonic Code)。

为了保护债权人利益不受来自企业所有者可能发生的职权滥用与舞弊
的侵害,已经生效的商法指出保存账簿的必要性。在波兰领土上实施的法
典参照了法国《商法典》,但是,细节上存在一些差别。譬如,在有义务保存
会计账簿的企业类型方面,德国和奥地利法典强制要求企业家编制商业活
动开始时的财产清单和资产负债表,而沙俄法典没有涵盖这类义务。同时,
没有一部法典对财产清单与资产负债表中的资产估值制定详细规则。

领土分割时期是波兰历史上少见的经济与文化领域非常接近西欧的一
个阶段(参见 Orlowski,2010)。会计领域采用的方法也是如此。

两次世界大战之间的时期

1918 年,波兰重新赢得独立。政府当局面临的根本问题是整合所有地
区、组建新的波兰。为了理解这在当时有多么困难,我们需要知道,一开始
流通环节存在五种不同的货币,五个地区拥有完全不同的行政体系,军队使

用四种不同的官方语言,并且,法院采用三套不同的刑法典(Davies,2006,第869页)。因此,正如 Davies 指出的那样(第869页),"政治经历不能唤回在西欧国家采用的历史悠久的制度,这是不可避免的。"此外,对波兰经济与社会形势至关重要的是波兰领土上将近⅓的财产在第一次世界大战与1920年对俄战争期间被摧毁。

重新独立的波兰必须在废墟之上构建经济体系。整合公共基础建设、推行统一货币以及创建金融机构与政府监管机构是必要的。引入新货币波兰兹罗提(zloty)是改革措施之一。另一项变革是1924年组建了波兰银行(Polish Bank)。企业税收形式也发生改变:自此以后,税负取决于营业额和收益,而非持有的财产。公共工程与农业现代化上的开支增加。这些举措促进了相对稳定的经济体系的建立。按照创建者的预期,该经济体系旨在循着西方资本主义模式而发展。

不幸的是,波兰经济背负着过往的重负(领土瓜分与战争的影响)却独立自主地开始建设,这便不得不面对诸多严重的问题。最重要的困难来自1926年至1930年的德国关税战争、1929年至1934年全球经济危机和20世纪30年代的外交危机导致防御开支显著增加。正是在如此困难的国内外形势之下,波兰经济法(包括会计法)在战争期间确立下来。

创建内在一致的法规是一个艰难且漫长的过程。直至1933年,瓜分国的商法典与《拿破仑法典》中确立的原则在波兰依然适用。与此同时,新的具体法规也逐渐开始生效并得到采用。Scheffs(1936,第7页)对会计的法律渊源归纳得最好。他这样写道,"会计的立法形式非常不同,并且,不幸的是,对于这一地区工作的人而言,不同法典、法律与法规等之间非常难以协调、很不一致且十分分散。"Scheffs 推测,当时处于实施中的会计法律有72个不同的来源。个别法律文书在级别、主客体范围与详细程度上存在差异。

在商法体系(包括会计准则体系)引入秩序的过程中,1934年7月1日,第一部《波兰商法典》生效是非常重要的事件。该法典以德国商法为范本。法典在第五章确立了有关簿记的一般性要求。它强制要求注册商人[register merchants,即以较大规模从事商业活动的商人,包括注册合伙企业、有限合伙和有限责任合股公司(limited liability joint-stock companies)]"在按照规定披露资产及业务的状况时,结合考虑企业的性质与规模,遵循准确的商业会计原则并保存账簿"。保存的账簿必须采用波兰货币。在业务开始和每一财年结束时,商人必须编制财产清单和资产负债表,并以实际价值记录各项资产。可疑的应收款必须按照很可能收回的价值记录,并将坏账确认为损失。商人有义务将账簿及其他与活动相关的文件保存 10 年。

法典第十一(XI)部分涉及有限责任公司。第四章制定了适用于有限责任公司的会计原则。管理董事会(management board)对簿记的准确性负责,并且,须在财年结束后的两个月内编制并向股东和监管机构提交该财年最后一日的资产负债表、该财年的收益表以及这一期间公司活动的详细报告。在股东大会批准财务报告后的两周内,管理董事会必须将文件提交给注册法院(Registry Court)和工业贸易部(Ministry of Industry and Trade)。

法典要求合股公司必须设立资本储备(reserve capital)以弥补损失。为此,合股公司必须从每年净利润中提取 8%,直至资本储备至少达到股本的 $\frac{1}{3}$。附加资本(supplementary capital)必须由发行股份超过名义价值的盈余(扣减股份发行的成本之后)来补充。此外,法典也规定公司经营持续性中断情形下的一般会计原则。在清算性资产负债表上,所有资产必须以出售价格列示。

1934 年《商法典》中适用的处理方法很大程度上与会计领域的国家权力机构提出的建议一致,要求公司在财务报表中准确地表述财务状况。[5]然而,法典的实施准许并促使公司采用的仅仅是截至当时可选择的良好实务(Frendzel,Jaruga,& Szychta,2004,第 38 页)。

法典——最初为瓜分国的法典,其后为波兰法典——不是管制资产负债表编制的唯一立法。值得注意的是,许多涉及资产的法规是为了应对 20世纪 30 年代波兰盛行的高通胀、有时甚至为恶性通货膨胀。这些法规强制要求企业重估资产、负债与权益的价值。在这些立法中,1927 年 10 月 13 日《波兰共和国总统法令》(*Regulation of the President of the Republic of Poland*)(*Journal of Laws*,No. 88,item 790)将波兰兹罗提贬值。法令强制要求企业结合考虑发生贬值的兹罗提编制 1928 年 7 月 1 日的资产负债表,其中涉及资产重估。

对资产负债表估值产生重大影响的另一项立法是关于临时性应用特别权衡规则的《1932 年 3 月 18 日法案》(*Journal of Laws*,no. 25,item 226)。该法案的起草与实施旨在应对 1931 年发生于波兰的证券指数与某些货币的急剧下挫,而这显然是经过一定时间的滞后对波兰产生影响的大萧条后果。

这部法律使公司免于将证券价值减记至显著低于其购买价格的市场价值，对于许多公司而言，后者将意味着报告损失甚至破产。企业可以在资产负债表上列示上一个资产负债表日的价值，并且，当年购入的证券可以采用购买价格记录。以外币标示的资产与负债产生的未实现汇兑差额可以记入外币汇兑差额的特别账户中，而不是直接计入所讨论财务年度的经营成果（Scheffs，1938，第 81 页）。

根据 Jaruga 和 Szychta（1996，第 466 页）的观点，20 世纪 30 年代按照上述方式形成的财务会计主要履行管理层解除对所托付财产责任的职责（受托责任，stewardship）。为经济决策目的而创造有用信息的功能被忽略不计。按照 Helin 的分析，1934 年《商法典》规定的具体会计原则重视交易理论的应用，并明确强调估值中遵循谨慎性原则（2005，第 Ⅳ 页）。

两次世界大战期间，波兰的会计实务在很大程度上受税法规定的影响。从税收立法角度，企业的计税基础是按照正确的会计规则编制的资产负债表。然而，基于各自制度的目标不同，会计规则与税法之间存在差异。如 Scheffs（1938，第 86 页）指出的那样，"商法的规定自然以企业规模最大化为目标……而税法以税收目的下最大限度地利用经济结果为导向。"满足税收规定要求确保按照会计规则编制的资产负债表（称作交易目的的资产负债表，the so-called trade balance sheet）的准确性，以将交易性资产负债表转变为计税目的的资产负债表[6]，即符合所得税的规定。交易性资产负债表不同于计税性资产负债表，尤其因为税法：

a. 明确界定允许采用的折旧率，而交易性资产负债表将使用期间考虑在内；

b. 不确认公司开办成本；

c. 仅当企业能够证明特定应收款的坏账已经发生时，才确认减值注销；而在编制交易性资产负债表时，采用以一组类似债务的违约可能性为基础确定注销金额的技术。

由于违反税法将导致高额罚款，簿记员在编制资产负债表时会考虑税收的观点。税法的要求更加严格，并且，开始主导交易规则，对交易规则的内容与解释产生影响。会计法律与实务附属于税法的过程便从这一时期开始，构成所谓大陆会计模式的典型特征，这在中央计划经济时期表现得尤为深刻。有趣的是，即便在今天，虽然波兰的资产负债表法律（balance sheet law)完全地重新定位已经过去 15 年,这一印象在波兰会计师尤其是较为年长的会计师的意识形态中依旧强烈。当前,波兰会计已经在形式上消除了税法的影响,但在实务中,与税法完全脱离却存在诸多困难。[7]

在资产负债表法律发展的同时,会计从业者的执业环境也在演变。1926 年,华沙簿记员联盟(Zwiazek Buchalterów w Warszawie; created in 1907)通过新的法规,将协会的名字改为波兰会计师联盟(Zwiazek Ksiegowych w Polsce)。该组织开展培训活动,整合会计人员的执业环境,并采纳了对会计发展十分重要的处理方法。

由于两次战争期间的最后一段时间里会计研究取得突破性进展,这里值得费一些笔墨做一讨论。[8]长期以来,会计几乎完全被视为实务性的领域。会计领域的出版物是那些强调技术层面的实用手册。研究领域几乎完全被忽视。这一情形在第二次世界大战爆发前的最后几年趋于好转。许多出版物问世,这些作者(包括 Scheffs, Skalski, Góra 和 Lulek)提到以下主题(除了其他题材之外):会计基础理论、账户理论、会计术语学、财务报表结构、资产负债表项目估值(包括价值的原理与经济学概念)以及会计史。这些著作借鉴欧洲的会计成就,并且,不仅仅表述不同的方法,也涉及分析与批判。那些会计领域的权威著作在提升有益的实务和正确解释资产负债表法律的过程中发挥了重要作用。

人民波兰国家时期

波兰享有独立的时间非常短暂。在 1918 年重获独立后甚至不足 21 年,第二次世界大战爆发。如 Davis(2006,第 949 页)指出的那样,"7 年屠戮对波兰民族国家与社会的改变比 19 世纪的所有事件都更为深刻。"

1944 年至 1945 年,在战争引起的破坏停止后,波兰在苏联的支持和秩序维护下开启新的篇章,波兰的政治、社会与经济体系发生彻底改变。1946 年,按照一项国有化的特殊法令,所有企业中逾九成者发现自身已处于国家行政管理之下。1948 年年底,大宗交易遭遇完全垄断。国家参与零售贸易的程度日益显著。3 年半后,遵循苏联模式的人民民主制度建立(Davies,2006,第 1032 页)。

商业活动的各个领域均受到中央计划制度的约束。虽然存在一些实施经济结算规则的尝试(如 20 世纪 70 年代曾经尝试让生产工厂的董事对其所处企业的经济业绩负责),但是,波兰绝对不曾接近市场经济。

在中央计划经济下,会计受到许多法规的严格管制,而这些法规频繁地经历变更与修订。最重要的会计准则包括以下几个方面(Jaruga & Szychta,1997,第 512 页):

a. 具体规定账户保存、财产清单编制、资产与负债估值、财务报告编制以及会计文件存档的法规(1954 年,1959 年和 1983 年);

b. 有关工业生产成本会计核算规则的处理方法;

c. 具体规定首席会计师与特许会计师职权的法规(1950 年,1959 年,1973 年和 1983 年);

d. 有关将资产确认为固定资产及其摊销与价值重估的法规[9];

e. 有关会计科目表的法规。

有关会计科目表的法规构成波兰会计工作的组织框架。这些法规确立了特定项目和经营活动的分类标准。波兰在第二次世界大战结束后才开始使用会计科目表,战前科目表则几乎不为人所知。最早的《统一会计科目表》(*Unified Chart of Accounts*)于 1946 年年初推行。该表主要由 S. Skrzywan 教授和 E. Wojciechowski 教授基于战前合股公司的经验与被占领期间采用的德国方法作出详尽阐释。《统一会计科目表》包含以十进制分类法划分的合成账户列表和设立分析性账户的规则。科目表只界定了特定账户的经济内涵,没有制定账户之间对应关系的规则。这项制度的重要特征之一是账户与资产负债表模式及收益表相关联。统一会计科目表适用于国有制造型企业与商业企业,同时也为经济体中其他部门新组建的企业设立会计科目表确立模板(Jaruga & Szychta,1997,第 513 页)。

1950 年《统一会计科目表》消除了此前方法中存在的过多灵活性,并且,最重要的是将当前金融体系的要求考虑在内。在 1951 年至 1953 年间,第二次会计科目表改革展开。这次改革旨在消除实务中应用 1950 年方案的制度时显露出来的缺陷,并使制度适应经济政策与经济管理方法的变化,即向中央计划经济转变。经济体中的各个部门引入所谓的《会计科目框架》(*Framework Charts of Accounts*)。变革后的账户体系以苏联采用的方法为基础。苏联方法的应用引发波兰会计科目表的构建规则发生相当多变

化。这些规则的典型特征包括严格区分合成性与分析性登记表、按统一的经济内涵划分账户、施加严格的账户对应关系、与按照成本类型编制登记表与成本结算表分离以及在核算体系中强制性登记成本（Jaruga & Szychta，1997，第 514－515 页）。在使用《会计科目框架》的期间，财务报表质量与及时性均得到改善。财务报表以修订后的账户模式为基础进行编制，这些模式在经济体的各部门中形式十分多样化。另一次重要变革是 1960 年推行《统一会计科目表》。账户按照与 E. Schmalenbac 确立的会计科目表相似的方式进行排序。以 1960 年《统一会计科目表》为基础的体系运行至 1975 年。它的主要特征包括：

a. 采用十进制账户分类法；

b. 限定法定的账户对应关系；

c. 在考虑特定部门特征的基础上，直接成本的范围相对自由。

总体上，1960 年至 1975 年实施的体系比 20 世纪 50 年代的方法更灵活。与此前的体系一样，为了与企业金融制度和经济计划及管理规则相适应，1960 年《会计科目表》也经历多次修订。

1976 年，新的《统一会计科目表》开始生效。引入新方案的主要理由包括：会计理论[10]与实务持续发展，新的企业组织形式出现（规模庞大的多元化经营的企业集团）、企业经济活动规划与融资的新规则不断确立以及整合各类登记、报告与统计制度的需求。这次变革旨在创建涵盖整个经济体的统一记账制度，包括预算主体、研究机构、银行、金融监管当局等。1976 年的变革使宏观经济层面汇集数据成为可能。

从 1983 年开始，按照有关税收义务的立法授权发布的《财政部条例》（*Regulation of Minister of Finance*）成为会计工作的法律基础，并且，附属于税收法规（Helin，2005，第 Ⅳ 页）。这导致出现收益表反映计税基础的情形。确定应予支付的所得税金额成为会计制度的目标。

Messner（2007，第 21 页）指出，尽管 1956 年至 1989 年间波兰不存在自由市场，会计中的一系列方法仍然使波兰的实务接近市场经济国家。首先，通过 1973 年 8 月 24 日部长委员会（Council of Ministers）决议，波兰引入合格特许会计师（Qualified Chartered Accountant）的称谓。合格特许会计师的任务是审计财务报表和检验报告利润的准确性（利润是促进企业发展并向员工支付薪酬的资金来源），同时改进企业会计质量。获得合格特许会计师称谓的条件包括恰当的教育背景、实务经历并通过许多有难度的考试。按照 Messner 的观点,虽然合格特许会计师只是部分地满足了在市场经济国家中执业的法定审计师的要求,但是,波兰方法距离领先的欧洲国家实务并不遥远。

按照 Messner 的观点,波兰的会计接近世界级方法的第二项标志是企业内部成本核算的方法与组织过程。成本核算方法与组织过程较少用于企业管理(因为这不属于决定生产要素选择的成本),更大程度上旨在控制成本和确定应支付的津贴。

支持波兰会计接近世界标准这一主张的第三项要素是研究,包括主要以英语和西德文献为基础展开的理论研究和应用研究,并且,波兰学者也赴西欧国家和美国访问。

经济中央化管理导致经济账目不发挥决定性作用的现实。中央化管理决定了有关会计的法律条款、企业采用的会计方法以及会计师的地位。1990 年,重获自由以及其后发生的深刻制度变迁引发了一系列变革。

现　代
——在 1990 年重获主权之后

1990 年,波兰赢得自由。这发生在苏联解体之前。如 Davies 指出的那样,波兰"拥有一支规模庞大、受过良好教育、准备接受风险且积极进取的青年队伍。她得到旅居国外的众多波兰籍人士——尤其是在美国的波兰人——的强烈支持和德国的善意帮助"(Davies,2006,第 1128 页)。1999年,波兰成为联合国(UN)的正式成员。2004 年 5 月 1 日,波兰加入欧盟(EU)。

巴尔采罗维奇计划(Balcerowicz plan)的实施几乎在一夜间使恶性通货膨胀得到控制。1991 年下半年,波兰开始实现生产增长,并且,上升至每年4％、5％甚至 6％的记录水平。截至 1995 年,自从 1975 年以来一直压垮波兰经济的巨额债务偿付完毕。私有化的银行业与金融部门运行稳健。波兰货币持续坚挺。外国投资增长。尽管也存在一些问题与失败,私有化进程则持续推进。国际货币基金组织(International Monetary Fund)对波兰发生的变化印象深刻(Davies,2006,第 1128 页)。

1991 年,华沙股票交易所(Warsaw Stock Exchange)开始运行。[12] 1996 年,波兰加入经济合作与发展组织(OECD)。2009 年,尽管爆发全球危机,波兰仍然见证了 GDP 的增长,成为世界上实现 GDP 增长的少数国家之一和欧盟内唯一取得 GDP 增长的国家。这被许多专家视为在共产主义消亡后一定程度上由继任政府实施的波兰经济成功转型的证据。

经济转型意味着与资产负债表法律和企业采用的方法相关的会计制度必须进行变革。波兰努力使本国会计实务与世界范围的情形尤其是欧盟的要求相适应。1991 年,与会计规则相关的《财政部条例》(*Journal of Laws 1991*,No. 10,item 35)生效。这是自第二次世界大战以来波兰第一次将会计领域的法律条款向欧洲要求靠拢(Kolaczyk,1997,第 35 页)。企业必须按照条例的规定和其他法律要求保存账目,对企业的地位与财务状况作出真实公允的表述(这是波兰会计规则中第一次提及真实公允观)。

与中央计划经济相比,一项显著的变化是对强制性会计科目表的偏离。1991 年《条例》要求,为了能够编制清晰准确的财务报告并按照中央统计署(Central Statistical Office)的要求确定财务统计报告,企业经理必须编制工厂的会计科目表。为了帮助企业开发工厂账户系统,波兰会计师协会(Association of Accountants in Poland)咨询财政部后起草并发布了一份《标准账户列表》(*Standard List of Accounts*),包含划分至 9 个部分的 35 个合成账户。该份列表可以选择应用。

需要指出,1991 年条例中的资产估值规则没有显著不同于 1934 年波兰《商法典》规定的估值标准。估值的基础是历史成本,股票与证券的估值则不能超过其销售价格(根据"两者孰低"规则的稳健性方法)。牲畜的估值则属例外,即按照销售价格估值。奇怪的是,如果牲畜的购买价格高于关账日的销售价格,那么,《条例》允许存在以购买价格为牲畜估值的可能性。报告期间牲畜价值的增加部分计入当期财务成果中。这一方法与现行农业领域的第 41 号国际会计准则(IAS 41)一致。

1991 年条例确定了资产负债表与收益表的样式。资产负债表没有明确区分流动与非流动负债,并且,收益表只确认了三个层次的财务结果,即业务活动结果(一个非常宽泛的类型,既考虑核心业务经营活动和其他经营性收益与费用,也包括财务收益与成本)、销售毛利(扣除异常利得与损失后)

和净利润。此外,1991年条例要求披露资产负债表与收益表上特殊的极少发生的额外项目,这可以视作附注概念的开始。当前,附注已经成为一项单独的且内容广泛的财务报表组成部分。

1991年条例是1989年以后波兰会计管制发展中的第一个里程碑。1995年初生效的1994年9月29日《会计法案》(*Accountancy Act*)则是第二项里程碑(*Journal of Laws 1994*,No.121)。这部1994年《会计法案》成为波兰历史上第一次通过一份单独的成文法立法进行治理的会计规则。[13]法案的主要目标是使波兰的处理方法适应欧盟的会计指令。虽然法案的主旨在于履行与欧盟的《伙伴关系协定》(*Association Agreement*)下波兰的义务,但是,法案也在一些领域引入了与欧盟指令不相冲突的处理方法,如递延所得税、经济折旧与现金流量报告(*Komentarz do znowelizowanej*,2002,第15页)。此外,法案从《国际会计准则》的"概念框架"中引入一些重要公告(Jaruga & Kabalski,2001,第21页)。与1991年条例进行比较后可以发现,法案通过将有关合并财务报表和审计的规定涵盖在内而使范围得到拓展。此外,法案在估值原则方面未对1991年条例作出显著改变。

按照1994年法案的规定,财务报表需要强制性审计的企业(包括合股公司、控股公司及银行)必须编制现金流量表。这是现金流量表在波兰会计法规中"首次登场"。法案的附录中包含资产负债表、收益表和现金流量表的样式。对长期和短期负债作出明确区分是资产负债表格式的显著变化之一。收益表必须将来自核心经营活动的收益与费用和其他经营性收益与经营成本、财务收益与费用分开列示。上述变动使财务报表的可理解性增强,有助于使用者更加简便地评估企业的财务状况。现金流量表采用间接法编制。应该指出,《会计法案》对银行与保险公司推行单独的财务报表格式。

1994年《会计法案》将财务会计由税务导向转变为经营活动导向。这在相当程度上改进了财务报表对资本提供者的有用性。波兰的经济交易变得更加透明[联合国贸易与发展会议秘书处(UNCTAD Secretariat),2008,第4页]。法案将完整会计原则的确定作为优先考虑的内容,为外国资本流入与国内资本市场发展创造了制度条件(*Komentarz do znowelizowanej ustawy o rachunkowości*,2002,第15页)。

1989年以后波兰会计管制发展中的第三个里程碑是2000年的《会计法案》重大修订。[14]新的规则自2002年年初开始应用。这意味着法律不产生效力的期间(vacatio legis)超过 1 年之久。法案的大幅修订和推行的方法相对于波兰实务而言是全新的以及许多情形下存在应用困难,证明如此长的生效期是适当的。

如财政部指出的那样,波兰会计法律全面改革的一项主要目标是使波兰立法适应国际会计准则的惯例。这构成欧盟战略的一部分,即促使成员国在 2005 年之前将 IAS 应用于公开上市公司。应当再次指出,修订后的《会计法案》条款从 2002 年年初开始生效。由此,波兰成为欧洲国家中采用 IAS 的先锋(一些 IAS 的处理方法已经在 1994 年《会计法案》中得到采用)。促使会计法变革的其他重要因素包括金融市场发展、使用原先方法若干年后积累的实务经验(许多缺陷与不足已经在现行法规中得到承认)以及作为 1994 年立法之范例的法规发生改变(欧盟指令与 IAS)。

2000 年的《会计法案》修订主要包括以下几点(Jaruga & Kabalski,2001,第 21 页):

a. 开发并补充 IAS"概念框架"中包含的现代财务报告概念与原则。法案引入资产、负债、收入与费用的定义,并且,在会计师方面,尤为重要的是,通过要求按照交易实质进行核算,对基本会计原则作出补充。

b. 调整财务报表列报规则,使之与 IAS 1 相一致。法案要求资产与负债必须区分固定项目与流动项目(分类的定义参照 IAS)进行列示。此外,法案引入编制权益变动表的义务(仅适用于那些财务报表需经过强制性年度审计的主体)。

c. 根据波兰的现实状况拓展法规的主题范围并重新发布这些法规,法规日趋复杂,涵盖金融工具、租赁、资产减值、长期合同、不动产投资、兼并、储备以及产品成本的确定等领域。法案条款参照了相关的 IAS 条款。

d. 修订并清楚阐释财务报表结构。

e. 变更资产负债表上某些项目的估值基础。法案引入公允价值的定义,并将公允价值作为资产负债表上特定项目的估值基础(多数情形下作为一个选择项)。

修订后的《会计法案》有一条款明确规定,对于法案条款未涵盖的情形,企业可以应用由会计准则委员会(Komitet Standardów Rachunkowodści)发布的国家会计准则,而在不存在具体国家准则的情形下,可以适用国际会计准则。

此处,需要简要介绍一下波兰会计准则委员会(Polish Accounting Standards Committee)。委员会的运作受财政部监督。成员是会计领域的专家,代表会计法规制定过程中涉及的机构[财政部(Ministry of Finance, Ministry of the Treasury)、波兰国家银行(National Bank of Poland)与金融监管局(Financial Supervision Authority)]和作为学术界与审计公司代表的最大执业会计组织[波兰会计师学会(Association of Accountants in Poland)与全国法定审计师协会(National Chamber of Statutory Auditors)]。委员会的职责包括:

a. 发布国家会计准则,检查并更新现行准则;

b. 就会计相关的存有疑问的领域发表意见;

c. 就会计法律草案发表意见;

d. 分析国际会计准则草案及其修订情况,并发表意见;

e. 与国际组织合作展开会计标准化;以及

f. 开展会计原则协调与标准化的其他活动。

截至 2010 年 3 月,委员会已经发布 6 份国家会计准则(涉及现金流量表、所得税、建筑服务、资产减值、租赁与储备)和 3 份意见书[有关超额碳排放权的确认、制造成本的确定和有关可再生资源电能的产地证明而增加的权利(on the rights accruing from certificates of origin for electricity from renewable sources)]。委员会制定的准则在很大程度上与 IAS(IFRS)一致。

《会计法案》的修订显然在一定程度上改进了资产负债表与收益表结构的条理性,使财务报表更加透明和全面。现金流量表可以按照直接法或间接法来编制(两种方法下均需区分来自经营活动、投资活动和融资活动的现金流量)。

2001 年,以修订后的《会计法案》为基础,发布了许多特殊法规,包括:

a. 适用于银行的特殊会计原则;

b. 适用于非商业企业且未开展业务活动的特定主体特殊会计原则;

c. 适用于养老金的特殊会计原则;

d. 适用于保险企业的特殊会计原则;

e. 设立与银行活动相关的风险储备的规则;

f. 适用于银行的标准会计科目表;

g. 金融工具(前面已经提及)。

于是，自 2002 年年初以来，波兰的资产负债表法律总体上已经由《会计法案》（所有法规的"渊源"）、随同发布的《财政部条例》、《部长委员会条例》（*Regulations of the Council of Ministers*，按照《证券法》下的《公开交易法案》发布，适用于已经获准公开交易或者申请公开交易的主体）以及国家会计准则确定下来。

让我们归纳一下 2000 年展开的波兰会计法律修订情况及其后果。首先，对于大部分与会计相关的人而言，2000 年引入的变革是革命性的。财务会计体系不再遵循记录交易与经济事项的历史制度所明确界定的指导原则，即主要服从于税收目的和中央经济管理的要求。相反，现在会计强调提供有助于金融市场参与者作出经济决策的信息。2000 年《会计法案》的修订意味着，截至当时一直与欧洲大陆模式保持一致的波兰财务会计管制（Jaruga，2002，第 19 - 20 页），现在则明确地具备了盎格鲁 - 撒克逊体系（或发达资本市场体系）的典型特征。这主要表现在以下几个方面：

 a. 以经济学方式在财务报表中表述主体的财务状况；

 b. 以经济实质重于法律形式作为确认交易与事项的基本原则；

 c. 扩大信息披露的范围；

 d. 在备选项之间，留有相当大的选择范围；

 e. 显著减少预防性原则（precautionary principle）的应用［可以从限制确认储备、以公允价值估计某些项目的可能性（即便公允价值超过成本）以及确认未实现收益等方面得到证明］；[15]

 f. 会计原则几乎完全与税法相分离；[16]

 g. 概念框架成为各单位制定会计具体法规与会计政策的基础和参照点（《会计法案》最开始几个段落中具体规定的会计基本定义与原则，可以视作波兰会计法规的概念框架）；

 h. 会计专家在工作中的重要性（《会计法案》及其后续修订在很大程度上由主要作为会计学术界和实务界代表的会计专家所展开）；

 i. 账户体系方面缺乏自上而下的指南（银行例外）——账户体系由主体的经理制定；

 j. 会计准则的重要性。[17]

2000 年波兰会计定位的改变还有另外一个特征。《会计法评论》（*Komentarz do znowelzowanej ustawy o rachunkowości*）一书的引言中指

出,会计重心由确定财务结果的规则向资产负债表估值原则转变,即以交易理论为基础的模式转变为以估值理论为基础的模式。公允价值在更大范围内的应用则佐证了这一点(*Komentarz do znowelizowanej ustawy o rachunkowości*,2002,第16页)。

1989年以后波兰会计管制发展中的第四项里程碑是从2005年年初开始采用IFRS。当然,这与实施欧盟第1600/2002号条例(关于在欧洲经济区域内应用IFRS)的条款相关。《会计法案》由以下条款作出补充——证券在欧洲经济区域的受管制公共市场上交易的银行与公司,必须强制应用IFRS编制合并财务报表。[18]经过欧盟认可,波兰将IFRS的应用范围拓展至其他主体。因此,在波兰,IFRS可以应用于:

a. 将要申请或正在申请证券在欧洲经济区域的各国受管制市场中交易的发行人之合并财务报表;

b. 资本集团内各主体的合并财务报表,在该资本集团中,上级母公司按照IFRS(IAS)编制合并财务报表;

c. 以下三类证券发行人的个别财务报表:已经获准在受管制的市场中进行交易的证券发行人、在欧洲经济区域的各国受管制市场中交易证券的预期申请人或当前申请人;

d. 集团中各主体的个别财务报表,在该集团中,母公司按照IFRS(IAS)编制合并财务报表。

简言之,以上为自1989年以来波兰会计管制历史上的重要事件。这一期间发生的变革具有开创性,尤其是2000年《会计法案》的全面修订和2005年IFRS的应用。对于许多习惯旧有实务的人而言(主要为实务界人士,也包括一些理论家),古老的咒语"宁为太平犬,莫作乱离人"(may you live in interesting times)已经呈现出不祥之兆。理解并在实务中应用新的规则在过去并不容易,现在也依然不容易。然而,应当感谢上述变革,波兰的财务会计管制才没有根本地不同于全球准则。

会计的规章制度在实务中的应用是另外一个问题。尽管财务会计由统计与税务目的重新定位为经济导向,许多主体仍然应用旧的和在当前看来不正确的处理方法。最典型的例子是固定资产折旧与无形资产摊销,实务中经常仍然按照税务中采用的折旧率和方法进行计算。这一方法显然具有简化会计核算的优点,但是,缺陷在于明显降低了财务报表的质量。公允价值经常受到实务界与理论界的批评。在许多情形中,这类批评是不公正的,因为批评并非主要由于那些批评者所持的公允价值估值存在明显缺陷的观点,而是来自于对今天财务报告目标的错误理解以及对新兴与未知事物的恐惧。

一些实务界人士(会计师与审计师)仍然不能从账户体系视角思考会计的观念中解放出来。相对于计量与列报,他们更加关注记账(令人奇怪的是,恰在这一领域,波兰会计准则有别于IFRS——波兰制定了详细的交易记录指南)。许多人认为,接受以下两点存在困难:(1)接受预防性原则的边缘化;或者(2)接受会计管制(尤其IFRS)是灵活可变通的,并且,只确定一般性原则,将具体问题的处理方法留给主体自行判断。因此,我们可以认为,波兰在主观上仍部分地深陷于以稳健主义和详细的账户及税收制度等主导的大陆体系。因此,有一点可以肯定,那就是将一个社会文化环境中采用的方法移植到其他国家中并不容易。[19]

注释

[1] 按照本卷的假设,将不会对这一时期的会计演进作详细考察。

[2] 联合执业会计师的组织至今仍在发挥作用。当前,该组织名为波兰会计师协会(Stowarzyszenie Ksiegowych w Polsce;www. skwp. pl)。2007 年,该组织迎来百年诞辰。

[3] 波兰王国(Kingdom of Poland),也称作波兰国会(Congress of Poland),是按照维也纳议会的决定建立的、由私人联盟联合起来的君主制自治国家。第一位国王是俄国沙皇亚历山大一世(Alexander Ⅰ)。1837 年,波兰王国丧失作为独立国家的法律地位,成为沙俄帝国的一部分。王国的自治权也逐渐缩小。

[4] 华沙公国(Duchy of Warsaw)由拿破仑于 1807 年在第二次和第三次普鲁士瓜分波兰时占领的领土之外建立。虽然华沙公国在官方形式上独立,事实上却从属于拿破仑。1815 年,华沙公国被废止(由维也纳议会决定),并且,除了克拉科夫(Krakow)之外,其他领土被俄国(波兰王国)和普鲁士(波兹南大公国,Grand Duchy of Poznan)所瓜分。

[5] W. Gora(1920)撰写的书是这一主题最早的作品之一。

[6] 术语"资产负债表"(balance sheet)作广义解释,既包括资产与融资来源的报表,也涵盖收益表。

[7] 我们应当重新回到这一主题,进一步讨论近现代的情形。

[8] 有关会计领域最重要的出版物与研究的讨论,参见 Mattessich,2008,第 264 -

269 页。

[9] 价值重估发生于 1945 年、1961 年、1984 年、1988 年和 1990 年。

[10] 在这一点上，我们应当提及 T. Peche 教授极为重要的工作。他开发了一个将微观与宏观会计体系相统一的会计模式。他的出版物成为 1976 年开发《统一会计科目表》的基础。

[11] 截至当前，波兰一直存在有关巴尔采罗维奇(Balcerowicz)教授提出的休克疗法的争议。有人认为，这是一件幸事，幸亏波兰快速且相对无痛地度过了过渡期。另一些人则将巴尔采罗维奇的计划完全视作罪恶，指责他带来失业、许多人生活在接近或低于贫困线以及许多波兰公司倒闭等。有人指出，当时不存在巴尔采罗维奇项目的替代方案。另一些人则相信，本来存在另外一条可以选择的路径，由此避免休克疗法的负面影响。

[12] 波兰资本市场的传统可以追溯至 1817 年。当时，第一笔商人的交易在华沙确立(参见 www. gpw. pl)。

[13] 在波兰法律中，除宪法以外，法律(a law)是级别更高的法令(legal act)。

[14] 2000 年 11 月 9 日，这项修订获得通过(Journal of Law, No. 113, item 1186)。

[15] 我们认为，在这一背景下，关于预防性原则的规定即主体应以成本计量资产，是《会计法案》中一项十分奇怪的条款。

[16] 由此，这导致对许多交易进行双重登记的需求。起初，这曾经是实务界的一个重大难题，但是，他们日益明白，税务与财务报告应采取不同的路径。

[17] 会计管制的根本来源采取了立法的形式(法案)，这是事实。但是，首先，会计管制是一份单独的法案(不是典型的大陆法那样，作为《商法》的一部分)；其次，它经由学术工作者与执业会计师的积极参与而创建；再次，它以国际准则为范本。此外，它提升了国家会计准则的作用。

[18] 从 2007 年年初开始，只发行公开交易目的的债务性证券的公司，在编制合并财务报表时，必须强制性地采用 IFRS。但是，这类公司曾经有机会在 2005 年年初便开始应用 IFRS。

[19] 当然，对于波兰和前共产主义联盟中的其他国家而言，深受所谓"苏维埃人综合症"(Homo Sovieticus syndrome)的影响。"苏维埃人"(拉丁语为"Soviet Man")形容一类习惯于共产主义国家模式的人。这类人期望，国家应该为其提供工作、社会服务、医疗和其他支持——用于换取他们缴付的税款。这一术语由著名的俄国作家和社会学家阿利克山大·兹农耶夫(Aleksandr Zinonyev)创造。"苏维埃人"将让位于所谓的克雷克锑乌(Kolektyw，共产主义政党内部一个团队的名字)。苏维埃人的特征是逃避自主性与责任感，表现为机会主义、好攻击弱者、对权势谦卑、缺乏独立思考与独立行动以及期望有人应该"处理一切问题"(deal with this

and that)。苏维埃人在心智上是受到奴役的,被剥夺了个性与尊严,并且,总体上屈从于权威。当然,波兰人正在冲破重重藩篱,并且,已经部分地摆脱这一综合征。然而,一些社会学家与心理学家主张,几代人将不得不面对并继续为彻底摆脱这一综合征而抗争。回到会计,观察到苏维埃人的某些特征(逃避责任、缺乏独立思考)与 IFRS 的要求(如需要独立地展开估值或者独立地选择会计体系)之间的不协调是很有意思的。顺便提一下,波兰精神中的折中主义同时受到天主教和共产主义的重大影响。这令人震惊。波兰精神中受到共产主义、俄国化、德国化和最近期间社会主义的重大影响,当前则处于资本主义的剧烈进程中。因此,尽管许多波兰会计师意识到向新会计制度转变将引发大量问题,却仍然会说,"虽然经历了相当糟糕的年代,我们能够应付困难的局面",原因可能就在这里。

参考文献

Accountancy Act of September 29. 1994. Journal of Laws,No. 121.

BIEŃ W. 1967. Sześćdziesiat lat dzialalności organizacji ksiegowych w Polsce. In: Rachunkowość polska. Biblioiteka Stowarzvszenia Ksiegowych w Polsce. Warszawa: PWE.

BIEŃ W. 1997. Dorobek rachunkowości i organizacji ksiegowych w Polsce. In: 1907—1997 Rachunkowość. Historia. Perspektywy. Warszawa: Stowarzyszenie Ksigowych w Polsce.

COMMERCIAL CODE. 1934. Regulation of the President of the Republic of Poland of 27 June 1934. Journal of Laws,No. 57,item 502.

DAVIES N. 2006. Boze igrzysko. Historta Plotski. Kraków: Znak.

FRENDZEL M,JARUGA A,SZYCHTA. 2004. A. Zasady wyceny bilansowej w Poisce w okresie Miedzywojennym. In: M. Gmytrasiewicz,& A. Karrnańska(Eds),Polska szkola rachunkowości. Warszawa: Warsaw School of Economics.

HELIN A. 2005. Ustawa o rachunkowości. Komentarz. Warszawa: CH Beck.

JARUGE A. (Ed.) 2002. Midzynarodowe regulacje rachunkowoscj. Warszawa: CH Beck.

JARUGA A,KABALSKI P. 2001. Znowelizowana ustawa o rachunkowoki a siandardv rnidzynarodowe. Gdańsk: ODDK.

JARUGA A,Szychta A. 1996. Poland. in: M. Chatfield & R. Vangermeersch(Eds), The history of accounting. An international encyclopedia. New York: Garland Publishing.

JARUGA A,SZYCHTA A. 1997. The origin and evolution of charts of accounts In Poland. The European Accounting Review,6(3),509-526.

Komentarz do znowelizowanej ustawy o rachunkcowości. 2002. Fundacja Rozwoju Raehunko wości w Polsce, Warszawa.

KOLACZYK Z. 1997. Rachunkowość finansowa. Poznań: Wydawnictwo Akademii Ekonomicznej w Poznanju.

LAGIEWSKI C. 1934. Dzieje rachunkowości w Polsce, Warszawa.

MATTESSICH R. 2008. Two hundred years of accounting research. New York: Routledge.

MALA Encyklopedja Rachunkowości 1964. Warszawa: PWE.

MESSNER Z. 2007. Kilka refleksji w roku Jubileuszu Stulecia Stowarzyszenia Księgowych w Polsce. In: Rachunkowość wczoraj, dziś, jutro. Warszawa: Stowarzyszenie Księgowych w Polsce.

ORLOWSKI W. 2010. Po raz pierwszy w historii, mozemy dogonić Zachód. Dziennik Gazeta Prawna,20(2651),29 - 31, January 2010, M2 - M3.

Regulation of the Minister of Finance of January 15. 1991. On the rules for keeping accounts. Journal of Laws. February 5.

SCHEFFS M. 1936. Bilans kupiecki i podatkowy. Warszawa: Wydawnictwa Zwiazku Ksiegowych w Polsce.

SCHEFFS M. 1938. Oznaczenie wartości przedmiotów bilansowych. Poznań: Wydawnictwa Zwiazku Ksiegowych w Polsce.

UNCTAD SECRETARIAT. 2008. Review of practical implementation issues relating to international financial reporting standards. Case study of Poland. United Nations Conference on Trade and Development.

延伸阅读

DOBRACZYŃSKI J. 1974. Rozwój planów kont w PRL. in Rachunkowość,7/1974, s. 255 - 257.

JARUGA A. 1974. Recent developments in Polish accounting: An international transaction emphasis. The International Journal of Accounting,1(Autumn).

JARUGA A. 1991. Wspólczesne problemv rachunkowości. Warszawa: Państwowe Wydawnictwo Ekonomiczne.

JARUGA A, FIJALKOWSKA J, JARUGA-BARANOWSKA M. 2005. Adoption of IAS/IFRS in Poland: hallenges and problems. In: M. Dobija & S. Martin(Eds), General accounting theory (pp. 179 - 211). Kraków: Cracow University of Economics.

JARUGA A, FIJALKOWSKA J, JARUGA-BARANOWSKA M. 2007. The impact of IAS/IFRS on Polish accounting regulations and their practical implementation in

Poland. Accounting in Europe, 4(1),67 - 78.

JARUGA A, FIJALKOWSKA J, JARUGA-BARANOWSKA M. 2008. Review of practical implementation issues relating to international financial reporting standards. Case study of Poland. 25th Session of United Nations Conference on Trade and Development, Intergovernmental Working Group of Experts on International Standards of Accounting and Reporting, Geneva.

SKOWROŃSKI J. 1989. O modelu planu kont(artykul dyskusyjny). Rachunkowość,8 - 9, s. 247 - 252.

SKRZYWAN S. 1967. Rachunkowość Polsce Ludowej. In: Rachunkowość polska(pp. 7 - 40). Warszawa: PWE.

SZYCHTA A. 2001. Zarys rozwoju planów kont w Polsce. In: Zeszyty Teoretyczne Rachunkowości. Stowarzyszenie Ksiegowych w Polsce, Warszawa,6(62), s. 106 - 126.

WOJCIECHOWSKI E. 1964. Zarys rozwoju rachunkowości w dawnej Polsce, Warszawa.

第七章 西 班 牙[①]

卡洛斯·拉里纳加，马尔塔·马歇尔斯

引 言

伊比利亚半岛（Iberian Peninsula）的财务报告起源追溯至 13 世纪，可以找到那一时期庄园会计与商业会计的证据。财务报告的后续演进则受到 16 世纪卡斯提尔霸权主义（Castilian hegemony）的影响，不仅在伊比利亚半岛上，世界重要地区均是如此。15 世纪以来，卡斯提尔的政府格局决定了会计演进的路径。这种情形在 17 世纪有所减弱，18 世纪则又部分地得到恢复。本章第一部分描述中世纪（the low middle ages）至 18 世纪的历史。

从会计史角度考察，19 世纪西班牙会计实务的发展处于较低水平，但是，商业管制逐渐允许创建大规模的有限公司，尤其在金融、铁路与采掘部门。然而，西班牙公司财务报告的发展落后于其他国家，并且，演进至 20 世纪的报告实务是受外国投资者影响的结果。

第三阶段开始于 20 世纪中叶，这一时期的主要特征表现为金融市场发展与西班牙经济的国际化。在这一时期，西班牙会计的演进可以通过追赶海外标准与规则的需求进行解释。

---

① 《世界会计史：财务报告与公共政策（欧洲卷）》，会计思想发展研究第十四卷 A，第 163 - 189 页（原书页码）。爱墨瑞得出版集团有限公司 2010 版权所有。ISSN：1479 - 3504/doi：10.1108/S1479 - 3504(2010)000014A010。

中世纪至现代国家的簿记

15世纪以后,伊比利亚多个鼎立的王国[主要为卡斯提尔(Castile)和阿拉贡(Aragon)]经过系列王朝婚姻和曾在8世纪控制大部分伊比利亚半岛地区的穆斯林王国(Al-Andalus)的所谓"再次征服"(Reconquest)之后,西班牙作为一个国家而诞生。因此,讨论15世纪之前的西班牙是不可能的(即便在今天,仍有争议)。

在卡斯提尔和阿拉贡,会计的起源可以追溯至13世纪,虽然在此之前一些记录活动可能已经存在。证据来自两个不同的背景。首先,中世纪的卡斯提尔与阿拉贡有相当一部分领土划分为领地(manors),领地上的领主(lords)需要会计账簿管理其城邦。大教堂的教士、主教和修道院是相当一部分领地的领主,并在中世纪的卡斯提尔与阿拉贡发挥重要作用。根据留存下来的记录,这些领主保存账目,使受托管理领地上不同经济活动的人说明其受托责任(Monclus Guitart,2005)。这位受托管理者负责收回到期的项目(农作物、救济金、十一税及其他宗教税赋),偿付他授权承担的所有费用,包括他自身的薪俸。最后,该名官员有义务向领主(如修道院社区)上交余额(在卡斯提尔,这类余额称为"alcance")。

承担责任与解除责任的会计制度(charge and discharge accounting system)有助于那些经济活动的展开,因为它可能预测某一时期的收入,并合理地促使管理者自身对其行动负责(Napier,1995)。因此,几个世纪以来这一会计制度被封建实体、教会组织和城邦沿用至最近时期。

提供13世纪以来会计实务证据的第二个背景来自商业活动与银行业。"再次征服"引发王权与领地之间权利的相互制衡。相对于其他欧洲领土,伊比利亚王国的权利制衡相对更加有利于王权。于是,王权通过其管辖区域守住了重要的领域。早在1265年,卡斯提尔王权已经将会计账簿的证明能力编入民法典(Hernández Esteve,1985a),由此促进了庄园会计的发展。但是,更重要的是,作为皇家管辖权的一部分,王权对城市及其商业活动实施保护,使其免受领地的侵害。阿拉贡王权的保护允许王国的城市参加13世纪与14世纪地中海的商业革命(Vicens Vives,1972)。1284年,佩德罗二世(Pedro Ⅱ)授予巴塞罗那(Barcelona)一项重要特权,正式批准城市地方议会的独立自主权,就货币兑换商(canviadors)会计账簿中分录的证明能力制定法律。阿拉贡地区鼎盛时期的商业活动结合这项特权带动了巴塞罗那银行(taulas de canvi)的发展(Manzano Moreno,2010)。在这些银行中,一些银行至今保存着1299年以来的账目记录(Mayordomo,2002)。

阿拉贡地区的银行与商人采用的会计制度是复式簿记方法的前身,保留两套会计账簿:交易转换为一种单一货币,并在日记账中记录为借方(deu)与贷方(deig),然后转移至总分类账中。总分类账中以威尼斯方法列示每一个账户,贷方与借方分别在表格的不同两边,并定期结出余额。然而,考虑到这一会计体系仅仅用于私人账务,且没有采用复式记账,人们认为这一时期采用的方法仅仅是复式簿记方法的前身(González Ferrando,1998;Hernánde Esteve,1989)。

大西洋的商业活动在15世纪超越了地中海,以牺牲阿拉贡商人的利益为代价,卡斯提尔商人赚取丰厚利润。基于人口增长、商业繁荣以及有效的官僚体制与常规军制度,卡斯提尔君主政权在这一时期上升为统治力量。自1474年天主教君主(Catholic Monarchs)加冕,直至1556年其孙查尔斯五世(Charles V)退位,"再次征服"走向终结,一个跨大西洋帝国建立起来。新兴国家的发展要求征集税款,这构成卡斯提尔王国相当一部分财政活动。1491年,为了更可靠地确定商业交易税(Alcabala),对商业交易税账簿实施财政管制成为一项强制性要求(Hernández Esteve,1985a)。

此外,1492年新世界的发现使得大量黄金白银得到开采,并在16世纪与17世纪期间运送至卡斯提尔,使后者有机会实现欧洲帝国计划。与此同时,商人通过套利货币价格而赚取巨额利润。在这一背景下,卡斯提尔的经济政策强调储藏国家的稀有金属(金银通货论,bullionism),非法输出货币则被视为严重侵害联邦利益。1549年和1552年的两项法规中清楚地阐释了这项经济政策,并对簿记作出缜密管制,通过使复式记账成为商人与货币兑换商的法定义务,来避免黄金白银的遗失(Hernández Esteve,1985a)。

在那个年代,商业不是一项独立的活动。商业活动在一定程度上是一项共同的事业,通过在一些城市获得皇家保护的贸易行会进行组织安排。16世纪,卡斯提尔的主要商业城市是毕尔巴鄂(Bilbao)、布尔格斯(Burgos)、梅迪纳坎波(Medina del Campo)和塞维尔(Seville)。其中,毕尔巴鄂和布尔格斯两座城市专门从事向弗兰德斯(Flanders)与法国出口羊毛,并进口成品织物。梅迪纳坎波集市的主要功能是清算商人、银行家与政府之间的账目。最后,塞维尔在 16 世纪兴起为美洲商业中心。与两个世纪前的巴塞罗那发展路径相同,布尔格斯(1494 年)、毕尔巴鄂(1511 年)和塞维尔(1543 年)的商人行会享有对所有因其会员的商业活动引发的法律争议和由商人聘请的管理者在遥远的商业殖民地实施舞弊进行单独管辖的权利(Yun Casalilla,2004)。这些涉及管辖权的法规迫使按照商人提交的账目解决争议成为必须,而 1538 年布尔格斯的法规则提及按照复式记账法保存账户的必要性。这项管制结合保存下来的记录共同证明布尔格斯与梅迪纳坎波的商人之中广泛地采用复式记账。

按照 Hernández Esteve 的记述,在 16 世纪下半叶,随着卡斯提尔君主政权尝试将复式记账方法引入皇家国库管理之中,复式簿记的重要性日益明显(Hernández Esteve,1984)。

不同的制度效力(包括卡斯提尔王国的税收与金银通货论者的规划以及商业行会的特殊法规)似乎曾经是会计实务、尤其复式簿记传播中的强有力机制。在这方面,卡斯提尔最有价值的私人会计档案文件来自银行家 Simón Ruiz(梅迪纳坎波)和布尔格斯领事馆,文档主要发生在 1550 年至 1600 年间。然而,这些文档回避了问题的实质,即会计实务是为了应对商人与银行家的需求,还是国家的需求? 保存下来的会计账簿涵盖的期间起始于 1550 年,这一事实可以给出一种解释,即保存下来的记录是基于管制的影响,而非商人的创业精神。其中,这些管制在当时获得通过则是为了避免稀有金属的出口。

会计专著对会计实务的影响是一个令人费解的问题。刊印出来的许多法律书籍涉及会计、会计师与账户,Deigo del Castillo 的《账户专论》(*Treatise on Accounts*,1522)便是一个很好的例子。但是,第一部关注复式簿记的卡斯提尔专论则迟至 1590 年才出版,作者为 Bartolomé Salvador de Solórzano(Vlaemminck,1961)。正如可以提出证据加以证明的那样,这本书出版得太迟,因为当时复式簿记在卡斯提尔已经开始走向衰落。

至于会计职业界方面,证据表明,从 1351 年开始已经存在"皇家"会计师,1433 年以来会计成为一个受管制的行业。在这些会计师中,有些人从大学脱颖而出,并在政府谋得很高职位。然而,在银行与企业中从事保存账目职责的官员似乎是在学徒制度下掌握执业技术的。

16世纪,布尔格斯等城市商业活动衰落,而以塞维尔(Seville)为基地展开的与美洲之间基于稀有金属开采和输入的贸易活动获得极大增长。然而,西班牙的制造业不能供给美洲所需的商品,由此,在这一贸易中引入了欧洲的制造商。

17世纪的欧洲与西班牙均经历了经济衰退。在这100年间,西班牙人口下降,尤其是在此前引领半岛取得强盛地位的卡斯提尔王国。截至17世纪末,与美洲的贸易下降60%(Lynch,2000),西班牙在世界上的领先地位正在走向终结。商人与制造者摒弃了原先的社会等级,成为贵族,并进入王室官僚体制。加的斯(Cadiz)取代塞维尔成为对美贸易的中心。

作为对经济衰退的折射,17世纪西班牙的会计活动停滞不前。1603年至1773年,几乎没有会计著作出版(Hernández Esteve,1985b)。在会计实务方面,商业的衰落很可能对贸易企业的数量和会计活动产生了影响。譬如,在布尔格斯领事馆和银行家Simón Ruiz的档案中保存下来的账簿分别在1594年与1604年发生中断。这不意味着会计实务中断,有关商人会计活动的证据依然存在,尤其是在以加的斯为基地的企业(Carrasco Gonzalez,1996)和那些由17世纪十分兴盛的行会创建的企业之中。然而,与16世纪以及其他时期相比,会计编史工作未对17世纪的西班牙会计给予充分关注,并且,很难得出这一世纪的经济衰退对会计实务产生确切影响的结论。

18世纪,西班牙的人口与经济活动均迎来增长。这一时期以王位继承权之战(War of Succession)为开端,战争则是西班牙建立波旁王朝(Bourbon dynasty)和与此相关的法国对文化、政治及经济施加影响的结果。

法国对商业与工业的影响具体表现于克尔布特项目(Colbertist program)上,该计划由菲利普五世(Philippe V,1700-1746)推行,试图通过干涉主义措施保护商业并促进西班牙工业发展。这类措施包括由王室直接投资于皇家工厂、保护投资者以及邀请外国政要改进国家工业的现状(Lynch,1991)。王室自己发起创办工厂(如皇家烟草厂,Royal Tobacco Factory),并与其他投资者(加拉加斯皇家公司,Royal Company of Caracas)共同致力于创办工厂与贸易公司,在贸易和财政方面授予这些公司及其他企业特权。这些工厂与公司成为通过特殊法规向一些投资者推行有限责任的早期工具。

由此,几乎与英国出现工业革命相同的期间,西班牙的纺织行业在很大程度上属于公众型企业。王室的纺织品工厂主要位于卡斯提尔,许多工厂处于无效经营状态,需要从王室获得资源方能生存下去。然而,政府对技术进步的强调正在帮助加泰罗尼亚(Catalonian)的纺织作坊从 1778 年获得立法通过的直接向美国输送商品的自由中获得更多利益(La Force,1965)。

王室的工厂如塞维尔的烟草公司或瓜达拉哈拉(Guadalajara)的纺织厂为我们留下了丰富的会计档案,这些档案提供了那些原始工业组织管理状况的富有深刻洞察力的遗迹,并且,曾经是有关成本会计调查研究的焦点(Carmona,Ezzamel,& Gutiérrez,1997)。相反,尽管它们的组织机构复杂并存在大量股东,那些王室工厂(Prieto & Larrinaga, 2001)与贸易公司(Gárate Ojanguren,1990)的财务报告并没有表现得特别复杂。譬如,一些王室工厂与贸易公司采用承担责任与解除责任的会计方法。估值基础等问题成为一些王室企业的管理层与股东之间存在激烈争论的焦点(Gárate Ojanguren,1990)。

如果由政府对王室的工厂与公司逐家地直接进行管制,那么,西班牙最早的商业管制——也受到法国的影响——则是 1737 年由毕尔巴鄂(Bilbao)商事特别法庭(Tribunal of Commerce)[1] 所发布的法令(ordinances)。这些法令承认有限责任(Giner,1995),并对商人的会计活动进行管制,包括有关记账和需要至少每 3 年编制资产负债表及财务状况表的正式义务。Hernández Esteve(1996)总结认为,那些法令不包含使用复式簿记方法的强制性义务。正如 Hernández Esteve 讨论的那样,考虑到 1552 年卡迪提尔已对复式簿记实施管制,上述事实令人关注,并且,正如可提出证据加以证明的那样,这一事实表明这项古老的管制开始被废弃,这也可以从王室工厂会计实务中得到确证。这位作者观察到的另一项事实是,由于法国的影响无处不在,现代会计的早期阶段使用的卡斯提尔文字(如 libro de caxa 和 manual)开始消失,取而代之的则是由法语翻译成西班牙语的法规,这种情形保留至今。

1737 年法令对会计实务的真实影响尚未得到研究。考虑到王室工厂与公司的重要性及其自身适用的个别管制,这些法令很可能仅对极少数商人产生短期影响。然而,由于这些法令成为保留下来的西班牙商业特别法庭中贸易管制的范例和以后 19 世纪全国商业管制的一部分,它们却对西班牙商业活动产生持久影响。

至于会计职业界,启蒙与克尔布特政策(Enlightenment and Colbertist policies)创造了一种由经济学会(Sociedades Econóomicas de Amigos del Pais)作出最佳证明的经济发展理念。这些学会试图提升实务教育水平,包括经济学层面的教育,但是,不包括会计教育。尽管如此,证据表明,所有公司与工厂至少雇佣一名会计师。譬如,皇家加拉加斯公司的会计办公室雇佣了3名会计师和8位高级职员(Gárate Ojanguren,1990)。

工业革命期间的会计

19世纪,西班牙社会的各个层面均发生深刻的变化。在这一时期,古代政权(ancient regime)向自由国家(Liberal State)过渡。这一变迁对政治、社会与经济领域均产生影响,并引发显著冲突。西班牙遭遇了内战,尝试了不同的政治体制(从专制主义走向联邦共和),经历了经济危机。这是一个增长与投机并存的时期。政治秩序的不稳定反映于商业世界之中,商业活动的处理方法与管制均发生重大变迁。

遵循法国的范式并以1829年《商法典》为开端,18世纪的会计管制在法典化进程中继续推进。1829年法典的目标是统一截至当时由商业特别法庭所发布标准的立法范围。法典将现代公司引入西班牙的经济生活,但是,对现代公司的界定却非常糟糕,仍然强调商人而不是制造者,强调合伙经营而不是发行股份的公司。从1830年开始,有限责任公司的数量扩张,譬如,Martin Aceña(1993)用资料证明1830年至1848年马德里(Madrid)创设了121家公司。

大规模有限责任公司的兴起使公司报告发生重大变革。1829年法典确立了(第43至第45条)按适当顺序保存账簿的要求。这项要求对独资企业和公司的各类商业活动均产生影响。强制性的会计账簿包括日记账、分类账和财产账册。除了这些账簿之外,法典确认了根据业务需要拓展账簿数量的可能性,并规定需要保存账簿抄写件。财务报表类型减少至提供月度资产负债表,收益表则未在该次立法中提及。

对有限责任公司的限制追溯至1847年。当时,政府发布一份皇家指令

(Royal Order)禁止商业特别法庭批准设立新的股份公司。1848 年法律以如此严格的方式对有限责任公司的活动进行管制,事实上阻碍了这类公司的创建:法律要求就每一家公司的设立制定一份皇家指令或者法律,并且,需要经过非常长的行政程序。此外,法律限制股份自由转让,禁止向公司创始人派发优先股利。此外,1848 年的法律规范还要求现存的有限责任公司应按照这些新要求取得法律上的认可。尽管有 41 家公司确实这么做了,但是,只有 28 家公司完成了这一程序并保留有限责任的性质(Bernal,2004)。

一份皇家指令(1848 年 2 月 17 日)对上述法律作出补充,指令要求(第 34 条)公司必须编制年度资产负债表,该报表需要涵盖"年度中开展的所有经营活动、活动的结果及其资产与负债状况"。由公司总经理(general managers)详细制定并由股东大会审核通过的资产负债表必须提交至省级行政机构,后者则必须对这些报表的可靠性和公司账簿的一致性实施控制,然后发送至省官方公报(Boletin Oficial de la Provincia)上公布,并通报省级商业特别法庭。上述要求未能得到有效遵循的状况促使政府于 1850 年 3 月通过一份规范,要求严格履行 1848 年皇家指令。这份规范中包含的解释十分有趣,因为这些解释反映出政府对有限责任所持的观点,并给出为何资产负债表成为唯一被考虑的财务报表的原因。根据这份规范,因为有限责任公司的信用以其资本额为限,公共管理部门有责任通过财务报表公开定期地对公司状况实施控制,以保护第三方利益。1850 年规范没有明确提出保护股东权益。

10 年后,基于外国投资者的压力,政府再次改变意向。1855 年、1856 年和 1859 年分别对 1848 年法律作出一系列修订的目标是在创设铁路、银行及采掘公司时向投资者提供更多自由(Tortella,1969)。根据 Tortella 的观点,这些特殊法规导致资本集中于上述三个部门,对工业公司投资不足,致使后者处于十分低下的发展水平。1868 年革命爆发后,最极端的自由原则得到采纳,此前的所有管制被暂时取消,因为管制被认为是公开干预私营活动的标志。由于其他社会法律形式和大量行业要求被废止,有限责任社团置于《商法典》的管辖之下。然而,1874 年宪法规定的君主政体废除了 1868 年以前存在的局面。

最后,1885 年《商法典》几乎未对当时存在的会计要求作出任何变革。股份公司必须每月公布资产负债表,保存与 1829 年法典所列举相同的会计账簿,并授予股东查阅会计记录的权利——这最后一点则是主要的创新。虽然没有明确的要求,1885 年法典将复式簿记确立为企业应当采用的记账方法。

除了管制的演进之外,公司报告的发展与大规模公司的兴起相关联。不考虑外国资本,尤其是法国投资者对经济与政治的影响,便不能理解西班牙大型"现代"公司的历史。自从 18 世纪以来,法国的关系网散布于西班牙,以至于在 19 世纪初期法国居民的人口十分庞大(Castro Balaguer,2007)。通常,法国移民拥有财务资源和(或)知识,能够控制定居城市的金融与工业活动。法国资本最初通过投资于公共债券进入西班牙,但是,随后不久,法国向西班牙施加重要的政治影响。譬如,1782 年,法国公民 F. Carrabus 创建了圣·卡洛斯(San Carlos)银行(第一家大型西班牙金融机构)。Carrabus 还设立其他几家公司,如飞利浦贸易公司(Philippine Trade Company)和伊莎贝尔二世香奈儿(the Isabel Ⅱ Channel)。Cameron(1953,第 461 页)将 1850 年至 1870 年期间法国资本输出总额确定为将近 120 亿法郎,即西班牙储蓄净额的 1/3 至 1/2 之间。除了这个令人印象深刻的数字之外,还发生工业技术与组织技术的平行流出。法国的投资活动集中于运输、金融服务、采掘和公共服务行业(Tortella,2000)。

19 世纪,一些主要的法国银行已经对西班牙经济发展产生重大影响。这些银行包括罗斯切尔德(Rothschild)、普罗斯特-吉尔休(Prost-Guilhou)和伯莱尔(Pereire)(Castro Balaguer,2007)。Rothschild 家族是王室的重要财务支持者,取得了国家垄断商品的贸易权,如阿尔马登(Almaden)地区的矿井和烟草公司。与 Rothschild 家族处于势均力敌竞争格局的 Pereire 家族,后者是 1856 年金融机构法案获得通过的幕后主导者(Nadal,1975),以 1856 年法案作为进入铁路公司发展的手段。《金融部门改革》(Financial Sector Reform)将引发西班牙经济发生显著转型。管制金融机构的 1856 年法案获得通过,意味着法国模式得到采纳,暗示金融机构在工业发展中发挥积极角色。1859 年,采掘公司也以同样方式通过了专门管制(Alvarez & Lillo,2004)。

外国投资者的影响不局限于提供财务资源,相反,他们在技术、组织与会计技巧转移中均施加重要影响。一方面,外国公司聘请外国人在组织机构中担任高层职务(Vidal & Ortuñez,2002)。另一方面,西班牙公司正式或非正式地成为大型集团的子公司,由此必须向母公司提交报告,使决策制定中心化。

所有这些特殊管制均要求,有限责任公司必须同时向《马德里公报》(Gaceta de Madrid)和不同部门的官方"公报"发布定期资产负债表。《铁路杂志》(Gazette of the Railroads, Gaceta de los Caminos de Hierro)和《采掘评论》(Mining Review; Revista Minera)等刊物成为投资者获取公司财务信息的途径,并且,在绝大部分情形下仅限于高度概括的资产负债表。《马德里公报》上公开披露的研究显示(Bernal, 2004; Nunez & Buendia, 2008),在整个19世纪,报表发布缺乏常规性是经常发生的情形。

然而,大部分经济活动是由小规模至中等规模的家族企业或商业协会进行的。指出这一点非常重要。如前面提及的那样,立法导致资本集中于特权部门,工业领域则投资不足。由此,会计实务分化为若干个层次。首先,小型与大规模企业中的会计沿着非常不同的路径演进;其次,在公司财务报告方面,大规模公司的法律要求与实际做法之间存在很大差异。

西班牙现有的会计研究主要致力于考察管制环境及其演变,因此,对公司的实际做法知之甚少,尤其在公司报告不受管制的部分即为股东编制的年度报告。然而,有限的直接证据表明,金融机构及其他受管制的公司如何按高于法律要求来编制年度报告(Annisette & Macias, 2002; Bernal & Sánchez, 2007; Macias, 2002)。

这些公司提供的年度报告结构很类似,包含一封"致股东信",CEO在信中对会计年度中业务的发展情况进行解释。"致股东信"之后则是财务报表。公司已经习惯于提供资产负债表与净收益表,分部信息的数量则不确定,取决于业务性质和影响公司的特定环境。年度报告不包含有关报表编制会计程序的任何信息。在这个意义上,披露水平非常低,且不提供财务信息的任何透明度。Annisette和Macias(2002)发现,西班牙银行在提供信息时如何在内容与详略程度上都高于法律的要求:贴现与贷款交易的分部信息、流动账户与金属储备的变动、管理费用与信用证交易被补充至资产负债表与净收益表中。Bernal和Sánchez(2007)得出类似的结论。

在垄断情形方面,Macias(2002)和Camara, Chamorro和Moreno(2009)检阅了烟草公司的年度报告。其中,烟草公司是通过租赁合约取得国有垄断权的大型股份有限公司。他们发现,财务报表数量与细节均属于高水平披露,包括分部经营信息。

铁路公司也同样被要求提交会计报告,包括资产负债表、收益表和显示有关经营活动交易量与成本、债券的发行与摊销以及固定资产投资等非常详细信息的若干报表。公报上存在系统提交年度报告的样本证据。就具体的铁路情形而言,公报专辟"致股东的信息"一栏,其中会出现有关不同公司(不仅铁路,而且银行)年度报告的新闻(Gonzalez & Rico,2006)。在其他公报中也可以发现类似的消息。

公司报告制作水平随着公司规模而发生变化。一些铁路公司(如 Silla a Cullera,Zafra a Huelva 和 Salamanca a la Frontera de Portugal)按照《商法典》的最低要求保存公司报告。[2]

简言之,针对有限公司的管制在整个 19 世纪经历重大变革。法律对会计的要求较低,并且,并非总是得到充分遵循,在官方杂志上公布资产负债表的要求尤为如此。两大理由可以解释这一事实。第一,公布财务报表的激励很低。譬如,尚不清楚股票市场是否会就发布财务信息提供任何激励。虽然股票交易所创立于 1831 年,从其开业至 1874 年的期间,公共债券占交易所业务的 99%(Tafunell,2005)。此外,基于法国模式的"输入",公司由此向银行而非个别投资者募集资本,这也降低了公司必须向公众提供财务信息的动因。第二,尽管西班牙制定了特定会计管制,国家缺乏实施这些管制措施的权力。因此,即便公司不遵循会计法规,也无须担负任何成本。

相反,在受到管制的行业中,许多公司(如垄断经营、金融机构或铁路部门)确实致力于向股东与公共管理部门精心编制一组范围较广的财务报表。

表 7 - 1　西班牙股份公司(1885—1935 年)

年　份	存在的社团数
1859*	102
1885**	278
1915	675
1919	1 926
1920	4 366
1925	3 546
1930	4 609
1935	4 899

资料来源: * Hendricks(1860); ** INE. Anuarios Estadísticos. (http: // www. ine. es/inebaseweb/ 25687. do)and Tafunell(2005)for others.

股份公司数量在 20 世纪最初几十年中获得快速增长(见表 7 - 1),大型公司的扩张尤为显著(Carreras & Tafunell,1993)。按照 Tafunell(2005)的观察,直到 20 世纪下半叶,1898 年至 1901 年创设大型公司的态势才被超越。经济活动的扩张持续至 1929 年危机爆发。

就这一时期的扩张而言,已经指出四大理由(Comin & Martin Aceña,1996):(1) 当 1898 年西班牙帝国的最后印迹逝去之后,资本与新的外国资本向西班牙国内回流;(2) 金融体系得到发展;(3) 并购持续发生(特别是在造纸、钢铁与制糖行业);(4) 新兴部门(如食品、电力与化工行业)得到承认,并发挥出规模经济效应。

股票市场也经历了显著的发展,这主要通过采掘、化工及制造型企业的股票与公司债券交易增加而实现,公共债券对投资者的吸引力越来越小(参见图 7 - 1)。

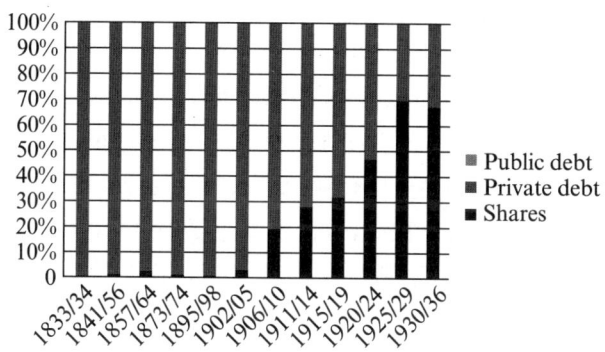

资料来源：Hoyo Aparicio(2007)。

图 7 - 1　马德里股票市场交易量演进(1833—1936 年)

经济扩张似乎使公司必须公开财务信息和公共管理部门必须对企业活动施加控制的激励得到加强。譬如,自从 1886 年以来,公司必须在政府商业登记处(mercantile register)披露财务与法定信息。此外,1904 年公司所得税(corporate tax)的推行使有关财务报告的法律要求得到更严格的控制和遵循,对遵守法律的要求更严厉。有关年度报告公开状况的经验证据很少,但是,间接证据表明,所有权分散的大型公司定期发布财务报告。1916 年,《西班牙股份公司财务年鉴》(*Anuario Financiero de las Sociedades Anonimas de España*；*Financial Yearbook of Spanish Joint Stock Companies*)开始发布公司年度报告。相反,正如所发布的财务年鉴中承认的那样,家族拥有的公司不提交财务报告(Tafunell,2005)。

尽管这一时期的公司历史档案十分丰富,有关公司真实财务惯例的经验证据依然十分少见(Arroyo Martín,2004;González Pedraza,2003;Pérez López,2003;Tortella Casares,2003,2005)。然而,事实证据表明,这一期间虽然披露的年度报告结构基本保持未变,遵循法律要求的水平则得到提升。电话垄断运营商[西班牙电信(Telfonica),创建于 1924 年]将年度报告(可从 www.telefonica.com 获取)与负责公司年报审计的政府机构签署的证明书同时发布。年度报告包括管理层报告、资产负债表、收益表、披露年度投资情况的报表、若干张揭示经营信息的报表以及官方审计报告。

1936 年至 1957 年期间,西班牙财务报告历史几乎无可记述的内容。内战、佛朗哥(Francisco,1892—1975 年,西班牙军人,1939—1975 年为国家元首——译者注)领导的反法西斯主义的胜利和第二次世界大战后西班牙实施的独裁统治,导致经济崩溃以及与政治制度意识形态相一致的国家干预的增加。对于企业家精神和私营经济活动而言,这也是一个黑暗时期。如 Tafunell(2005)指出的那样,佛朗哥独裁专政初期的特征是小微企业的发展得到扩张,尤以 1941 年创建全国行业协会(Instituto de Industria, INI)最为重要。全国行业协会由公众控股,取代了工业复兴协会(IRI),并为社团保留了股份公司的法律形式,国家则持有相当一部分股份。20 世纪 40 年代,全国行业协会(INI)迅速扩张。1942 年,INI 由 4 家公司组成,资本合计低于 5 亿比塞塔(peseta,西班牙基本货币单位——译者注)。到了 1950 年,集团公司数已经达到 40 家,资本则超过 70 亿比塞塔。公司按照影响股份公司的现有立法向 INI 提交报告。独裁统治初期,国有企业更加关注增加生产,而非盈利能力或者偿债能力,因为这类企业不受严格的预算约束。

20 世纪中期以来的财务报告

此处考虑的最近时期(1957—2007 年)西班牙会计的演进,强烈地受到改良主义经济政策与财政政策的影响。其中,改良主义的经济政策旨在使西班牙与世界经济、特别是欧洲经济共同体(E. E. C.)相融合。叙述这一期间的财务报告需要考虑两大事件——独裁统治的终结（1975—1976年）与1986年西班牙成为欧洲经济共同体的成员。这两大事件决定了这一时期的西班牙历史和西班牙会计史。

经济发展与受托责任缺位

当第二次世界大战期间欧洲法西斯主义政权挫败并出现独裁经济不可行的明显迹象之后，独裁政权从1957年开始改变方向。随着冷战（Cold War）爆发，佛朗哥开始引起一些西方民主国家的注意，后者资助佛朗哥政权成为联合国（UN）和经济合作与发展组织（Organisation for Economic Cooperation and Development，OECD）的成员。正是在这一跨越1957至1975年间独裁者生存策略的背景之下，西班牙采取不同行动，从内部与外部寻求政权的合法性，包括有限的自由主义改革与法国式中央集权资本主义模式的政治经济学（Broder，2000）。1957年取得政权的佛朗哥政府以"技术专家"（technocrats）取代了从法西斯党派中选用的部长。所谓的"技术专家"事实上是一群独裁主义专家，隶属于宗教组织Opus Dei，尽管佛朗哥政府采取紧缩银根的经济政策，仍然表现出商业自由化的倾向。《稳定计划》（1959）（Plan de Estabilizacion；stabilization plan）和1964年至1975年间执行的3项发展计划使前述经济规划成为现实，20年间工业产值增加4倍，并实现每年产量增长将近10%（Broder，2000）。

截至1951年，会计准则仍然由1885年《商法典》进行规范。就像今天的情形那样，1885年法典对任何经济行为人（包括有限公司）都产生约束力，强调会计记录的合规性，并赋予会计记录检验交易真实性的能力。但在另一方面，1885年《商法典》对有限公司的管制剔除了经济自由主义，这是佛朗哥政权所不能容忍的（《1951年7月17日法律》前言）。因此，受法西斯主义与专制经济原则的启发，1951年独裁者通过一项有限责任管制措施（González，1999）。这项管制认为，有限公司与利润追逐行为值得怀疑，会计未受到许多关注，而会计安排则是对德国与意大利过时法律的抄袭（Fernández Peña，1991）。然而，这是西班牙管制第一次提及资产负债表以外的内容（Giner，1995）：它规定了必须包含在资产负债表与收益表中的项目清单。法律也含糊地提及管理层报告与股利方案。最后，法案简要提出将清晰与准确（clarity and accuracy）作为编制报表时应该遵循的原则，并制定了以历史成本与稳健主义为基础确立估值体系的若干条款。尽管随后出现诸多批评，这些规定仍然代表了会计实务向前推进。

一个相对不乐观的提示是，法律仅要求公司编制资产负债表和损益表，并且，任凭股东在公司总部"处置"(at the disposal)这些财务报表。虽然股东确实有权在会计专家的帮助下检验报表信息，但是，他们不能向其他股东透露其结论，并且，公司保留限制专业会计师获取信息的权利。毋庸置疑，透明性不属于这一政治体制下的核心价值。

如果公司法没有促进财务报告发展，那么，推动力量可能来自公司所得税。然而，情形并非如此。由1957年政府作出的系列改革中，一项不合乎公认标准的税收管制使国家实现财政上的充盈，但是，这项运动对会计的代价巨大。控制收益的种种困难促使政府将公司所得税转变为一种在评估公司收益的基础上确定经过协商的非比例税赋类型，而这项税赋不久便演变为以个别甚至合计定额为基础的带有较强主观性的过时财政制度，税收体制的特征表现为财政当局掌握的信息相当糟糕(Fuentes Quintana，1990)。这次改革意味着西班牙公司会计活动的一次持久性倒退，导致大部分非上市公司忽视其会计制度建设(Rovira Ferrer，1976)。直到1967年与1973年间，当大型公司逐渐从这一公司所得税评估方案中退出之后，所得税会计才再次得到推行，非上市公司的财务报告才开始重新恢复。

出于两个原因，资本市场没有对财务报告产生积极影响。第一，尽管20世纪50年代经济开始复苏，国家对经济的干预、国有企业的重要性和银行在金融市场中扮演的优先角色均促使西班牙资本市场依旧效率低下，60年代的实际交易量仅恢复到20世纪初的水平(Hoyo Aparicio，2007)。第二，从1964年开始，上市公司需要向股票交易所(stock exchange authority)提交经过特许会计师协会(Instituto de Censores Jurados de Cuentas，ICJC)会员验证的年度财务报表(资产负债表、损益表与管理层报告)。然而，在实务中，此类证明仅仅是对公司提交的财务报表与公司保留的财务报表一致性进行核实，没有对后者实施进一步审计(Carrera，Gutierrez & Carmona，2001；Fernandez Peña，1991)。

全国行业协会(INI)的影响更加令人印象深刻。它要求下属公司在安排会计处理时能够对合并报表作出详细说明(Gomez Beltran，1972)。这要求将不同公司的会计程序标准化。于是，在1961年，政府认命一个委员会来开发会计科目表。该会计科目表应强制适用于所有完全受全国行业协会控制的公司。对于那些 INI 仅拥有少数权益的公司,则仅建议采用。这是我们所知的第一次西班牙会计标准化运动。

在会计职业界的发展方面,有限公司法律与资本市场法律中对报表验证的模糊管制以及会计管制中对审计绝口未提的状况,并未通过会计职业界的发展得到弥补,没有人要求对财务报表实施强制性验证,或者,就鉴证服务的价值而成功说服财务信息编报者与使用者。西班牙审计发展的内生动力有限,外国审计师和最近期间大型国际审计公司则产生深刻影响。从19 世纪 90 年代以来,为了核查外国投资者的权益,外国审计师便已经来到西班牙(Fernandez Pena,1991),大型国际审计公司则于 20 世纪 60 年代开始纷纷在马德里设立机构(Carrera,Gutierrez,& Carmona,2005)。

以上所描述的,便是与 1957 年以来经济增长形成明显反差的西班牙企业在 1975 年之前财务报告的无效状态。

税收与《会计总计划》

20 世纪 70 年代的萧条重创了建立在社团主义制度基础上的西班牙非主流的依赖型经济(a peripheral and dependent Spanish economy)。工业产量在 1975 年至 1983 年间未能实现 1％ 的年增长率,而 1977 年的通胀率高达 26％,并且失业率相当高(Broder,2000)。70 年代初期,基于诸多因素(包括腐败、内部矛盾和外部竞争),佛朗哥政权正在丧失合法性(Di Febo & Julia,2005)。在这一背景下,当 1975 年这位独裁者去世之后,继任者胡安国王卡洛斯一世(King Juan Carlos Ⅰ)决定为向议会君主制过渡铺平道路。1978 年新宪法的通过为民主国家的建立奠定了政治与经济基础。

在一项深受税收影响的管制措施的推动下,会计无效状态即将于 20 世纪 70 年代发生改变。1973 年,对《商法典》中会计问题的有限改革主要集中在簿记的形式方面(如会计账簿的装订与司法机构的批准),但是,也引入了统一性原则(uniformity principle)。1973 年改革的主要理由之一在于协调会计的商业与财政特征。这项改革成为以下基本原理的例证——财务报告被视为一项支持公司所得税的活动。

此外,这种不同寻常的状态因财政管制演进和 1973 年《会计总计划》(*General Accounting Plan*,GAP)的发布而得到强化。其中,财政管制在 20

世纪 70 年代变得更加详细,其发展要领先于财务报告的演进。

在 20 世纪 70 年代,尽管企业逐渐退出公司所得税估价方案,由于管制复杂且税务当局可以获取的信息不足,并且,西班牙自身的经济演进遭遇由经济评估体制(economic assessment system)派生的惰性,西班牙财政体系已经变得陈旧过时。正是在这一背景下,新兴的民主政府决定在取得所有政治力量的默许之后,并在财政部长 Francisco Fernández Ordóñez 的领导下,简化财政体系,使之与经济现实更相称且更先进。改革的一项成果是对税收目的下编制财务报表的关注得到加强。这不仅增加了会计的活力,也加强了财政对会计的影响。1977 年至 1989 年,财政部门实施的税务安排在实务中被视作会计准则。

1973 年《会计总计划》(GAP)被视为 20 世纪 70 年代西班牙会计准则的里程碑。GAP 沿袭了法国《会计总计划》的模式,在上文提及的 1973 年商法改革之前的几个月发布,并深受财政影响。在这份计划中,会计概念与税务估值紧密相关,譬如,公司所得税被视为一项利润分配,而非费用。虽然 1973 年 GAP 不要求强制应用,财政目的下的作用却促使这项标准得到广泛应用(Giner,1995)。

在 20 世纪 70 年代,资本市场开始对会计产生更加重要的影响。80 年代的上市公司数量没有增加,在股票交易所上市的大规模企业数量甚至发生减少。此外,西班牙资本市场的资本化市值一直处于伦敦股票交易所的 10% 水平左右。然而,尽管市场的重要性相对较低,交易量却像西班牙经济规模与公司自身规模那样呈现指数式增长(Hoyo Aparicio,2007)。金融部门在新政治经济体中的重要性引发更加严格的财务报告管制,使 1980 年至 1984 年期间出台的后续管制措施增加,要求上市公司披露中期财务报告(Giner,1997),对财务报告格式作出具体规定,并且,更为重要的是要求参照 1973 年《会计总计划》。

虽然 1973 年至 1984 年采取的管制变革确实使西班牙会计实务取得显著发展,但是,直至 1990 年,西班牙财务报告依然处于相对不发达的阶段。Gonzalo(1992)阐述了西班牙财务报告实务中的诸多缺陷,诸如在严格确立的财务信息属于机密问题的信念之下,财务报表优先为财政当局与银行编制构成实务的主要特征。当时的惯例只要求编制资产负债表和损益表,忽略其他财务报表和任何报表附注。编制合并财务报表不属于强制性义务,实务中也很少披露出来。通常,财务报表未经过审计,因此,常常隐匿负债与或有事项。只有金融部门、上市公司、国有企业和外国公司的子公司才显示更加一致的财务报告实务(Gonzalo & Gallizo,1992)。糟糕的会计管制及其实施状况被认为促使卢马萨(RUMASA)倒闭的一个因素:可疑的会计实务、不经过审计以及混乱的合并报表均使公司控制人与银行得以隐藏财务风险,而政府为此在1983年付出了将近30亿欧元的代价。

欧洲经济共同体的一体化

西班牙政府在1988年至1990年采取了一项剧烈的会计改革,对会计实务与会计职业界产生深刻影响。Gonzalo描述的有限报告实务与不充分的会计管制为会计改革创造了条件。此外,1982年社会主义政府当选后作出的公共改革命令也为会计变革提供机遇(Bougen,1997)。最后,当1986年西班牙成为欧洲经济共同体的成员国之后,实务中将公司法与欧盟指令相协调的必要性也推动了会计改革进程。在西班牙,欧共体成员国资格与民主、公正以及进步相关联(Bougen,1997)。正是在这一背景下,改革才显得有意义。

1988年,社会主义政府通过一项审计法律,确立了控制审计活动的手段——会计与审计协会(Accounting and Audit Institute,ICAC)和官方审计师登记处(Official Auditors Register,ROAC)(Cea,1992)。从那时起,这项制度模式便一直处于运行之中,虽然在本书出版之际仍在进行有限的改革。作为政府机构,会计与审计协会(ICAC)拥有两大职责。一方面,协会监督并更新会计与审计管制措施,并向政府提交管制改革的建议。另一方面,协会通过批准官方审计登记处而控制审计职业的进入与后续培训。这一方式与盎格鲁—美利坚基于自我管制的认证、执照发放与纪律处罚的职业模式形成显著反差,并验证了西班牙发展一个强大的会计职业界的历史性失败。Cea(1992)认为,这一选择部分地归因于西班牙政府的总体性倾向,同时也归因于20世纪80年代以前职业组织的分散状态。

1988年法律深刻地变革了审计职业界与审计市场:在1990年至1995年的5年时间里,审计市场中的审计公司数由2 212家骤增至21 371家(Benau,Barbadillo,Humphrey,&Husaini,1999)。在大型国际审计公司的引领下,新管制带来的预期使审计市场在若干年间发生扭曲,审计公司与注册审计师(这些审计师经常从来不从事审计工作)过度延伸,最终导致市场集中(Carrera et al.,2005)。

1988 年,资本市场也发生变革,强化了对中期财务报告的要求,并成立西班牙证券交易委员会(Securities Exchange Commission,CNMV),旨在增加上市公司报告的透明度。在审计方面,虽然有关由特许会计师协会(ICJC)会员对报表进行验证的任何条款从西班牙会计制度中被永远删除,新的管制则第一次要求上市公司向证券交易委员会(CNMV)提交的财务报表必须经过审计。这一事实再次表明西班牙会计职业界的失败:从 1988 年开始,西班牙的法律与实务不再向注册会计师分派任何角色,只有审计职业存在。

1989 年,为了与欧洲共同体的会计指令相一致,有限公司法律和《商法典》也作出变革。变化在三个层次引入。第一,引入编制合并财务报表的义务,由此填补西班牙财务报告的一项重要缺口,虽然这一义务在财政目的下已经存在(Corona,1992)。第二,基于财务报告的公共利益,会计管制要求所有有限公司向公共商业登记处(public commercial registry)提交年度报表,包括资产负债表、损益表、财务报表附注与管理层报告。这是一项自 1885 年管制中承认会计保密性以来的重要演进。第三,在财务报表的编制方面,改革将西班牙管制与欧洲共同体指令进行协调,对一些会计原则作出简要阐述,规定了财务报表内容的最低范围,并为财务报表不同要素确立估值规则。上述内容在 1990 年公布的《会计总计划》中得到发展。推行的若干变革中包括将税务会计与财务报告相分离、限制资产确认、充分披露负债以及区分利润的不同来源(Gonzalo,1992)。在这一背景下,会计从税务的约束下解放出来显得尤为重要。

这项改革使西班牙会计大为改观,不仅披露并经审计财务报表的公司数目呈指数式增长,同时,上市公司所披露信息的质量也得到改进。对 1988 年至 1990 年间会计改革重要性进行检验的实证研究(Giner,1997;Giner & Reer,1999)很少,鉴于此类研究只以财务报告相对已经更加完整的上市公司为考察对象,从中得到的结论需要详加论述。正如可提出证据加以证明的那样,非上市公司报告实务的改进更为重要。就这一点而言,并与 1983 年的 RUMASA 相比较,1993 年发生的 Banesto 公司丑闻(由普华永道审计)受到的关注(Benau et al.,1999),类同于当前其他国家中对会计与审计预期差距的关注。

2000年以来,西班牙财务报告的演进日益受到欧洲国家将合并财务报表会计准则制定交托给 IASB 与欧洲共同体负责这一决定的支配。对此,在《2001年欧盟公允价值指令》(2001 E. U. Fair Value Directive)与有关欧盟上市公司合并报表采纳 IAS(IFRS)的《2002年欧盟条例》(2002 E. U. Regulation)之后,区分西班牙财务报告的本国特征变得更加复杂。西班牙政府决定保留对非上市公司会计管制的控制。2007年,新《会计总计划》获得通过,政府试图使其中的准则与欧洲委员会批准的 IAS(IFRS)相一致,由此朝着为金融市场提供相关信息的方向迈出更进一步(Tua Pereda,2006)。虽然具有讽刺意味的是,新《会计总计划》旨在适用于非上市公司。

结　束　语

政府管制对西班牙会计实务与财务报告产生极大影响。不同的目标与政府规划,包括税收、保护主义、经济发展、自由主义、法西斯主义与国际化,均通过不同的商业与会计管制措施对会计实务产生影响。

从中世纪以来,西班牙便已经存在庄园会计。然而,西班牙的特殊性在于对会计形式的早期管制,包括16世纪的复式簿记。这促使金融机构与商业活动——理解现代初期西班牙王国的关键要素——得到发展。然而,随后的经济衰退和商业与工业的败落导致16世纪的管制陷入被遗忘的境地。现代的经济复苏留有法国影响的痕迹,由此产生的新管制措施通过王室特权与商事法庭法令引入了有限责任公司。推行有限责任的同时,产生对定期报告资产负债表的需求,但是,不包括收益表或强制使用复式簿记法。

在19世纪与20世纪,多项管制措施继续关注簿记的形式层面,而忽视了强迫公司披露财务报表的管制或规则的实施。公司报告留待私人发展,由此产生双重结构。大型公众公司提供年度报告,并经常在所要求的资产负债之外披露收益表和分部财务信息,但是,没有披露公司采用的具体会计程序。相反,家族拥有和中小规模公司的典型特征则是很少遵循法律要求。

由于缺乏内生动力,会计的进一步发展如透明性、披露损益表、审计与估值准则受到外国投资者利益、国际管制与西班牙税制的深刻影响。西班牙会计活力不足也导致会计职业界发展的失败。

注释

[1] 商事特别法庭是准司法机构,承袭了领事馆的传统。

[2] Actas de las sesiones de la Junta General del Consejo de Administracion de la Compania de Ferrocarriles de Silla a Cullera(1878—1888),Biblioteca del Ministerio de Economia y Hacienda,ESP AGCMH Libro 22599;Actas de las Juntas Generales de Accionistas de las compania de Ferrocarriles de Zafra-Hueva(1894—1918),Biblioteca del Ministerio de Economia y Hacienda, ESP AGCMH Libro 27221;and Actas de las Juntas Generales de Accionistas de la Compania de Ferrocarriles de Salamanca a la Frontera de Portugal(1887—1926),Biblioteca del Ministerio de Economia y Hacienda, ESP AGCMH Libro 22946.

参考文献

ALVAREZ J M C, LILLO J L. 2004. Coniabilidad miners histórica y valor razonabie: El caso de la Compañía Los Guindos en el periodo 1899—1925. Revista Española de Financiación y Contabilidad,33,959 - 990.

ANNISETTE M, MACIAS M. 2002. The bank of the state and the State of the bank: Annual accounts of the Banco de España. 1872—1894. European Accounting Review,11,357 - 376.

ARROYO MARTIN J V. 2004. Archivo histónco BBVA: Un centro para el conocimiento e Investigación del mundo de la banca, la economía y la empresa. De Computis: Revista Española de Historia de la Contabilidad,1,182 - 184.

BERNAL M A G, BARBADIILO E R, HUMPHREY C, HUSAINI W A. 1999. Success in failure? Reflections on the changing Spanish audit environment. European Accounting Review 8,701 - 730.

BERNAL M. 2004 La regulación de las sociedades anónimas y la información contable puhlicada en la Gaceta de Madrid a mediados del siglo XIX. Revista Epañola de Financiación y Contabilidad,33,65 - 94.

BERNAL M, SÁNCHEZ J P. 2007. La información contable publicada por los bancos de emisión en Gspaña a mediados del siglo XIX. Revista Española de Financiación y Contabilidad,36,31 - 53.

BOUGEN P D. 1997. Spain. July 1988: Some observations on becoming professional. Accounting, Organizations and Society, 22, 757 – 777.

BRODER A. 2000. Historia económica de la Espāna comtemporánea. Madrid: Alianza Editorial.

CAMARA M, CHAMORRO F, MORENO A. 2009. Stakeholder reporting: The Spanish Tobacco Monopoly (1887—1986). European Accounting Review, 18, 697 – 717.

CAMERON R. 1953. The Crédit Mobiliér and the economic development of Europe. The Journal of Political Economy, 61, 461 – 488.

CARMONA S, EZZAMEL M, GUTIÉRREZ F. 1997. Control and Cost accounting practices in the Spanish Royal Tobacco Factory. Accounting, Organizations and Society, 22, 411 – 446.

CARRASCO GONZÁLES G. 1996. Los instrurnentos del comercio colonial en el Cádiz del siglo XVII (1650—1700). Banco de Espāna. Esiudios de Historia Económica, 35, Madrid.

CARRERA N, GUTIÉRREZ I, CARMONA S. 2001. Gender, the state and the audit profession: Evidence from Spain (1942—88). European Accounting Review, 10, 803 – 815.

CARRERA N, GUTIÉRREZ I, CARMONA S. 2005. Concentración en el mercado de auditoría en España análisis empírico del periodo 1990—2000. Revista Española de Financiación y Contabilidad, 34. 423 – 457.

CARRERAS A, TAFUNELL X. 1993. La gran empresa en Espafla (1917—1974). Una primera aproximación. Revista de Historia Industrial, 3, 127 – 175.

CASTRO BALAGUIER R. 2007. Historia de una reconversion siienciosa. El capital francés en España, c. 1800—1936. Revista de Historia Industrial, 81 – 118.

CEA J L. 1992. Official auditors register and the professional bodies. In: J. A. Gonzalo (Ed.), Accounting in Spain 1992. Madrid: AECA.

COMM F, MARTIN ACEÑA P. 1996. Los rasgos históricos de las empresas en España: Un panorama. Documentos del Trabajo del Programa de Historia Económica, Fundación Empresa Púhlica, 9605, Madrid.

CORONA E. 1992. Consolidation in Spain. in: J. A. Gonzalo (Ed.), Accounting in Spain 1992. Madrid: AECA.

DI FEBO G, JULIÁ S. 2005. El Franquismo. Barcelona: Paidós.

FERNÁNDEZ PEÑA E. 1991. La contabilidad y sus profesionalese en la España de los siglos Ⅻ y ⅩⅩ. Cuadernos ste Estudios Empresariales, 1, 61 - 70.

FUENTES QUINTANA E. 1990. Las rejormas triburarias en España. Barcelona: Crítics.

GÁRATE OJANGUREN M. 1990. La Real Compañla Guipuzcoana de Caracas. San Sebastián: Sociedad Guipuzcoana de Ediciones y Publicaciones.

GINER B. 1995. The history of financial reporting in Spain. In: P. Walton (Ed.), European financial reporting: A history. London: Academic Press.

GINER B. 1997. The influence of company characteristics and accounting regulation on information disclosed by Spanish firms. European Accounting Review, 6, 45 - 68.

GINER B, REES W. 1999. A valuation based analysis of the Spanish accounting reforms. Journal of Management and Governance, 3, 31 - 48.

GÓMEZ BELTRÁN F. 1972. Balance normalizado utilizado por las empresas en las que interviene el Instituto Nacional de Industria. Revista Española de Financiación y Cantabilidad, 1, 799 - 828.

GONZÁLEZ M J. 1999. La economía espanola desde el final de Ia guerra civil hasta el Plan de Estabilización de 1959. In: G. Anes (Ed.), Historia econórnica de España. Barcelona: Galaxia Gutenberg.

GONZALEZ. R, RICO J. 2006. Ferrocarriles Andaluces en la Gaceta de los Caminos de Hierro, 1862—1914. Ⅳ Congreso de Historia Ferroviaria. Junta de Andalucia, Consejeria de Obras Publicas y Transporte, Málaga.

GONZÁLEZ FERRANDO J M. 1988. De las tres formas de llevar 'cuenta y razón' según el licenciado Diego del Castiilo, natural de Molina. Revista Española de Financiación y Contabilidad, 17, 183 - 222.

GONZÁLEZ PEDRAZA J A. 2003. Los archivos de empresa en España: Castilla-León, Castiila La Mancha y Extremadura. Transportes, Servicios y Telecomunicaciones, 5, 151 - 170.

GONZALO J A. 1992. The challenges of financial reporting in Spain. in: J. A. Gonzalo (Ed.), Accounting in Spain 1992. Madrid: AECA.

GONZALO J A, GALLIZO J L. 1992. European financial reporting: Spain. London: Routledge.

HENDRICKS F. 1860. A review of the statistics of Spain down to the years 1857 and 1858; chiefly founded on the Spanish census returns of those years. Journal of the Statistical Society of London, 23, 147 - 200.

HERNÁNDEZ ESTEVE E. 1984. Las cuentas de Fernán López del Campo, primer factor general de Felipe Ⅱ para los reinos de España(1556—1560). Hacienda Publica

Española,87,85 - 105.

HERNÁNDEZ ESTEVE F. 1985a. Legislacion castellana de la Baja Edad Media y comienzos del Renacimiento sobre contabiiidad y libros de cuentas de mercaderes. Hacienda Publica Española, 95,197 - 221.

HERNÁNDEZ ESTEVE E. 1985b. A Spanish treatise of 1706 on double-entry bookkeeping:"Norte Mercantil y Crisol de Cuentas" by Gabriel de Souza Brito. Accounting and Business Research,291 - 296.

HERNÁNDEZ ESTEVE F. 1989. Apuntes para una hiscoria de la contabilidad bancaria en España. Revista Española de Financiación y Contabilidad, 18,21 - 96.

HERNÁNDEZ ESTEVE E. 1996. Merchants'organizations and accounting regulation in eighteenth century Spain: the ordinances of the Tribunal of Commerce of Bilbao. Accounting, Business and Financial History,6,277 - 299.

HOYO APARICIO A. 2007. Economia y mercado de valores en la España contemporánea. Santander: Universidad de Cantabria.

LA FORCE J. 1965. The development of the Spanish textile industry, 1750—1800. Berkeley: University of California Press.

LYNCH J. 1991. El siglo XVIII. Barcelona: Crítica.

LYNCH J. 2000. Los Austrws(1516—1700). Barcelona: Critica.

MACIAS M. 2002. Ownership structure and accountability: The case of the privatization of the Spanish Tobacco Monopoly,1887—1896. Accounting, Business and Financial History,12,317 - 345.

MANZANO MORENO E. 2010. Historia de España: épocas medievales. Barcelona: Crítica.

MARTIN ACEÑA P. 1993. La creación de sociedades en Madrid(1830—1848). Un análisis del primer Registro Mercantil, Documentos de Trabajo del Programa de Histaria Económica, Fundación Empñesa Pública,9303, Madrid.

MAYORDOMO F. 2002. La Taula de Canvis: Aporración a to historia de la contabilidad valenciana(siglos XIII-XVII). València: Universitat de València.

MONCLÚS GUITART R. 2005. El abad del Monasterio de Poblet como Limosnero Real y su rendición de cuentas(s. XIV). De Computis: Revista Española de Historia de la Con tabilidad,2,154 - 180.

NADAL J. 1975. El fracaso de Ia Revolución Industrial en España. 1814—1913. Barcelona: Ariel. Napier C. (1995). The history of financial reporting in the United Kingdom. In: P. Walton(Ed.), European financial reporting: A history. London: Academic Press.

NÚÑEZ G, BUENDÍA D. 2008. Información financiera en España durante la primera mitad del siglo XX. Las cuentas anuales de la Sociedad de Tranvías Eléctricos de Granada. De Computis: Revista Española de Historia de la Contabilidad, 8, 97 - 137.

PEREZ LOPEZ J M. 2003. El Archivo Histórico Minero de Río Tinto: Expenencia de organización de un archivo de empresa. Boletín de ANABAD, 53, 9 - 24.

PRIETO B, LARNNAGA C. 2001. Cost accounting in eighteen century Spain: The Royal Textile Factory of Ezcaray. Accounting History, 6, 59 - 90.

ROVIRA FERRER J. 1976. La función de la contabilidad como instrumento de la inspección tributaria. Revista Española de Financiación y Contabilidad, 5, 69 - 76.

TAFUNELL X. 2005. Empresa y bolsa. In: A. Carreras & X. Tafunell(Eds). Estadísticas históricas de España. Siglos XIX - XX. Madrid: Fundación BBVA.

TORTELLA G. 1969. Banking and industry in Spain, 1829—1874. The Journal of Economic History, 29, 163 - 166.

TORTELLA T. 2000. Una guía de fuentes sobre inversión extranjera. Madrid: Banco de España.

TORTELLA CASARES M T. 2003. Los archivos empresariales. Su organización, conservación y uso. In: C. Erro(Ed.), Hisroria empresarial. pasado, presente y retos de futuro. Barcelona: Ariel.

TORTELLA CASARES M T. 2005. El archivo del Banco de España. Nuevas lineas de investigación. VIII Congreso de la Asociación Española de Historia Económica. Santiago de Compostela.

TUA PEREDA J. 2006. Ante la reforma de nuestro ordenamiento: Nuevas nonnas, nuevos conceptos. Un ensayo. Revisia de Contabilidad, 9, 145 - 175.

VICENS VIVES J. 1972. Manual de hisioria ecanómica de España. Barcelona: Vicen Vives.

VIDAL J, ORTUÑEZ P P. 2002. The internationalisation of ownership of the Spanish railway companies, 1858—1936. Business History, 44, 29 - 54.

VLAEMMINCK J H. 1961. Hisioria v doctrinas de la contabilidad. Madrid: Editorial E. J. E. S.

YUN CASALILLA B. 2004. Marte contra Minerva: El precio del imperio espñol. c. 1450 - 1600. Barcelona: Crítics.

第八章 瑞 典[①]

克里斯蒂娜·阿茨伯格

引 言

　　瑞典的会计演进主要呈现自身技术发展与特殊管制风格的特征,并相继受到其他几个国家的影响。瑞典以非常不同于其他国家的实务而著称,譬如将会计与宏观经济政策相融合(Choi & Mueller,1984,第89-91页)和信息报告中的创新性,涉及无形资产(知识资本)的披露尤为如此(Lev & Zambon,2003,第599页)。在管制风格方面,瑞典属于典型的公司主义模式(Puxty,Willmott,Cooper, & Lowe,1987;Willmott,Puxty,Cooper,Lowe, & Robson,1992),国家对会计发展的作用受到特别关注与讨论(Jönsson,1991)。本章将会表明,瑞典不仅已经适应商业环境中持续进行的会计发展,并且,显示出就会计问题开发自身解决方案的能力。

早期:德国对第一次立法及教育的影响

　　追溯瑞典及其商业环境的特征将有助于理解该国的会计发展。瑞典是一个经济发展迅速的小国家,20世纪的经济发展尤为显著。与许多其他西

---

　　① 《世界会计史:财务报告与公共政策(欧洲卷)》,会计思想发展研究第十四卷 A,第191-216页(原书页码)。爱墨瑞得出版集团有限公司2010版权所有。ISSN:1479-3504/doi:10.1108/S1479-3504(2010)000014A011。

欧国家相比,工业化在瑞典开始得比较晚。直至 19 世纪中叶之后,经济才开始真正转型。在这一时期,瑞典与德国的关系十分紧密(无论在政治还是经济上),并且,由于德国会计复杂巧妙且相当发达,很自然地对瑞典会计发展产生了广泛影响。我们可以肯定地认为,由于这一时期瑞典会计职业界与高等会计教育均未获得发展,德国的影响是相当自然且难以作出评论的。当 19 世纪末、20 世纪初的会计立法获得通过时,法律委员会向德国寻求指引。虽然瑞典第一家有限公司已经于 17 世纪设立,但是,第一部《有限公司法案》(*Limited Companies Act*)直至 1895 年才发布。然而,1848 年出台一份《部长令》(*Ministerial Order*)。这份指令与 1895 年法律均受法国立法的影响。然而,指令与法案均未涉及具体会计规则,仅对账簿的保存作出原则性规定。1910 年发布的《有限公司法案》更加详细,在某种程度上仍然受法国立法的影响,但是,更多地体现了德国的思想。

高等教育开始于 1909 年设立的斯德哥尔摩经济学院(Stockholm School of Economics),第一位会计学教授 Ernst Walb 是从德国聘请来的。另外一位德国人 Albertter Vehn 成为 1922 年创设的哥特堡商学院(Gothenburg Business School)第一位会计学教授。Walb 不久便离开瑞典,回到了德国。1915 年,他的继任者 Oscar Sillén 是一位曾经在科隆(Cologne)接受教育的瑞典人。Oscar 的老师便是 Schmalenbach。Oscar Sillén 在斯德哥尔摩经济学院担任教职很长时间。这两座商学院培养了大量会计专业人士,课程则以德国会计理论与争论为内容。在这一时期,德语是学校教学中的第一外语,因此,教材也采用德语。商学院与实务界之间已经开始存在密切的联系,并且,尽管商业实务问题是商学院感兴趣的主题,教学仍扎根于理论与实务经验。这一时期德国流行的关于先进理论问题的争鸣引入瑞典学院,并争相讨论。有关最恰当资产负债表的持续争论即动态资产负债表(dynamic balance sheet)(Schmalenbach,1919)或有机统一的资产负债表(organic balance sheet)(Schmidt,1929),便是其中一例。

1929 年,第一部《会计法案》(*Accounting Act*)出台。法案适用于所有企业,而不只是适用于有限公司。法律的目的旨在确保账簿得到妥善保管,由此使控制企业成为可能。这一点在法律预备性工作中得到阐述,因为除了商人自身,保管账簿对于债权人的保护也十分重要。然而,1929 年法案仅包含有关资产负债表的建议,不涉及损益表。资产负债表应当为剩余资产负债表(a residual balance sheet)。[1]这部最早的《会计法案》已经确立"恰当会计实务"(good accounting practice)的概念,这在此后的会计发展中十分重要。通常认为,这部法律仅仅是"框架性法律"(framework law)(实际上包含非常少的具体规则),只给出若干一般性的原则,因此,有必要以商业实务的发展进行补充。然而,不是任何实务都可以对这部《会计法》作出补充的,会计专家必须对实务的恰当性形成总的一致意见。今天的情形依然如此,个别公司不能援引"恰当会计实务"概念作为不遵循法律中某项具体规则的借口(譬如,"真实与公允"概念可能使一些公司不遵循法律)。尽管欧盟指令中不存在"恰当会计实务"概念,瑞典人在20世纪90年代使立法适应指令的要求时,仍然保留了这个概念。于是,便出现了"真实与公允"概念是否可以取代"恰当会计实务"概念的争论。但是,争论的结论认为两者之间存在某些差异。尽管在国家之间进行比较总是存在风险,"恰当会计实务"概念更加接近于德国的"GoB"概念即恰当簿记原则(Grundsatze ordnungsmaBiger Buchfuhrung)。[2]

创建专业机构

《1910年有限公司法案》(*1910 Limited Companies Act*)规定,所有有限公司必须聘请一名审计师,但是,没有对此类审计师的教育背景与胜任能力作出任何说明。1899年,当一些具有会计教育背景的人士决定组建瑞典审计师协会(SRS,Svenska Revisorssamfunder)、将作为审计师的专业人士与外行区别开来时,瑞典第一个审计师组织便成立了。

Sillén与学院协商,认为学院的工作条件应当允许他同时在实务部门工作。他也确实那么做了。1912年,Oscar Sillén成为6位经过批准的第一批审计师(具有会计高等教育学位)中的一员。1923年,他与其他14位会员脱离审计师协会(SRS),另行组建权威公共会计师协会(FAR,Föreningen Auktoriserade Revisorer)。1923年以后,SRS重组为由"经批准的核数师"(godkända revisorer,经过批准的具有较低教育资历的审计师)组成的一个协会。1923年至1941年,Sillén在担任斯德哥尔摩经济学院教授之余,还出任权威公共会计师协会(FAR)的主席。在社会学研究中曾经这样讨论专业人士:专业人士越是为了学术知识而奋斗,他对政府认证便越不感兴趣

（Montagna,1974）。Oscar Sillén 与 FAR 中其他几位专家便属于上述看法的恰当例证。许多年里,FAR 尤其是 Sillén 对 SRS 有关审计师需要经过政府认证的请求作出严厉批判。然而,SRS 赢得了这场战斗,在瑞典,第一级专业审计师即经批准的审计师(approved auditors;godkanda revisorer)与第二级专业审计师即经授权的审计师(authorized auditors, auktoriserade revisorer)均由政府机构颁发专业合格证书。因此,专业机构的会员资格属于自发性质,不是作为专业审计师执业的正式前提条件。

由于两个专业机构历史上曾经存在的分歧,2006 年,当两者宣布合并为 FAR/SRS 时,成为一件轰动性事件。在合并若干年之后,组织名称中删去了"SRS"。因此,今天在会计(审计)公司中工作的所有审计师和其他从事如咨询师以及专家等相关工作的人士均加入 FAR 组织。

最早的会计规则和确立与税务的联系

虽然在《1929 年会计法》的预备工作中特别声明,这部法律的创建不旨在服务于税务当局,但是,法律却在事实上成为服务税务的一项工具。当代的所得税由 1928 年税法引入,并且,1928 年税法没有为税务目的制定具体会计规则。相反,税法总则指出,税务应建立在应计制概念之上,商业账簿应成为计算收益的基础。在该体系下,会计与税收之间存在联系,并且,该体系与德国实行的制度[即"权威原则"(Massgeblichkeitsprinzip),Haller 已经分别于 1992年和 2003 年作出解释]完全相同。然而,《会计法案》中的估值规则特别含糊,有关"恰当会计实务"的认定则有意留给实务界解决。这导致实务中减少税额的行为成为选择会计原则的重要决定因素。完全不存在折旧规则的期间即"自由折旧"(free depreciation)时期开始了(Västhagen,1953)。

1928 年税收立法确立了税收与会计之间联系的基础理念——税收应建立在商业规则之上,并且,不应当制定任何具体税收规则。然而,由于公司之间采用不同标准计算税额,会计核算缺少标准化(尤其在存货、机器与设备的估值领域)成为一个重要问题。此外,该体系也被认为过于庞杂(SOU 1954：19)。由于商业立法中只存在"向上的估值规则"(upper valuation rules),而没有"向下的估值规则"(under valuation rules)——并且,由于一般的意见认为会计越谨慎越好——大量秘密的折旧储备与存货储备(以价格下降风险为理由)被创造出来,使盈利的公司有可能从应纳税额中保留利润。1955 年,税收立法变革引入了适用于存货、机器以及设备的最低可接受的具体估值规则(specific lowest-permitted valuation rules)。税前抵扣的一项前提条件是这些规则不仅应用于税收目的,同时也整体上适用于商业账目,由此抑制可能发生的分配未经纳税的股利行为。对于所有试图降低税收成本的公司而言,这些领域中开发出来的具体税收规则也成为会计规则。于是,便建立了一种商业会计与税务会计相互影响的制度。这与可以从德国"相反决定性原则"(Umgekehrtes Massgeblichkeitsprinzip)中观察到的发展完全相同(更多细节,同样参见 Haller,1992,2003)。因此,税收立法是一项非常重要的会计管制工具——有些领域现在依然如此——尤其是对那些规模较小的企业和所有企业的个别报表核算。尽管如此,由于集团不需要纳税,税收立法不直接适用于集团报表。

影响会计的宏观经济政策

虽然 20 世纪 50 年代已经开始实施具体的税收规则,但是,税收立法依然十分宽松,并且,在"估值政策"(valuation policy,bokslutspolitik)方面存在相当大的自由范围。逐步积累折旧储备与存货储备的可能性使公司能够利用这些储备进行扩张,而不是分派利润,因为后者将迫使公司释放储备并支付所得税。五六十年代,瑞典工业显著增长。瑞典没有卷入世界大战,甚至从欧洲邻国的战后需求中获益。然而,这一期间,瑞典福利型国家依然在逐渐建立之中,消耗了许多社会财务资源。因此,为了使工业能够从持续增长的需求中获益并得到扩张,税收政策继续十分宽松。在很长一段时间里,瑞典的名义税率很高。然而,由于利用不同储备创造的各种降低收益的可能性,真实税率要低得多(SOU 1989:34)。

这种存在估值自由范围的制度在很长一段时间内保留了下来。在商业教育领域,一项最重要的技能是从称为"估值政策"的课程中学到的。这些课程向学生讲授如何以最佳方式利用不同估值类型的可能性,并将估值政策与公司损益水平相匹配。整个理念是从后向前推导的。先要确定需要对外披露的利润。接下来,必须在不同的可能性之间作出选择,以提取或释放储备。这将产生不同的技术后果,需要仔细考虑。譬如,作为一般性规则,折旧储备的提取应当总是先于存货储备,因为存货储备总是能够"补上",但是,丧失提取额外折旧的机会则不能在以后期间以相同程度"重新获得"。当然,储备尤其是存货储备应该在公司发生亏损、不需纳税的期间"释放"出来,因为这也增加了未来期间公司赚取利润时再次提取此类储备的可能性。对于会计师而言,这项技术是最重要的,但是,可能需要依靠外部人来操纵账户。然而,首先应该指出的是,随后不久瑞典便引入了释放储备会计核算的制度。至少对于那些在这一制度下接受教育的人来说,追踪不同类型储备的变化及其金额大小是可能的。此外,瑞典也考虑将释放储备会计核算作为一种推荐的实务,以此提供更好的收益计量,因为建立在长期基础上的收益计量会更准确。通过在好年份建立储备而在坏年份释放储备,一条更加平坦的历年收益线便开发出来,平滑的曲线图被认为更好地描述了公司的长期发展。"商业循环平滑原则"(business cycle smoothing principle)概念由此引入(Asztély,1978),但是,不包括益格鲁—撒克逊会计文献中可以观察到的平滑的负面含义。这一时期的会计专家(包括 Oscar Sillén 教授和后来第一位被任命的隆德大学教授 Nils Västhagen)担心,那些向股东大额派息而没有建立任何储备的公司,在坏光景来临时将面临破产的风险(Sillén,1943;Vasthagen,1953;Sillén & Västhagen,1961)。

当与宏观经济政策相关联的特定工具引入瑞典时,一种新的储备类型创造出来。当然,更多的政策含义需要会计师学习与思考。1938 年年初,瑞典推行几种不同的"投资储备"(一类基金)。创设并使用这些储备的机会由政府控制。然而,管理层也具有选择是否利用机会建立并使用储备的可能性。如果公司确立了这类储备,嗣后却发现没有可供选择的投资机会,那么,这项储备需要重新纳税。但是,设立这些投资基金的整体理念是基金数额应当足够大,以此吸引公司利用这类基金,因为政府的本意是在试图缓和商业周期的新凯恩斯主义政策下利用这些基金,通过激励公司在萧条时期进行投资而刺激经济。[3]直至 20 世纪 80 年代末,这类政策受到充分支持。当 1990 年至 1991 年对税收制度进行彻底改革时,宏观经济政策受到批判,因为人们认为准确判断何时应该使用这类工具是不切实际的。此外,也有观点认为,政治家没有勇气适时地从该项制度中撤离出来。可以得出这样的结论：在整个期间，该项制度事实上几乎是在不受干扰的情形下发挥作用（SOU 1989：34）。业界仅仅是适应某个制度，并利用各项工具降低税收成本。事实表明，这项制度如此深刻地嵌入业界的行为与预期之中，以至于尽管受到批判，许多新的工具类型仍被创制出来，有些现在依然在使用，区别在于：今天几乎不存在备选方法，也不再用于宏观经济政策。

协调北欧会计的努力与 Kreuger 破产的影响

1934 年，北欧国家开始合作创建共同的北欧市场，由此产生协调公司立法的动力。1942 年，作为这次合作的结果，就改革北欧国家公司立法的提议获得通过。然而，因战争爆发，这项合作不得不中断。瑞典作为受战争影响最小的国家，在 1944 年独立后实施了新《有限公司法案》。然而，国家遭遇另一场危机的重创——克罗伊格（Kreuger）破产。这对新立法形成重大冲击。Ivar Kreuger 是一位享誉世界的缔造商业帝国的商人。为了满足投资者对股利的渴求，他在财务报告关账日不同的集团公司之间移转利润。资金还没有实现便被分派出去，集团整体没有充足的资本来弥补所分派的总金额——但是，到那个时候，Ivar Kreuger 已经自杀。因为这个事件，1944 年《有限公司法案》演变为一项非常复杂的立法，远远超前于当时的欧洲大陆惯例。所有集团都承担发布包括国际范围内所有附属公司的年度报表的义务。因克罗伊格破产而写入法案的一项具体的瑞典特征是公司可能派发的股利以公司和按照合并报表确定的"自由资本"（free capital）为限。与早期立法相比，1944年法案也在相当程度上拓展了对董事会与董事披露信息的要求。按照 Jönsson和 Marton（1994）的观点，Kreuger 破产促使政府意识到商业需要受到管制，因此，这次危机刺激政府采取行动，强化了其对商业的立场。Jönsson 和 Marton（1994）将该次危机视为政府积极干预和强势瑞典政府得到发展的诱因之一。[4]

美国的影响与私人准则制定的开端

直至 20 世纪 60 年代，会计及其他商业研究才开始为乌普萨拉（Uppsala）

和隆德的老牌大学接受。在此之前，这些学科被认为过于实用而未能进入大学研究的范畴。当大学开始设立这类课程的时候，学科影响也已经在老牌商学院发生变化。第二次世界大战后，英语成为学院教授的第一外语，许多学生不再能够阅读德文。图书资料毫无疑问地转向美国，这一影响也能够逐渐地从会计实务与准则制定中观察到，虽然滞后了将近20年。在一项对权威公共会计师协会（FAR）制定准则的研究中（Artsberg，1992），我们可以发现，80年代初期建议的会计原则发生某种转变。这一时期，职业界开始在更大程度上支持配比原则，此前曾经作为主要争论点的谨慎性原则被置于不显眼的位置。但是，更早期间即50年代末，职业界已经开始支持披露更多信息。与这一时期德国的发展相比，这是不同之处。瑞典继承了德国利用秘密储备的实务，但是，为了披露与之相关的信息，瑞典职业界发明了在资产负债表中披露储备的技术，即简单地将其增记至贷项，同时在损益表中作为税前利润处置进行公开列示。目前尚不清楚是什么因素促使瑞典会计发展比立法中的规定更加开放并披露更多信息。Jönsson认为，政府对公司报告的兴趣持续增长，采取的活动日益增多（通过许多有关商业周期的调查），由此向业界发送了信号，促使职业界采取行动（Jönsson，1985，第40页）。

美国由私人发起的会计管制活动发展鼓舞了瑞典会计职业界主动发布会计"建议"（recommendations）。与美国注册会计师协会（American Institute of Certified Public Accountants，AICPA）最初由会计原则委员会（Accounting Principles Board，APB）发布准则的方式相同，权威公共会计师协会（FAR）在20世纪50年代中期创建了会计委员会（Accounting Committee）。[5]FAR强调，发布的公告仅仅是就"恰当会计实务"提出建议。虽然如此，这些公告的权威性日益增强。20世纪70年代中期，当立法再次发生变革时，法律预备性工作明确地将FAR下属会计委员会发布的准则视为对"恰当会计实务"——20世纪初期以来瑞典会计立法中的一个关键概念——的解释。这些"建议"的内容经常受到美国公认会计原则的影响，但是，有时也受美国准则之外理论争辩的影响，[6]同时，也经常根据瑞典的实际情况作出调整。

准则制定的第一阶段从50年代中期委员会设立开始持续至70年代初。这一期间，准则只涉及与披露问题相关的建议（如同美国那样，经常规定在附注中作出披露）。秘密储备成为公开的储备，典型的斯堪的纳维亚"不计税储备"(untaxed reserves)会计模式得到发展(参见 Artsberg,1996)。委员会准则制定的第二阶段自然可以追溯至 20 世纪 70 年代。在这一期间,委员会开始发布涉及收益计算问题的准则。然而,这一期间的准则仍然承袭德国的影响,因为谨慎性原则在瑞典得到广泛传播。有人可能疑惑,为何德国对收益计算的影响持续如此之久。答案是收益计算与税负相关,而委员会认为公司将会反对增加税务负担的准则。此外,20 世纪 70 年代中期也通过一些立法,继续强调谨慎性原则与实现原则是最重要的原则。准则制定在很大程度上是(或者,至少在这一时期尝试成为)对立法的一种解释,并按法规的层级秩序以法律为最重要的来源。如果立法没有作出任何规定,那么,准则便更具有创新意义,国际影响(主要为美国)也更加明显。

委员会准则制定的第三阶段在 20 世纪 80 年代。这一时期,会计原则的理念与恰当会计核算正在发生改变。在这一期间,一些瑞典公司在美国市场[7]上市,便将美国惯例引入瑞典。在推荐的方法中,配比原则比谨慎性原则显得更重要。早期曾经受到指责的方法(如权益法与完工比例法)现在已经被接受。然而,推荐的新思想主要出现在集团报表领域。委员会作出一个颇受争议的解释,即立法中的规则并非同等程度地应用于集团报表,因此,向集团报表推荐了未向个别报表推荐的原则。公司采纳了这些建议,毕竟,集团报表不是计税的基础。

20 世纪 70 年代：新公司立法与社团式准则制定机构的建立

从报表格式、披露要求与集团会计技术方面考虑,20 世纪 70 年代中期的立法——1975 年《有限公司法案》与 1976 年《会计法案》——明显地受到美国思维的影响。现在,立法规定也更加细致。然而,从德国继承而来的谨慎性原则、实现原则与历史成本会计依然存在。向上重估资产价值受到禁止。但是,在一个领域中发展出特殊的瑞典实务:立法中开始出现对曾经称作"社会会计"(social accounting)的需求。立法者希望公司披露有关雇员情况的信息,如男女职工人数和与管理层相比的雇员平均工资等。多年以来,这样的需求越来越多,并且,经常是在丑闻与危机爆发之后[譬如,对管理层

"金降落伞"（即离职福利——译者注）协议的强制性报告］。20 世纪 90 年代，有关"绿色会计"（green accounting）的要求受到管制，虽然立法中的规则要求要低于公司自身主动发展的实务。进入 21 世纪后，有关病假统计数据和处于领导地位的男女雇员人数等披露需求被补充进来。但是，现在瑞典公司（从 Skandia 开始）最出名的很可能是对"知识资本"的广泛报告（Arvidsson，2003；Artsberg & Arvidsson，2007）。这类报告实务是在立法者或准则制定机构均未提出任何要求的情形下发展起来的。

权威公共会计师协会（FAR）在这一期间继续推进准则制定工作，并且，非常有影响。尽管——或者，可能正是因为这一点——立法者现在决定组建一个政府机构即会计准则理事会（BFN，Bokföringsnämnden；Accounting Standards Board），更加积极地参与准则制定，并对新的立法作出解释。会计准则理事会（BFN）创建于 1976 年，现在仍然与私营准则制定机构平行运作。关于创建会计准则理事会（BFN）的理由，表述如下：

确定何种方法应被视为"恰当会计实务"的责任不能单独委任于私人利益。公众代表——有很大兴趣关注这一领域的人士——也享有影响这一事务的机会，这一点很重要。（《公司法案议案》的自由翻译，1975：103，第 152 页）

［*Enligt min mening kan emellertid inte helt överlämnas åt enskilda intressen att närmare bestämma innebörden av detta begrepp（det åsyftas här begreppet "god redovisningssed"，mitt tillägg）. Detär angeläget att foreträdare för det allmänna—som har stora intressen att bevaka I detta sammanhang—också får tillfälle att öva inflytandei frågan. (Prop 1975：103，s 152)*］

立法者将权威公共会计师协会（FAR）视为一个存在利害关系的机构，不能承担准则制定的一般责任，因此，组建了一个政府与不同利益集团或专家（包括来自 FAR、业界、税务部门以及工会的代表）之间相互合作的机构——会计准则理事会（BFN）。然而，BFN 不具有发布在法律意义上可强制执行的准则的权威性。只有在获得法院认可的前提下，BFN 发布的准则才具有法律约束力。不难理解，在已经存在一个完好建立并受到诸多尊重的准则制定机构——虽然授权相对较弱——的情形下，BFN 的初期工作显得犹豫不决。确定 BFN 在准则制定工作中应当承担的确切职责需要一段时间。设立初期，

FAR 与 BFN 之间做了非正式的工作划分，FAR 继续制定有关会计计量与披露准则的工作，BFN 则持续发布更加技术性的簿记问题准则。

私营准则制定机构的重组

权威公共会计师协会（FAR）下属委员会的准则制定工作从 20 世纪 80 年代开始出现困难。当时，立法与实务发展之间存在冲突的情形已经显而易见。此外，在美国股票交易所上市的公司采用美国原则的意图也更加清晰。委员会尝试扩大立法的范围，但是，有时做不到——或者，不愿意那么做。委员会存在一个自身权威性的问题。在商誉问题上，委员会的权威性尤其受到质疑。由于立法明确规定，商誉应当在 10 年内摊销，这也成为委员会推荐的方法。当一些公司主张不能接受比美国公司（现在瑞典公司不得不在股票市场上角逐资本的竞争对手）更严厉的条件而采用 40 年期的商誉摊销政策时，委员会的代表公开表示，他们存在一个权威性问题，于是，不得不开始就商誉摊销期限的具体问题和准则制定权威性的一般问题展开讨论。

权威性问题促使 FAR 决定重组准则制定，并且，再次受到美国会计原则委员会（APB）被人员构成多元化的财务会计准则委员会（Financial Accounting Standards Borad，FASB）取代这一事实的影响，接受了创建一个全新组织的倡议。FAR 也试图创建一个多元成分的机构，并邀请公司组织"瑞典行业联合会"（IF，Industriforbundet；Federation of Swedish Industries）选派代表加入这个称作"会计理事会"（RR，Redovisningsradet；the Accounting Council）的新组织。股票交易所也受到邀请，它却无意在这个时候参与进来。政府机构会计准则理事会（BFN）从一开始便加入了会计理事会（RR）。瑞典行业联合会（IF）最终同意成为会计理事会的会员。因此，会计理事会从 1989 年开始正式作为权威公共会计师协会（FAR）、瑞典行业联合会与会计准则理事会即审计师、业界与政府之间的合作机构而展开工作。与 FASB 相比，当时的会计理事会是一个人员混杂的机构，但不属于纯粹的私营性质，因为政府机构会计准则理事会也参与其中。因此，这是一个公众与私营部门之间的合作性组织。然而，1998 年会计理事会重组，会计准则理事会从中退出。相反,股票交易所和其他一些私营组织则决定加入其中。

会计理事会因行动迟缓且犹豫不决的开端而受到批评,这一状况持续 2 年之久,直至第一份准则发布。在会计理事会于 1991 年发布第一份准则之后,随即于 1992 年和 1993 年分别发布两份准则。接下来是踌躇不决的几年。其中,一个可能的理由是无法确定可视为恰当实务的会计原则,因为实务的发展已经与立法不相一致。然而,当 1995 年立法作出变革之后(参见下文),这一问题上的不确定性得到消除,这使会计理事会有可能继续从事增补准则制定的活动。会计理事会加强了工作,考虑法律约束的前提下,通过使瑞典准则尽可能地借鉴国际会计准则委员会(IASC)的所有准则来推进工作议程。会计理事会决定专注于上市公司的准则制定。有人可能质疑,这一时期的瑞典为何不简单地要求上市公司采用国际会计准则(IAS),而要自行制定准则。一个无争议的回答是税收与会计之间存在联系,会计理事会认为有必要为个别报表制定一套将这一联系考虑在内的准则。因此,会计理事会继续致力于权威公共会计师协会已经确立的传统,为集团报表与个别报表规定不同的会计处理方法。然而,即便是向集团报表推荐的准则也不是对国际准则的单纯复制,因为会计理事会经常认为存在一些瑞典必须具体考虑的特殊问题。1998 年,会计理事会加速准则制定,并最终使工作保持在较高水准上,以与 IASC 以及国际会计准则理事会(IASB)的准则制定保持同步。

20 世纪 90 年代变革会计立法:回到"石器时代"

随着 20 世纪 80 年代末与 90 年代初的新影响因素和原有的竞争性因素交织状况的演进,许多涉及根本问题的形势变得很不清晰起来。实务中会计原则的改变已经导致出现实务与立法不协调的局面。现在,立法被认为已经过时进而需要变革。于是,1991 年,政府任命一个委员会,对这种局面展开调查,并就改革立法状况提出建议。政府指示该委员会就以下根本问题作出调查:

a. 会计立法的目的是什么?是否存在重新考虑会计与税收之间相互关系的理由?

b. 立法应具备何种形式结构？

c. 法律应在多大程度上保留为框架性法律，而由其他形式的准则制定加以补充？

d. 哪些会计原则应当构成专业准则制定的基础法则？

e. 如果违背需强制执行的规则，那么，应当存在哪些类型的惩罚措施？（Dir 1991：71）

然而，当瑞典因自由贸易组织欧洲自由贸易联盟（EFTA）与欧盟之间于1992年达成的协议而不得不立即吸收欧洲共同体指令时，该调查委员会几乎难以开始其工作。[8]因此，委员会在1992年收到新的指示，就瑞典会计立法适应欧共体指令需要作出哪些改变展开调查。基于时间方面的压力，委员会第一阶段的工作主要致力于更加技术性的层面，而较少关注前面提及的那些原则性问题（SOU 1994：17）。

1995年，适用于欧共体的新立法获得通过。与20世纪70年代中期通过的立法相比，会计原则和对会计计量主题的考虑几乎未发生改变。然而，立法者利用指令中的选择权，通过允许个别报表中采用权益法而限定合并报表中必须遵循权益法，使已经存在的实务合法化。由于瑞典会计的信息含量已经较大，在披露要求方面存在一些但不是很多变化。如前面提到的那样，集团会计已经相当发达。在报表格式方面，一项具体的变化包括在向美国模式转变时，必须将1976年以前采用的德国模式下的流动性排列次序倒置过来。总体上，会计职业界对瑞典不能使立法更加现代化而感到失望。有人这样表述，在这个已经获得发展的时代出现了回到石器时代的倒退！当时，两类问题与《第四号指令》特别相关——在一些问题上过于具体；太多问题却全然不曾提到。在立法通过之前，会计理事会试图说服调查委员会不要在每一个细节上都接受欧共体指令，也应同时关注 IASB，这将更好地借鉴国际发展。然而，会计理事会显然没有成功，因为新立法几乎丝毫未变地转引了欧共体的指令。

进入 21 世纪

吸收《IAS 条例》

《IAS 条例》（*IAS Regulation*）强制要求上市公司必须在合并报表中应

用国际财务报告准则(IFRS)。然而,是否将 IFRS 拓展应用至其他主体的问题,则留待本国政府决定。因此,立法者必须从传统的国家管制程序着手,在瑞典,通常以政府任命一个委员会对该问题展开调查为开端,并在一份公开报告中汇报其调查发现[SOU 系列,国家公共问讯处(Statens Offentliga Utredningar)]。这份报告发送给社会上的不同团体,并邀请其发表评论。接下来,政府在提议新立法时,对这份报告与评论意见作出仔细考虑。2003年夏季,负责调查《IAS 条例》执行情况的委员会提交报告。委员会作出如下建议:

a. 允许在非上市公司的集团报表中主动应用 IFRS;

b. 允许在上市公司与非上市公司的个别报表中主动应用 IFRS。如果选择 IFRS,那么,立法中的许多规则应不再适用(SOU 2003:71)。

会计职业界、编报者以及会计准则理事会(BFN)与调查委员会持相同观点,认可但不强制执行 IFRS。报表使用者试图再向前进一步,提议应要求上市公司在个别报表中强制应用 IFRS(他们没有对非上市公司作出此类声明)。至此,我们可以发现,会计职业界、编报者与使用者之间在认可 IFRS方面至少意见一致。税务当局提出不同的建议(从允许、强制要求到不允许 IFRS),这取决于地方税务机构是否存在不同意见。最后,法律界和其他团体及调查委员会的意见完全不合。法律界不倡导在《IAS 条例》决定的范围之外允许采用 IFRS,理由是在个别报表中保留国家制度很重要。

在历史上,编报者曾经是瑞典立法程序中特别重要的一类群体。他们经常十分活跃,其意见亦获得立法者重视。个别公司层面没有提交评论意见,但是,若干代表商业活动不同部门的机构发表了评论。最重要的评论来自营业税代表团(Naringslvets Skattedelegation,Business Tax delegation)。这封评论函不时为许多其他编报者集团所援引。业界没有一份评论,建议将 IFRS 强制性拓展应用至已经由欧盟确定的范围之外。然而,它们希望有机会在自愿基础上应用 IFRS。此外,业界强调,就 IFRS 应用于个别报表的税收后果展开调查很重要。有一种担心,认为采用 IFRS 后税收负担将会加重。这可以理解,因为调查委员会经过若干计算后得出的结论是,如果采用IFRS 而不是当前的瑞典规则,那么,税负将会增加。此外,业界担心,公司将不能在平等的基础上计算税负(如果不同公司遵循不同规则,将会产生这样的结果,因为会计与税收之间仍然存在联系),并且,它们认为,如果允许采用 IFRS,那么,必须存在某种形式的标准化。业界的另一项担忧则是基于 IFRS 使用的复杂性,将构成中小规模公司的一项主要沉重负担(Artsberg, 2005)。

不同组织对个别报表中应当允许还是强制要求采用 IFRS 的立场非常不同,这使情形对立法者而言十分困难。2004 年,政府提交议案,在未作任何修改的情况下便在议会获得通过。议案采取与调查委员会十分对立的观点,即决定不应当允许在个别报表中使用 IFRS。支持这一观点的理由主要是税收影响。议案认为,如果允许采用 IFRS,那么,将会增加公司的税收负担,公司将不再可能提取不计税储备,税收基础将由外国组织来确定,征税管理工作将变得更加复杂且成本高昂,并且,存在引发更多税收争议的风险。此外,议案还指出,保护债权人的重要性还未经过分析。最后,议案认为,编报者很可能缺少在个别报表中使用 IFRS 的兴趣(Prop 2004/05:24)。

国家准则制定的进步

在政府作出决定后不久,会计理事会便宣布,它不应当再继续制定准则。因此,曾经有若干年,没有人知道适用于上市公司的准则制定将会发生什么,或者,是否将不存在任何国家准则。最终,2007 年,先前会计理事会的工作由自我监管式联盟组织"证券市场公认原则协会"(Association for Generally Accepted Principles in the Secuirties Market;Föreningen för god sed på vä rdepappersmarknaden)接管,"新"的委员会称为"瑞典财务报告理事会"(RFR,Rå det för finansiell rapportering,Swedish Financial Reporting Board)。财务报告理事会(RFR)主要由那些与会计理事会相同的委托人构成,包括业界、金融机构、职业界与股票交易所,但是,财务报告理事会(RFR)还将金融分析师作为专家涵盖其中。财务报告理事会(RFR)以 IFRS 为基础,发布适用于上市公司的准则。财务报告理事会的准则同时适用于集团报表和个别报表,因为在这两种情形下,均认为有必要使准则适应瑞典的特殊条件与披露要求,并且,个别报表有必要考虑税收后果,这样,上市公司与非上市公司没有在不平等的基础上计税。此外,财务报告理事会积极工作,与国内的其他组织如瑞典企业联盟(Confederation of Swedish Enterprises)、证券委员会(Securities Commission,Finansinspektionen)、会计准则理事会(BFN)以及司法部一起参与并向国际组织提交评论,如欧洲财务报告咨询委员会(European

Financial Reporting Advisory Group，EFRAG)和 IASB(及其解释委员会，Interpretations Committee)。

会计理事会已经决定只发布适用于上市公司的准则,于是,1999 年,会计准则理事会(BFN)决定承担同时就簿记问题和计量主题开发准则的角色。随着议会决定不在强制性范围之外接受 IFRS,即不允许将 IFRS 用于非上市公司,会计准则理事会现在可以推进其为非上市公司制定准则的工作。迄今为止,会计准则理事会将准则构建在会计理事会开发的准则基础上(根据公司规模进行若干调整)。现在的问题则是,会计理事会已经宣布自身没有理由继续制定国家准则,而财务报告理事会尚未接受这项工作。

因此,现在会计准则理事会开始了一项为非上市公司制定特定规则的雄心勃勃的项目。当前,"积木模块"式的会计规则(a "building block" model with accounting rules)正在开发之中。非上市公司按照规模大小划分为不同类型。会计准则理事会已经决定为每一类非上市公司制定简化的规则。所有适用于每一类非上市公司的相关规则应归集在一个文档中("一站式服务点","one-stop shop")。已经开发出来的第一套规则体系定于从 2007 年开始采用,应用于称为第一类公司的企业即最高营业额为 300 万瑞典克朗(SEK,将近 30 万欧元)。第二种类型是较小规模的有限责任公司,立法上界定为满足以下三项条件中两项要求的非上市公司:营业额低于 5 000 万瑞典克朗、雇员少于 50 人以及总资产低于 2 500 万瑞典克朗。适用于第二类公司的规则体系也已经确立,从 2009 年开始采用。第三类规则正在开发当中,应该适用于那些不属于"强制采用 IFRS 公司"之列的较大规模公司。该规则体系尚未制定出来。有人试图使其接近于 IFRS 的中小规模主体准则,但是,这在瑞典存在争议,并且,在这一问题上将很可能引发激烈的讨论(Askenmalm,2010)。适用于第一类与第二类公司的规则建立在交易基础观之上,谨慎性与实现原则是最重要的基石。上述规则属于简化规则,适用于税收目的,因为这些规则由会计准则理事会与税务当局协作开发。

金融市场监管——强制执行

很长一段时间里,瑞典没有强制执行的概念。没有一家公司因为不遵循商业立法中的规则或原则而被起诉至民事法庭。然而,违反税收立法中的规则,或者,未能恰当保存账簿,被认为是非常严重的事情。最早的年度报告系统性审查可以追溯至1986年。当时，Rolf Rundfelt 教授受会计准则理事会和股票交易所委托，开始阅读最大规模上市公司的年度报告。他将自己的发现发表在《平衡杂志》(*Balans Journal*)上，并每年出版一部有关年报评阅工作相关发现的著作。后来，这项工作由会计理事会下属审查小组(Review Panel)继续进行，Rundfelt 也参与其中，但是，还有其他人员加入进来。许多年以来，没有一项制裁可以强制施加于那些未遵循准则或立法的公司。通过公布不良行为，这套制度以非正式的方式运行得非常好。最终，股票交易所在其与上市公司的协议中嵌入了一项条款，即如果上市公司不遵循会计理事会制定的准则，那么，它们有可能被摘牌。

瑞典证券委员会(FI，Swedish Securities Commission)在很长一段时间里只对金融公司感兴趣，对于后者，它既是准则制定者，同时也实施常规性检查。由于瑞典证券委员会是欧洲证券监管者委员会(Committee of European Securities Regulators，CESR)的成员，它很自然地承担了欧盟所称的负责强制执行会计的"合格管理机构"角色。然而，在瑞典，将这项责任赋予 FI 却出现许多犹豫。第一，因为证券委员会不具备监管非金融公司的正式经验。第二，因为许多行动人试图像国际证券委员会组织(IOSCO)在《有效自我管制的原则》(Principles for an Effective Self-regulation)一文中讨论的那样，实施某种形式的自我管制。证券委员会(FI)自己提议将已经确立的私营部门主动性吸收至其管辖范围中。它建议，尽管证券委员会(FI)应该成为正式的负责机构，由职业界、会计理事会以及股票交易所履行的实际监管则应该予以保留。与通常一样，政府任命一个委员会，对这一问题展开调查。

委员会报告(SOU 2003：22)指出，所要求的强制执行新模式在瑞典是一种新兴事物。委员会达成的一致意见是，FI 不熟悉这类工作，因此，建议由会计准则理事会(BFN)承担这项职责。同时，委员会建议，尽管会计准则理事会拥有强制执行的正式责任，实际工作则可以授权给其他机构，私营部门更加适合，并特别提到了会计理事会及其审查小组。

在一次与调查委员会委员 Lennart Axelman 的访谈中，Lennart 承认，在瑞典寻找非常合适的强制执行方案时曾经遇到困难。显然，他不承认 FI 是此类结构中唯一或者最合适的机构。"我们不存在像 SEC 那样的类似机构。"此外，Lennart 指出，在解释会计原则方面，瑞典没有任何法庭判例。然而,他相信,股票交易所正在实施的强制执行要多于瑞典通常所承认的角色,但是,这项工作没有公开,而是建立在股票交易所与个别公司之间对话的基础上。虽然如此,Lennart意识到,在强制执行方面需要作出更多工作。调查委员会的另一位委员Anders Bengtsson(会计准则理事会的主任)在FI是否适合主管瑞典的强制执行工作犹像不决。然而,Anders确信,必须是某种形式的国家授权而非私营机构承担强制执行的最终职责。他强调,存在一套"正在发生作用"的真实制裁体系十分重要,即一项按照处以罚金形式纠正不遵循行为的秩序。那将是瑞典的新秩序,而瑞典对强制执行一直持相当宽松的态度。

2007年,政府决定授权股票交易所承担监管上市公司财务报告的责任(SFS 2007：528,第16章,第13－15段)。在发生公司渎职的情形下,交易所首先应该与公司展开交涉,并给予其更正的机会。只有当上述措施的效果不令人满意时,交易所有义务向FI作出报告,后者享有诉诸制裁的权利。此外,FI也被赋予制订应当如何技术性地实施监管的操作指南的角色。FI已经决定,交易所应该公开报告其监管工作的结果。(FFFS 2007：17,第5章,第18段)。股票交易所聘请了许多专家和有助于开展这项工作的会计业内人士,包括审查小组的前任审查员Rolf Rundfelt。

结束性讨论：瑞典会计发展的影响因素

瑞典是一个由强权政府治理的国家,这在国外很可能已经形成一种共识。瑞典以高税负、庞大的公共部门和延伸型福利制度著称。即便后来,政府不得不通过削减社会福利、专注于实现公共财政平衡来推动经济发展,上述特征依然存在。曾经有一个时期,政府试图对经济活动实施引导。最终,瑞典经济学家也受到20世纪八九十年代大部分西方国家采纳的新自由主义经济政策的影响,放弃了早先年代曾经实施的凯恩斯逆周期政策。

历史上,瑞典的会计发展主要呈现诱导式进程。长期以来,瑞典立法者总体上扮演了消极角色。20世纪70年代中期,政府采取行动加强了对会计的影响。这一时期的会计立法预备工作中明确声明,国家应对会计发展施加影响。90年代,当社会利益有时作为一个详细管制会计事务的理由而提出的时候,这样的声明在法律议案中再次出现(Prop 1995/96：10,第188页)。从历史的视角,我们可以观察到,有关会计属于政治范畴的认识逐渐加深,这在会计原则因出现新的影响因素而发生变化时特别明显,并且,已经显示出对会计的兴趣与日俱增。然而,追溯历史,我们可以发现,虽然瑞典政府以强势政府而闻名(Jönsson,1991),它在过去却没有能力控制发展。国际因素对瑞典的深刻影响可以为此作出最合理的解释,至少并非纯粹由于公司国际化活动的深入。老话"有益于沃尔沃的,同样有益于瑞典"(What's good for Volvo is good for Sweden)似乎能准确表述这一观点。公司在采用国际准则的同时,却不愿意按照国际准则计算的利润来交税。针对集团报表与个别报表适用不同原则的差异化会计制度的发展,立法者没有采取行动。长期以来,瑞典试图建立一套统一的制度,现在却分裂为两个部分(甚至更多部分)。[9]事实上,瑞典立法者缺乏会计战略,相反,务实的业界与注重实效的会计师确立了会计发展"战略"。立法者的反应则是在一定程度上追赶发展。

然而,存在尚未得到满意解答的问题。其中,最重要的当属税务问题。税收应当建立在哪些原则的基础之上?自20世纪70年代以来,就会计与税收之间的联系问题已经展开激烈争论,今天依然处于争论当中。最近,两项公开调查(SOU 1995：43,2008：80)均提议放松这一联系,但是,立法者拒绝此类提议。因此,税收仍然是影响会计的重要因素。解决这一问题的难点可以由以下事实作出解释,即重要行为人之间的意见高度不一致。业界在很大程度上支持这一联系的存在。[10]业界宁愿保留这一联系,因为它们担心,如果这一联系被打破,税务当局将独自制定税务规则,由此增加税务成本。它们的担心很可能是正确的。若干年以前,税务当局决定围绕一些它们不满意的会计方案自行展开调查,并提出自己的解决方案。税务当局将这些方案提交至政府部门,要求出台新的税收立法,并中断某些特定项目的联系(RSV Rapport 1996：1.处理金融工具;RSV Rapport 1998：6.处理固定资产、存货估值、在建工程、租赁、准备和外币)。仔细审查针对这些项目的税收方案后,Artsberg(2008)发现,文献中推荐的或者由税务当局自身认定的对税务管理十分重要的任何基本原则,如客观性、可靠性、交易可验证性(Whittington,1995),或者,简易性与标准化(Eilifsen,1996),或者,非判断性的(nonjudgemental)(Thorell,1984),均不可能得到整体一致的应用。

Artsberg 认为,只能发现一条"原则"适用于所有不同的项目,那便是提议的方案增加了税收成本!

20 世纪七八十年代,会计职业界自身基于就会计准则发布公告和在准则制定中占据领导地位的动向,出现了施加更多影响的趋势。然而,近年来,瑞典的情形则是法律的主导地位日益加强。20 世纪 90 年代中期的会计立法预备工作中出现非常严格的法律路径。在强制执行《IAS 条例》的过程中,情形也是如此。很明显,自从瑞典成为处理会计管制问题的欧盟立法委员会的成员以来,这种法律导向使法律界赢得更多影响力。欧盟立法委员会早期拥有来自会计界的杰出成员,今天则由法律专家主导。

在新近会计立法过程中需要指出的是,立法者没有听取会计界的任何观点。立法者给出许多不允许在个别报表中采用 IFRS 的理由,包括税收后果与债权人保护问题,但是,也存在个别报表事实上采用了 IFRS 的主张(Artsberg & Haller,2004)。另一种解释则可能是,我们正在见证一场涉及控制会计管辖权的职业界之间的战争。显然,今天法律界加强了对会计的管控。

会计界主要在原则基础上提出主张。根据我们从同行文献中掌握的知识,这一点就不会令人惊讶了。职业界需要能够独自处理问题的知识库(Montagna,1974;Abbott,1988)。IFRS 便是由会计界采用的这样一种原则基础的专业模式。由于该模式以价值观为基础,将经济实质置于法律形式之上,因此,需要专家的酌情处理权。法律界主张国内采用规则基础(交易基础)的模式。该模式建立在一个不同的逻辑基础上,即将法律形式优先于经济实质,并强调资产负债表为剩余资产负债表。我们不知道这是否真为立法者的主要立场,选择交易基础的模式优先于价值观基础的模式。这在相当程度上可能被视为一种注重实效的立场。有关规则制定程序的更早期文献表明,规则的选择是在实用主义基础上作出的。当会计界将会计有用性认定为一项重要的属性时,Robson(1991)则论证了会计有用性如何与中立性不相关,相反,准则(规则)在多大程度上有助于解决不同管理领域即不同使用者环境中的问题。Burchell,Clubb 和 Hopwood(1985)解释了如何创建一种可以同时解决不同问题(包括公司难题和社会情形)的会计方案。Young(1995)运用拉图尔框架(Latourian framework),论证了同一个问题:

本文采用的拉图尔框架表明,相比将成功制定准则视为开发技术上"准

确的"规则之函数,它更是一个使他人信服其工作的正当性、接受该项工作并说服他们依赖这一框架的过程。(第73页)

拉图尔框架有助于使注意力远离关于会计变革社会与政治层面的被认为中立和技术性的会计披露。(第175页)

在说服立法者接受交易基础模式下更加宽泛的社会与政治背景中注重实效的有用性方面,法律界似乎表现得更加成功。Jönsson(1991)很早便得出结论,瑞典立法者正在吸收实用主义的观点:

于是,结论似乎是,会计演说中的主张很大程度上是实用主义的。听众被演说中援引的注重实效的经验所说服,经验丰富的人赢得权威。很少提及理论,如果有的话。(第543页)

然而,Jönsson(1991)和许多有关准则制定的研究也认为,地位与权威确实对这一发展起到作用。随着来自欧盟层面的会计控制日益加强,法律界已经赢得更多影响力,因为今天的立法者比以往更加关注形式程序在法律上的正确性。

我们可以发现,在瑞典会计的历史发展中不只存在一种管制理想。但是,很长一段时间里,20世纪初期存在的德国制度几乎被美国模式所取代。今天,我们至少可以同时从两种不同的视角观察会计。其他一些国家也很可能存在这样的情形。于是,我们在会计问题的解决方法上出现了许多争论与异议。与此同时,尽管我们不能就同一个理想取得一致意见,会计却不得不按照另一种方式继续发展。与存在竞争性利益及理想的其他社会环境一样,这也必须通过政治程序来决定。未来的会计方法将很可能是具有不同会计理念的行动者相互作用的结果。

注释

[1] 这是采用了 Schmalenbach 的观点。

[2] 更多细节,参见 Artsberg 和 Schwencke(2003)。

[3] 储备如何发挥作用的更加技术性的英文描述,参见 Johansson(1965)、Carlson 和 Churchill(1967)以及 Artsberg(1996)。

[4] Kreuger 帝国是一个国际集团,集团的倒闭也对瑞典以外的国家产生影响。譬如,美国的管制便受此影响(Flesher & Flesher,1986)。

[5] 然而,FAR 内部的一个团体已经以非官方形式工作了一段时间。

[6] 具体的瑞典方案与(或)提议包括悬而未决的不计税储备会计核算(如前面已经提

到的那样）。当委员会分别于 1967 年和 1987 年发布租赁准则与金融工具准则时，事实上领先于国际层面的发展。在立法不阻碍实务发展的情形下，委员会可以做更多尝试。1980 年就"通货膨胀会计"起草准则便属于这种情形。然而，这项建议从未在实务中得到接受。

[7]　1981 年，Pharmacia；1983 年，Ericsson 与 Gambro；1984 年，Volvo 与 SCA；1985 年，SKF；以及 1987 年，Electrolux。

[8]　后来，瑞典于 1995 年加入欧盟。

[9]　在这方面，瑞典的发展要比德国早很多。

[10]　当大规模公司最初在外国资本市场设立时，向外国读者解释资产负债表中的"不计税储备"这一项目存在一定困难。但是，公司通过将储备分拆为递延所得税部分与权益部分（权益部分置于"受约束的"标题下，因为只要这部分权益不计税，便不可能进行分派），取消"不计税储备"项目，而解决了这一难题。

[11]　瑞典的法律材料可以在 www. regeringen. se 上获得，或者，在斯德哥尔摩的弗里兹（Fritzes）书店订购。

[12]　Dir 1991：71 Översyn av redovisningslagstiftningen.

[13]　FFFS 2007：17 Finansinspektionens föreskrifter，5 kap om "Marknadsövervakning vid en börs. "

[14]　Prop 1975：103 Aktiebolagslag m m.

[15]　Prop 1995/96：10 Års-och koncernredovisning.

[16]　Prop 2004/05：24 Internationell redovisning i svenska företag.

[17]　RSV Rapport 1996：1 Redovisning och beskattning av finansiella instrument inom företagssektorn，Skatteverket（National Tax Board），Stockholm.

[18]　 RSV Rapport 1998：6 Sambandet mellan redovisning och inkomstbeskattning，Skatteverket（National Tax Board），Stockholm.

[19]　SFS 2007：528 Lag om värdepappersmarknaden.

[20]　SOU 1954：19 Förslag till ändrad företagsbeskattning. Avguvet av företagsbeska-ttnings-kommittén.

[21]　SOU 1989：34 Reformerad företagsbeskattning.

[22]　SOU 1994：17 Års-och koncernredovisning enligt EG-direktiv.

[23]　SOU 1995：43 Sambandet Redovisning-Beskattning.

[24]　SOU 2003：22 Framtida finansiell tillsyn.

[25]　SOU 2003：71 Internationell redovisning i svenska företag. (IAS-utredningen).

[26]　SOU 2008：80 Beskat tningstidpunkten för näringsverksamhet（SamRoB）.

参考文献

ABBOTT A. 1988. The system of professions: An essay on the division of expert labor. Chicago: The University of Chicago Press.

ARTSBERG K. 1992. Normbildning och redovisningsförändring. Värderingar vid val av mätprinciper inom svensk redovisning. Dissertation, University Press, Lund.

ARTSBERG K 1996. The link between commercial accounting and tax accounting in Sweden. The European Accounting Review(5),795 - 814.

ARTSBERG K. 2005. Applying global standards in a local context. Paper presented at the conference Organizing the World: Rules and Rule-setting Among Organizations organized by SCORE, Stockholm.

ARTSBERG K. 2008. A tax administration's choice of accounting principles. Working Paper No. 2008/8, Lund Institute of Economic Research, School of Economics and Management. Lund.

ARTSBERG K, ARVIDSSON S. 2007. The effect of increasing EU regulation on disclosure practices on intangible assets. Paper presented at the Accounting in Europe workshop, Paris.

ARTSBERG K, HALLER A. 2004. Arguments pros and cons the extension of the application of IAS/IFRS to the local level. Paper presented at the EAA Conference, Prague.

ARTSBERG K, SCHWENCKE H R. 2003. Accounting in Scandinavia. In: P. Walton, H. Haller & B. Raffournier(Eds). International accounting. London: Thomson.

ARVIDSSON S. 2003. Demand and supply of information on intangibles: The case of knowledge-intense companies. Dissertation. Lund University, Lund.

ASKENMALM F. 2010. Deltagande och infliytande gällande redovisningsregler för mindre företag. JIBS Research Report series no 2010(4), Jönköping University, Jönköping. Sweden.

ASZTHLY S. 1978. Principer av betydelse för svensk arsredovisningspraxis. Ett fbrsok till Svstematisering. Stockholm: Akademilitteratur.

BURCHELL S, CLUBB C D B, HOPWOOD A. 1985. Accounting in its social context: Towards a history of value added in the United Kingdom. Accounting, Organizations and Society, 10(4),381 - 413.

CARLSON M L, CHURCHILL N C. 1967. An application of concepts in the theory course. Accounting Review,42(3), 596 - 598.

CHOI F D S, MUELLER G G. 1984. International accounting (a second edition was published in 1992). Englewood Cliffs. NJ: Prentice Hall.

EILIFSEN A. 1996. The relationship between accounting and taxation in Norway. The European Accounting Review(5),835 - 844.

FIESHER D L, FIESHER T K. 1986. lvar Kreuger's contribution to U. S. financial reporting. The Accounting Review. LXI(July),421 - 434.

HALLER A. 1992. The relationship of financial and tax accounting in Germany: A major reason for accounting disharmony in Europe. International Journal of Accounting,27 (4). 310 - 323.

HALLER A. 2003. Accounting in Germany. In: P. Walton, A. Hailer & B. Raffournier (Eds), International accounting. London: Thomson.

HENDRIKSEN E S, VAN BREDA M F. 1992. Accounting theory. Homewood, IL: Irwin.

HUSSEIN M E A. 1981. The innovative process in financial accounting standards setting. Accounting, Organizations and Society, 6(1),27 - 37.

JOHANSSON S E. 1965. An appraisal of the Swedish system of investment reserves. International Journal of Accounting, 1(1),85 - 92.

JÖNSSON S. 1985. Eliten och normerna. Drivkrafter i utvecklingen av redovisningspraxis. Lund: Doxa.

JÖNSSON S. 1991. Role making for accounting while the state is watching. Accounting, 0 Organizations and Society, 16(5/6), 521 - 546.

JÖNSSON S, MARTON J. 1994. Sweden. In: J. Flower(Ed.), The regulation of financial reporting in the Nordic countries. Stockholm: Fritzes.

LEV B, ZAMBON S. 2003. Intangibles and intellectual capital: An introduction to a special issue. European Accounting Review,12(4),597 - 603.

MONTAGNA P D. 1974. Certified public accountant: A sociological view of a profession in change. Houston. TX: Scholars Book Co. .

PUXTY A G, WILLMOTT H, COOPER D J, LOWE T. 1987. Modes of regulation in advanced capitalism: Locating accountancy in four countries. Accounting, Organizations, and Society,12(3),273 - 291.

ROBSON K. 1991. On the arenas of accounting change: The process of translation. Accounting, Organizations and Society,16(5/6),547 - 570.

SCHMALENBACH E. 1919. Dynamische bilanz(1953 edition, Berlin). Köln/Opladen: Westdeutscher Verlag GmbH.

SCHMIDT F. 1929. Die organische tageswertbilanz. Leipzig: G. A. Gloeckner.

SILLÉN O. 1943. Studier i svensk företagsekonomi. Stockholm: Förlags AB Affärsekonomi.

SILLÉN O, VÄSTHAGEN. N. 1961. Balansvärderingsprtnciper med särskild hänsyn till. resultatberäkning vid växlande priser och penningvärde. first published 1948. Stockholm: Norstedt.

THORELL P. 1984. Skattelag och affärssed. Stockholm: Norstedt.

VÄSTHAGEN N. 1953. De fria avskrivningarna 1938—1951. Ett försök att bedöma den fria avskrivningsrättens verkningar. Stockholm: FFI.

WHITTINGTON G. 1995. Tax policy and accounting standards. British Tax Review (5),452 - 456.

WILLMOTT H, PUXTY A G, COOPER D J, LOWE E A, ROBSON K. 1992. Regulation of accountancy and accountants: A comparative analysis of accounting for research and development in four advanced capitalist countries. Accounting, Auditing and Accountability Journal,5(2),32 - 56.

YOUNG J J. 1995. Defending an accounting jurisdiction: The case of cash flows. Critical Perspectives on Accounting,6,173 - 200.

第九章 瑞 士[①]

安-克里斯丁·阿赫莱特纳，瑞托·埃伯利

引 言

　　30年前,国际观察家将瑞士会计与报告的特征描述为一种几乎不披露任何内容、隐藏利润并且创造或消除非常难以理解的秘密储备的混沌状态(Behr,1984,第7页)。因此,瑞士在财务会计与审计方面堪比发展中国家(Zünd,1990a)。

　　这些令人不悦的概括,一方面,是建立在未能对长期影响瑞士财务报告发展的特定因素作出鉴别的基础上。另一方面,事实上在过去30年间,瑞士的会计与报告确实采取了一些重要措施,摆脱相当特殊并带有保密色彩的阿尔卑斯式传统,吸收现代会计概念,如采用国际准则编制财务报告,使瑞士公司在外国投资者与本国投资者之间具有可比性(Hail & Pfaff,2009,第8页)。

　　理解瑞士财务报告历史发展的特殊步伐,要求对各项有助于其发展的环境因素作出更加仔细的描述。因此,本章的叙述以时间为序,在历史背景基础上对会计法律发展和审计职业界的演进进行解释。唯有结合国家的具体特征,方能理解瑞士财务报告的历史与现状。

　　与欧洲其他大陆国家一样,瑞士的会计规则也主要通过法律确立下来并得到强制执行。然而,这些规则也同时受到私营会计准则制定机构的影

---

　　① 《世界会计史：财务报告与公共政策(欧洲卷)》,会计思想发展研究第十四卷 A,第 217－242 页(原书页码)。爱墨瑞得出版集团有限公司 2010 版权所有。ISSN:1479－3504/doi:10.1108/S1479－3504(2010)000014A012。

响。瑞士的私营会计准则制定机构与那些在盎格鲁-撒克逊国家中开展工作的组织存在相似之处。由此,瑞士的制度(像荷兰的制度那样)同时具有大陆法系和盎格鲁-撒克逊会计准则制定的制度特征。

早期的国家法律

瑞士财务报告的起源可以追溯至瑞士尚未作为一个联邦国家建立的时期。在 1848 年瑞士联邦政府(Swiss Federal State)成立之前,组成原先同盟(Confederation)的州是完全独立的主权政府,同盟内部只通过各州之间的协议联系起来。因此,各州具有发布最早的会计指南的权利。最早的会计法规可以从《圣加伦宫廷规则》(*Court Rules of St. Gallen*,1780)、《法国日内瓦商法典》(*Code du Commerce Francais of Geneva*,1808)和《伯尔尼民法典》(*Civil Code of Berne*,1830)中找到。

正是在这类州的文档中,我们发现了为财务报告制定法律指引的最初尝试。譬如,按照 1847 年《巴塞尔城合伙企业与公司法》(*law of Basel-Stadt on Partnerships and Corporations*)的规定,受到管制的主体必须编制年度资产负债表,并提交至政府部门(第 12 节)。1855 年《苏黎世民法典》(*Zürich Civil Code*)使管理层在法律上承担了提供年度财务报表的义务(第 1357 节),并授予合伙人(joint partners,Kollektivgesellschafter)可以要求获得财务报表与资产负债表的权利(第 1280 节和第 1307 节)。

如 Schumacher(1940,第 4 页)论证的那样,与其他国家之间的商业联系对各州法律体系产生强烈影响。这在会计与财务报告立法上尤为真实。由于参照多个外国的范例,会计与财务报告立法形成一种相当多样化的情形。然而,立法基本上可以分为三种类型:第一类立法受法国《商法典》(*Code de Commerce*)的影响,包括讲法语的州和巴塞尔城。第二类包括苏黎世(Zürich)、卢塞恩(Lucerne)、沙夫豪森(Schaffhausen)与格劳邦赛(Graubunden)四州的会计规则以苏黎世法律为基础。第三类包括伯尔尼(Berne)和索洛图恩(Solothurn)则采用不同的路径,这些州的法律总体上建立在奥地利法律基础上。

为了对瑞士联邦层面上管制会计的最初尝试作出正确评价,有必要记住以下一点：与邻国不同，由于国家长期关注农业、经济发展滞后以及地理上的特殊性，瑞士采用股份公司组织形式相对较迟（von May，1945，第 21 页及其后所述）。尽管 1835 年苏黎世法律（Gesetz über das Ragionenwesen）第一次提到合股公司（joint stock company），但是，直到 1850 年以后，当铁路开始兴建、大规模银行创立之时，这一法律形式才赢得一些重要性。由此，伴随着股份公司（share corporations）的快速发展，现代资本主义制度在瑞士各州得到推行。但是，直到 19 世纪的最后 25 年，股份公司才占据主导地位。

Munzinger 立法草案

当瑞士联邦于 1848 年创建之后，1862 年第一次提出了制订普通《瑞士民法典》（a common Swiss Civil Code）的问题。商法典的标准化支配着思考的过程。负责这一项目的是 Walther Munzinger 教授。他于 1864 年提交了一份《瑞士商法典》（a Swiss Commercial Code）草案。如 Käfer（1981，第 69 页）强调的那样，这份草案包含瑞士会计法律联邦立法的最初尝试。1864 年立法草案不仅影响了第一部法律的最终内容，甚至留下了直到今天仍与我们相关的持久痕迹。因此，值得对这份草案作一些更细致的说明。

Munzinger 草案第四章第 18 - 26 段涵盖了主要以《普鲁士商法典》（Prussian Commercial Code；Preussische Allgemeine Handelsgesetzbuch，AHGB）为基础的条款。因此，商人在法律上有义务保存充分反映其交易活动与财务状况的账簿。Munzinger 主张自由式的记账原则，并尝试避免向商业活动施加任何不必要的负担。瑞士将这项原则沿用至今。基于这一方法，Munzinger 的草案（与普鲁士法律相似，但是，与法国《商法典》不同）未能明确说明需要保存的账簿的确切性质，而只是对那些为了实现记账的法律目的而必要的步骤作出描述。

Munzinger 甚至避开了普鲁士范例中包含的许多形式上的约束条件。他主张，有关账簿充分性的指南应在一定程度上由商业教科书而不是法律作出解释（1865，第 45 页及其后所述）。确定商人是否已经履行保存账簿的法律义务并评价这些义务在多大程度上是有效的，则需要通过判断来确定（His，1940，第 359 页）。

与此同时，Munzinger(1865，第121页)认为，公开披露非常重要。他主张，广泛获取信息的公众将构成公司的真正严峻考验。如果法律要求作出充分披露，那么，股东与第三方的利益将得到保证。不幸的是，后来，立法者基于必要的担忧而没有贯彻这一思想(Schindler，1967，第7页)，并且，为了避免瑞士公司陷入竞争性劣势，而忽视对管理层向股东作出充分披露进行约束。

然而，Munzinger的草案全然未能转变为法律。1868年，瑞士政府决定制定一部普通的瑞士《责任法典》(a general Swiss Code of Obligations)，而不是具体的商法典。今天，情形依然如此。这可以解释瑞士为何与许多其他国家不同，没有一部特定的会计法。会计指南是商法的一部分，而商法本身构成《责任法典》的一部分。

《责任法典》也有意建立在开放性原则的基础上。Munzinger再次受邀起草这份草案。1871年，草案发布，其中不涉及具体的簿记指南。只有股份公司被要求(第658段、第681段和第682段)保存适当的账户，并编制年度资产负债表。对于所有其他法律形式，执行中的州法律依然有效。因此，所有不以股份为基础的商业主体的账户与资产负债表仅作为补充材料提及，不构成强制性义务。

Munzinger确立的1864年与1871年草案融合了当时存在的州法律、1861年(1871年)德国《商法》(German Handelsgesetzbuch of 1861/1871)、1867年法国《社团法》(French Loi sur les Societes of 1867)与1862年英国《公司法》(British Companies Act of 1862)多项元素。Munzinger去世后，成立了一个专家委员会。该委员会由Heinrich Fick教授领导，并决定尽可能严密地采用德国法律。如Forstmoser与Meier-Hayoz(1983，第83页)揭示的那样，1881年最终采纳的《联邦责任法典》(Federal Code of Obligations)中与公司相关的66条规定，只有16条偏离德国法律，并且，许多条款被逐字反复援引。

1881年《联邦责任法典》

与Munzinger起草的早期草案一样，最终确定并于1883年1月1日成为法律的《联邦责任法典》(Federal Code of Obligations，OR；Obligationenrecht)在

措辞上比普鲁士《商法典》(AHGB)或法国《商法典》简明得多。股份公司适用的一般性会计原则与具体指南之间存在明确的区别。后者尤其具有历史相关性,因为这些指南最终并入了 1936 年《联邦责任法典》的一般性会计原则中。

1881 年法典要求董事会编制资产负债表与收益表。相对于这一时期的发展水平而言,采用的会计准则是较为先进的。Böckli(1992,第 217 页)认为,即便以今天的视角进行比较,这些准则也相当严格。然而,这部法律没有包含任何规则,对所要求的账户内容与形式作出最低限度的规定。

账户必须按照尽可能清晰且真实地反映公司财务状况的方式进行保存(para. 656 Ⅰ OR 1881)。此外,1881 年《联邦责任法典》第 656 段第二部分(para. 656 Ⅱ OR 1881)包含强制性指南。譬如,对于资产估值的最高金额(para. 656 Ⅱ 1-4 OR 1881),不动产、厂房与设备的估值不能高于历史成本减去必要且适当的折旧之后的金额。与公司的创办、组织与管理相关的成本必须费用化,并且,一般情况下不能资本化。当资本化上述开办成本时,则必须在 5 年内摊销完毕。有价证券不能够以高于资产负债表日前一个月平均市场价值的金额估值。最后,存货必须按照成本或市价孰低计价。对于负债的估值,法律具体规定了最低金额(para. 657 Ⅱ 7 OR 1881),譬如所有发行在外债券的应偿付总额。1881 年法典第 656 段第二部分第 5 款(para. 656 Ⅱ 5 OR 1881)进一步要求对所有或有负债和折旧作出概括性的信息揭示。

除了上述一般性估值规则之外,法律要求,公司章程必须清晰地确定会计与审计原则(para. 616 10 OR 1881)。法律没有为个别会计政策制定具体指南,但是,必须遵循由法律的总体目标推导而出的一般性规则。这与秘密储备问题特别相关。如 Curti(1909,第 303 页及其后所述)强调的那样,法律基本上允许公司以低于法定的最低水平估计资产价值,而以高于法定的最低水平估计负债金额。然而,这类自行决定的情形必须在公司章程中作出明确约定。除此以外,股东有权按照法定规则进行估值。

股东对公司享有的权利(包括财务报表查阅权)经由年度股东大会得以施行(para. 639 OR 1881)。资产负债表与收益表必须至少在股东大会召开前 8 天披露(para. 641 Ⅰ OR 1881)。披露的信息包括管理层报告(report of the controllers)。1881 年法典第 641 段第 2 款(para. 641 2 OR 1881)要求发行不记名股票的公司,必须在相关的公开报纸上公告资产负债表、损益表和审计师报告。

资产负债表与收益表必须事先经过由股东大会选任的审计师的检验(para. 644 OR 1881)。正如结果表明的那样,审计准则的缺漏是这部法律的一大弱项:由于法律没有作出具体规定,任何人都可以选任为审计师。审计师也必须向股东大会提交报告(para. 659 OR 1881)。股东被授予指出审计师报告中的含糊之处、并要求审计师进行澄清的权利(para. 641 Ⅳ OR 1881)。

除了公开公司报表的要求之外,1881年法律本质上已经包含现代会计法律的核心要素。这项遗漏则是基于以下事实——立法只接受股东享有对公司的正当权益,而其他资金提供者不享受这一权益。譬如,债权人最初被认为已经受到相当严格的资本保全规则的充分保护。

1881年《联邦责任法典》已经蕴含瑞士会计法律的特色。与国际上的模式相比,瑞士规则显然更加简短和自由。按照 Käfer(1981,第76页)的观点,瑞士立法者幸运地避开了对会计领域的直接干涉,由此避免产生一些已经使其他国家受害不浅的法律与实务之间的冲突。

最后,有必要指出的是,直至1936年,瑞士已经开发出一套有关股份公司(与其他主体不同)账簿的相当全面的法律意见书。Bossard(1982,第64页)就此作了详细评论。

1919 年的修订

1919年,《联邦责任法典》的修订最终引入披露要求。这在很大程度上是第一次世界大战期间"外国公司"进驻瑞士的结果。这些外国公司将总部设在瑞士,却完全在其他地方开展经营活动,甚至由海外实施管理。其他瑞士公司因这一趋势而受到挑战(Brunner,1973,第64页)。

基于国家安全的考虑,股东权益超过100万瑞士法郎(CHF)和发行无记名股票的公司被强制要求最迟在资产负债表日后6个月内,在瑞士商业性报纸(*handelsamtsblatt*)上披露资产负债表和收益表(与经股东大会批准通过的报表一致)。这在1881年《联邦责任法典》第656段的附录中作出规定

（第Ⅸ段）。

现在，公开发行股票的公司（1881年《联邦责任法典》第626段附录）必须在招股说明书中披露前两个年度的资产负债表、收益表以及审计师报告（Ⅷ4）。

会计职业界诞生

19世纪90年代初，第一批审计师开始在瑞士执业。瑞士会计职业界的历史可以追溯至1913年，当时，11位从业人士联手组建了瑞士审计师信托协会（Fiduciary Association of Swiss Auditors；Treuhandverband Schweizerischer Bücherrevisoren）。1年后，信托协会更名为瑞士审计师协会（Swiss Auditors' Association；Verband Schweizerischer Bücherrevisoren，VSB）。协会的主要目标是改进审计质量，并代表会员的利益。协会引入了专业服务收费指南、培训班和专业考试，事后表明这相当不受欢迎。1923年，活跃于审计职业界的法人主体组建了瑞士审计公司协会（Association of Swiss Auditing Firms；Vereinigung Schweizerischer Treuhand-und Revisiobnsgesellschaften）。1925年，瑞士审计师协会和瑞士审计公司协会合并为瑞士审计行会（Swiss Chamber for Auditing；Schweizerische Kammer für Revisionswesen）。合并的一个目的是开展专业资质考试。这些考试在1930年《联邦职业教育法》（*Schweizerische Kammer für Revisionswesen*）中得到法律确认，由此获得"合格会计师"（Qualified Accountant；diplomierter Bücherexperte）这一受到保护的称谓。

1936年《联邦责任法典》

1881年法典生效后的55年间，瑞士的经济环境发生重大变化。国家经济经历强势增长，尤其在第一次世界大战之后。这使股份公司数量获得较大增长。在这一背景下，一般会计规则没有受到很大程度的影响，但是，发行股份的公司适用的账户登记与资产负债表编制原则不得不进行完善。

Schindler(1967,第 8 页及其后所述)完整评阅了那一时期讨论的所有法律草案。Eugen Huber 撰写的关于对公开披露提出更严格要求的文章是其中的重要文献之一。1936 年,成文的会计要求最终得到修订。修订的结果使瑞士在更大程度上独立于外国模式。法律成功地迎合了瑞士的特殊要求(Käfer,1981,第 121 页)。因此,1936 年的《联邦责任法典》修订再一次建立在自由化传统之上。Schindler(1967,第 11 页)指出,立法者明确反对发布详细指南。

1937 年 7 月 1 日,1936 年新《联邦责任法典》(aOR)生效,其中包含所有商业企业必须遵循的一些有关合理簿记惯例的规则(aOR,第 957~964 段)。这些规则受到完整性与清晰性等一般原则的约束。然而,规则没有制订任何详细的指南。Zünd(1990c,第 24 页)将这一点与瑞士的传统相联系,即私法的任何一个章节均不应超过三个段落,并且,每一个段落应当只限定于一个句子。

除了这些商业会计的规则之外,1936 年《联邦责任法典》也引入更加详细的股份公司会计规则(aOR,第 662‐670 段)。这些规则均适用于所有公司,无论其规模大小或性质不同。新《联邦责任法典》(aOR)第 805 段关于有限责任公司(Gesellschaften mit beschrankter Haftung, GmbH)的会计规则也建立在公司一般性规则之上。Beeler(1945,第 98 页及其后所述)指出了1936 年修订的若干特征。

就财务报告而言,1936 年《联邦责任法典》第 24~33 项修订的联邦法律引发两项重要变革。新的法律没有涵盖 1919 年修订引入的披露要求。这是因为这些披露要求在实务中广泛不受重视,并且,即使不遵循也不会受到任何制裁。根据 Graner(1937,第 76 页)的观点,法律层面不愿意就披露要求作出规定是担心向竞争者透露信息。作为对原先管制的替代,新《联邦责任法典》(aOR)第 709 段规定了新的披露方法。如果公司没有披露资产负债表和收益表,那么,基于公司债权人的善意请求,商业登记处(commercial registrar)必须提供这些公司的报表。这便要求商业登记处能够从公司处获得这类信息。

除了这些一般性规则之外,实务中也存在具体制订不同行业特殊指南的需求,由此便产生了适用于银行、保险公司、铁路部门以及上市公司的披露要求。这些披露要求被认为符合公众、所有股东(尤其是小股东)以及债权人的利益。如 Brunner(1973,第 67 页)评论的那样,这不符合其他股份公司的一般性原则。

虽然立法者不愿意要求股份公司作出许多强制性披露,新《联邦责任法典》(aOR)第 724 段仍然强制性规定,管理层必须向股东大会提供书面的年度报告。Schumacher(1940,第 30 页)指出,书面年度报告也受到新《联邦责任法典》(aOR)第 595 段的约束,即必须真实且完整地表述公司的经济状况。年度报告旨在满足股东的正当信息要求。根据新《联邦责任法典》(aOR)第 724 段的要求,年度报告应该包含三个要素:描述公司的资产、商业活动的性质以及财务报表分析。

1936 年修订的第二项主要变革涉及年度报表审计。新《联邦责任法典》(aOR)第 723 段要求,股本为 500 万瑞士法郎或以上的公司、存在发行在外公开债券的公司以及有意图地吸收公众存款或公开募集存款的公司,报表必须经过独立的专业审计师的审计。由此,外部审计成为一项强制性义务。这一规定旨在弥补上文提及的审计职业界法律指南的不足。这项法律变革强有力地提升了会计职业界的重要性,并且,为审计公司带来大量新的聘约(Helbling,2006,第 167 页)。

变 革 的 需 求

除了几处次要的改动之外(比较 Wuest,1992,第 18 页),1936 年《联邦责任法典》中的会计规则在 1992 年之前一直有效,没有对环境变化作出调整。然而,长期以来,基于四项重要的因素,对法典作出广泛修订显得十分必要:

a. 一项关键的批评是法典没有规定账户分类要求的最低标准。1936 年《联邦责任法典》(aOR)第 669 段仅仅要求名义资本与各类储备分开列示于负债一栏,尚未缴入的名义资本则列示在资产一栏。由于未对年度财务报表的格式与材料一致性作出具体规定,信息之间的比较非常困难(Zünd,1990c,第 25 页)。在这一背景下,还应该指出,法典只是在非常有限的程度上要求强制性提供资产负债表附注。

b. 另一项重要的批评涉及“资本保全”概念,这是《瑞士公司法》中会计规则的一项本质特征。基于资本保全传统,历史成本成为固定资产与流动资产的估值上限。历史成本原则的唯一例外是证券,即按照 1936 年《联邦责任法典》(aOR)第 667 段的规定,证券按市场价格估值。低估资产价值、由此创造秘密储备是完全被接受的。瑞士是极少数在特定法律条款中正式允许设立并释放秘密储备的国家之一(para. 663 2 aOR)。根据这一条款,只要公司能证明其业务将获得长期发展并能够支付稳定的股利,那么,准许设立秘密储备。如 von Greyerz(1982,第 238 页)指出的那样,这实际上是一项涵盖多种情形的授权,因为法律的要求(长期发展与稳定股利)很模糊,并且,几乎不会引发争议。事实上,创建秘密储备不存在任何限制(Niederer,1972,第 35 页)。秘密储备的设立与使用被视为一项确定无疑的管理特权。尽管公司必须将储备变动情况告知给审计师,股东却没有权利获知秘密储备的金额或上一年度提取或消化的储备。管理层可以基于保密义务或者对审计师的披露要求而拒绝披露有关储备的信息。

c. 在这些问题之外,一项更深层次的不利因素是除了银行,瑞士《公司法》不要求编制合并报表。然而,需要指出,1975 年,瑞士高等法院裁定,在审计师不能履行义务的情形下,公司必须编制合并报表。大型跨国公司如雀巢(Nestle)或罗氏(Roche)属于欧洲最早主动采用国际会计准则(IAS)的公司。虽然《联邦责任法典》或股票交易所的规章制度没有作出强制性规定,合并报表信息却是市场力量所需要的。银行家、会计职业界、审计师、财务分析师或商业新闻记者促使公众公司发布比法律要求更具有内涵的信息。

d. 没有规定公开披露的要求这一点仍然受到广泛批评。按照 Zünd(1990c,第 5 页)的观察,债权人评估年度报表的进展缓慢,并且,这类实务没有得到广泛应用。根据 von Greyerz(1982,第 243 页)的观点,这可以解释为何长期存在对更多披露尤其是年度报表的需求。早在 1936 年法律的起草阶段,这一点便颇有争议,但是,最终由于引发的强烈反对而不得不放弃。反对披露者认为,出于竞争考虑,公开披露报表一定程度上毫无价值,于是,就此作出规定显然是毫无意义的(Schindler,1967,第 10 页)。此外,立法者未能就确定那些必须公开披露年度报表的股份公司的标准达成一致意见(Brunner,1973,第 67 页)。

按照 von Greyerz(1982,第 225 页)的观点,上述四项"缺陷"的重要性在于解释了传统上会计要求为何一直成为瑞士公司法历次修订的争论中心。

修订股份公司法的尝试可以追溯至 1957 年。Wüest(1992,第 19 页及其后所述)对 20 世纪下半叶一系列变革尝试的演进作了有益回顾。

1983 年 2 月 23 日,修订股份公司法的政府紧急通知(Botschaft über die Revision vom 23. Februar 1983,Bundesblatt 1983 11 p. 745 et seq.)列举了所提议变革的几项主要目标:提高清晰度、加强股东保护、促进融资、改进公司组织结构与运转效率以及避免职权滥用。提高清晰度与加强股东保护的目标则需要通过改进会计要求来实现。

1978 年,当 von Greyerz 委员会开始工作时,首先考虑的是瑞士法律应当在多大程度上吸收欧洲议会《第四号指令》与《第七号指令》的内容。此时,《第四号指令》刚刚获得通过,《第七号指令》的总体框架也已经可以获知。正如 Zünd(1991)解释的那样,委员会很快便得出结论,欧盟指令中的两项关键原则不适用于瑞士。首先,资产负债表与收益表的格式不够充分。其次,将"真实公允观"概念与瑞士确立的保留秘密储备之灵活性目标相结合,这被认为是不可能的。尽管存在这些重大的背离,下文将讨论的 1992 年股份公司法清晰地显示出受到欧盟影响的迹象。

会计职业界的发展

当瑞士不断修订股份公司法的同时,会计职业界也在继续发展。自 1950 年以来,瑞士审计行会在国外一直十分活跃,但是,只有在 1961 年举行的"欧洲会计师联盟大会"(Congress of the Union Européen des Experts Comptables,后来并入"欧洲会计师联合会",Fédération des Experts Comptables Européens,FEE)上,行会才获得认可。这一期间,盎格鲁-撒克逊审计公司不断发展。20 世纪 60 年代初期,行会创立培训学校。此外,为了形成今天所称的高质量会计准则,行会开始发行一份名为《瑞士审计师(受托人)》(*Swiss Auditor/ Fiduciary;Der Schweizer Treuhander*)的杂志,一直到 70 年代。现在,行会更名为瑞士注册会计师与税务咨询师协会(Swiss Institute of Certified Accountants and Tax Consultants;Treuhand-Kammer)。有关该协会历史的更详细回顾,可以参考 Helbling(2006,第 43 - 72 页)。

最后,自 1971 年以来,瑞士注册会计师与税务咨询师协会一直发行《瑞士审计手册》(*Swiss Auditing Handbook*；*Schweizerisches Handbuch der Wirtschaftsprüfung*)。这份指南确保了编报者与审计师对法律要求的应用理解一致，因为瑞士法律仅在公认会计原则的基础上提供十分有限的会计指南。手册中的指南没有法律约束力，却为会计界、法律界和审计界广泛接受。

瑞士会计准则委员会的不成文会计规则

按照 Zünd(1990d，第 865 页)的观点，1983 年，修订后的股份公司法不能满足现代会计的要求已经十分明显，因为法律只是选择性地吸收了欧盟《第四号指令》与《第七号指令》中的部分要素，但是，这些法律规定总体上达不到国际要求。立法自由主义与抵触精细化立法成为实施自我管制的机会。当时的瑞士审计师行会(Swiss Chamber of Auditors)确信，私营性质的独立专家机构将比缓慢复杂的立法程序更好地管制会计，便于 1982 年积极创建了这样一个独立协会。协会的目标在于改进瑞士的会计。Zünd(1983，第 691 页及其后所述)讨论了当时面临的主要选择。

经由此前瑞士行会的倡议，1984 年，会计与报告建议基金会(Foundation for Accounting and Reporting Recommendations)成立。基金会由 3 名委员组成，最初由一位瑞士高等法院的前院长担任主席。基金会的主要任务是监督新成立的瑞士会计准则委员会(Swiss Accounting Standards Board，FER；Fachkommission für Empfehlungen zur Rechnungslegung)———一个私营准则制定机构。瑞士会计准则委员会以制定适合瑞士中小型公司需求的会计与报告规则为主要目标，应用由瑞士会计准则委员会制定的称为"瑞士公认会计原则"的准则(Swiss GAAP FER Standards)，应当促进中小型公司与投资者、银行以及利益相关方之间的交流，并且，在权衡适当的成本与收益之后，使这些公司更便利地进入资本市场(比较 Meyer，2008，第 289 页)。

瑞士会计准则委员会(FER)最多由 30 名委员组成，均等地代表审计与会计公司、雇员与雇主组织、银行与保险公司、股票交易所、小型及国际性企业、高校、公共部门以及其他对会计感兴趣的群体。正如委员会首任主席表述的：

委员会的目标是结合瑞士的环境,制定有关财务会计与报告的建议,为瑞士公司提供合理的指南。这些建议应当有助于协调瑞士的会计,改进可比性,并且,在整体上提高本国年度报表的质量。应将这些建议理解为瑞士法律尤其是《公司法》中会计与报告规则的补充,并使这些规则定型为一套体系。(Zünd,1990c,第31页)

上述目标通过瑞士会计准则委员会制定的称为GAAP的准则(由建议与解释组成)来实现。这些准则总体上不具有法律约束力,并且,准则制定需要经过商议程序。Zünd(1990d,第865页)已经对这些程序作出充分描述。在经过委员会的一致同意后,准则获得通过,这得益于委员会中所有利益相关方的代表性。

1992 年股份公司法

随着1991年10月4日《联邦法律》的通过,对1936年《联邦责任法典》的修订最终完成。《联邦法律》修订了有关股份公司的第26章(Die Aktiengesellschaft,Bundesblatt No. 40111 from October 15,1991,p. 1476 et seq. ,OR)。1992年7月1日,法律生效。合并报表指南则属例外,从1993年7月1日开始适用。新股份公司法明确地包含经过改进的财务会计条款。

在1991年的修订中,年报格式得到改进,并明确规定资产负债表与收益表中的最低分类要求(《联邦责任法典》第663段和第663a段)。法律要求公司在年报中加入上一年度的经营结果(《联邦责任法典》第662a段Ⅰ部分)。如Böckli(1992,第228页)指出的那样,这显然已经成为一项一般性惯例。此外,法律具体规定了必须在年报附录中发布的资产负债表附注的强制性内容(《联邦责任法典》第663b段)。

与德国在采纳《第四号指令》期间的经历相同,公认会计原则部分地转变成为法律要求(《联邦责任法典》第662a段)。法律明确作出阐述的原则包括完整性、清晰性、重要性、谨慎性、持续经营与一致性。法律禁止将资产与负债相抵后的净额作为费用与盈利的实务操作。然而,通过限定资产可靠估值的一般性要求,立法未能强制要求完整地应用"真实公允观"的行为准则。

在这次立法修订中,此前未被禁止的创建与释放秘密储备问题也得到解决。现在,秘密储备的提取受到限制,并且,法律要求对秘密储备的释放作出披露。原则上,应用秘密储备的前提条件与 1936 年生效的新《联邦责任法典》(aOR)第 663 段第Ⅱ部分保持一致。然而,除此之外,必须考虑股东利益。如 Homburger(1991,第 56 页)指出的那样,法律旨在澄清股东利益并不必然局限于派发稳定的股利。然而,根据《联邦责任法典》(OR)第 669 段,储备只能通过资产加速折旧或者即便潜在的负债已经不复存在,也继续保留储备的方式而建立。所有通过损益核算设立秘密储备的其他方式均被视为违反新的法律(Böckli,1992,第 307 页)。

然而,法律的影响不仅涉及秘密储备的创建,更重要的是这些储备的释放。根据法律中包含的承诺,储备处置必须作为异常收益列示(《联邦责任法典》第 663 段第Ⅰ部分)。此外,有关秘密储备相关变动的内部报表必须向审计师披露。如果秘密储备的减少净额对报出的财务结果产生重大影响,那么,法律进一步强制要求公司在附注中披露储备的减少净额(《联邦责任法典》第 663b 段第Ⅷ部分)。因此,新法律没有改变瑞士仍然允许设立并释放秘密储备的事实,只是使规则明显更加严格。

法律确立了历史成本估值原则的两项例外。在满足特定的约束条件后,法律允许对持有的其他公司的股权和土地及建筑物进行重新估值(《联邦责任法典》第 670 段)。作为对"成本或市价"孰低规则的偏离,在特定情形下即超过一半的公司权益已经被损失侵蚀且审计师以书面形式向股东会议证实其合法性,可以使用"真实价值"(true value)。

作为变革后法律的一项特殊创新,编制合并报表成为强制性义务。根据《联邦责任法典》(OR)第 663e 段,如果公司通过多数表决权或任何其他方式控制了一家或多家公司,那么,必须编制合并财务报表。然而,如果公司连同子公司在连续的财政年度期间没有超过资产、收入或员工人数的特定标准,那么,可以豁免该义务。

与这一时期绝大多数国家的法律和欧盟指令相反,瑞士当局决定不对合并方法作出详细规定。这么做的目的是在法律确立的特定范围之内,最大限度地为公司保留灵活性。合并财务报表的编制必须遵循法律规定的一套非常有限的一般性会计原则(《联邦责任法典》第 663g 段第Ⅰ部分)。此外,公司必须在合并财务报表附注中明确说明并表与估值的原则。瑞士GAAP FER、IAS 或美国 GAAP 等均是法律认可的会计准则。如果公司偏离了之前选定的原则,那么,必须在财务报表附注中作出披露,包括分析集团财务状况有关资产和盈余方面的必要信息(《联邦责任法典》第663g段第Ⅱ部分)。这一点适用于各类法律主体。

《联邦责任法典》(OR)第697h段规定,对于所有公众公司和大型私人公司而言,如果存在发行在外的债券或者公司股份在股票交易所上市,那么,必须公布年度报表。这是变革后法律的另一项创新。经过股东会议批准之后,上述公司的年报与合并财务报表以及审计师报告必须在《瑞士商报》(*Swiss Gazette of Commerce*)或其他公众可以获得的媒介上公开发布(《联邦责任法典》第697h段第Ⅰ部分)。

所有其他类型的公司必须将年报和合并财务报表以及审计师报告提供给那些证明具有合法权益的债权人,供其检查(《联邦责任法典》第697段第Ⅱ部分)。现在,公司已经承担直接面向债权人的披露义务,而不再像新《联邦责任法典》(aOR)第704段规定的那样,仅仅通过商业登记处提供信息。法院设立相关法庭,对任何争议作出裁决。

最后,修订后的《联邦责任法典》旨在加强审计师的独立性和专业技术的知识(Zünd,1990c,第34页及其后所述)。

这些变革表明,欧盟指令事实上已经对瑞士的会计法律产生影响,尤其在附注、一般性会计原则、财务报表类型的最低要求以及合并报表规定等方面。Zünd(1990b,第404页及其后所述)对瑞士与欧盟之间仍然存在的差异作出讨论。然而,即便在1992年修订之后,仍然可以认为,与大部分其他法律制度相比,瑞士会计管制框架比其他大部分国家法律制度宽松得多。

1992年股份公司法修订

1992年,当瑞士投票反对加入欧洲经济区(European Economic Area,E. E. A.)时,许多公众公司开始中止采用欧盟指令,并且,根据财务上的要求,选择瑞士GAAP FER、IAS或美国GAAP作为编制合并报表的基础。IAS的形象迅速上升。因此,许多公司选择按照国际会计准则提交报告。

1995年,上市条款第一次要求所有上市公司的财务报告必须遵循真实公允观。上市条款与瑞士GAAP FER在重要方面是相同的。同一年,上市条款第一次提及国际准则。按照 IAS 或美国 GAAP 编制财务报表的公司可以在瑞士股票交易所上市,即便这些公司没有遵循瑞士 GAAP FER。

Dumontier 和 Raffourner 的研究(1998,第 240 页)以 133 家瑞士上市公司为样本,发现规模、国际化程度、上市状况、审计师类型和所有权分散性均对公司主动采用 IAS 产生正面影响。

2005 年以来,苏黎世证券交易所(SIX Swiss Exchange)要求主板(Main Standard)上市的主体必须在合并财务报表中采用 IFRS 或者美国 GAAP。相反,在国内板(Domestic Standard)上市的主体和那些在房地产与投资公司板(Standards for Real Estate and for Investment Companies)上市的主体可以继续应用瑞士 GAAP FER。

当前的瑞士公认会计原则(SWISS GAAP FER)

2007 年,修订后的瑞士 GAAP FER 发布。现在,瑞士 GAAP FER 准则采用模块化概念:随着公司规模扩大,管制强度也随之提升。这意味着准则遵循真实公允观,为较小规模和较大规模的组织分别提供相应的财务报告管制(Meyer,2008,第 289 页)。

目前,瑞士已经在整体框架之外制定了有关列报、格式、基本估值原则、现金流量表、养老金福利义务、准备金(provisions)或衍生金融工具等 23 份准则。所有瑞士 GAAP FER 同时以瑞士的三种官方语言(法语、德语及意大利语)和英语发布。准则的摘要和有关当前项目的信息在瑞士会计准则委员会网站(www. fer. ch)上发布。

透明度的法律

2007 年,新透明度要求生效,适用于在瑞士公开上市的公司。这次《联邦责任法典》的变动涉及两个相当敏感的领域:管理层薪酬和管理层交易。

此前,瑞士股票交易所已经发布一份指南,要求披露管理层薪酬的特定信息,主要采用概括性的方式(Hallauer & Watter,2007,第 582 页)。新的管制要求在公司法中作出具体规定（transparency law in Art. 663b^{bis} OR）。譬如，法律要求更加详细地披露董事会每一位成员的薪酬、向执行委员会成员支付的总薪酬以及向执行委员会个别成员支付的最高薪酬。

此外，新的透明度条款要求单独披露授予董事会或执行委员会成员的任何贷款。在管理层交易方面，每一笔涉及公司股票的交易都需要向瑞士股票交易所披露。如果单笔交易或者一个月内的多项交易合计金额超过100 000瑞士法郎，那么，必须作出公开披露（Schweizer，2006，第58页）。这类信息必须在财务报表附注中披露。由于披露所处的位置（财务报表附注中），因此，也必须经过外部审计（Hallauer & Watter，2007，第582页）。透明度法律要求作出的披露与IAS 24（《关联方披露》）的规定相似，但是，不完全相同。

国际因素对会计职业界的影响

如Zünd（1991c，第30页）指出的那样，自20世纪80年代以来，国际因素的四个维度对瑞士的会计发展产生影响：实务、职业界、学术和政治。在会计实务方面，最强烈的影响来自由国际审计公司传授的盎格鲁-撒克逊技术性专业意见。瑞士的会计技术发展水平受到大型国际审计公司、审计公司之间的跨国网络以及有经验的会计师基于培训目的开展的交流的影响。在职业组织层面，前面提及的瑞士行会是国际会计师联合会（International Federation of Accountants，IFAC）和欧洲专家联合会（Fédération des Experts Comptables Européens）等国际联盟机构的成员，并密切关注最近期间的国际发展。在学术领域，瑞士会计师与外国同事之间存在大量交流。譬如，前面提过的瑞士会计准则委员会（FER）第一任主席便曾经担任欧洲会计学会（European Accounting Association）主席，并且，后来选任美国会计学会（American Accounting Association）副主席。FER的代表也加入经济合作与发展组织（OECD）和联合国贸易与发展会议（United Nations，ISAR-UNCTAD）关于会计与报告准则的工作组。最后，瑞士密切关注欧盟的发展。譬如，一名代表FER的观察员参加了欧洲财务报告咨询小组（European Financial Reporting Advisory Group，EFRAG）和准则制定咨询论坛(Consultative Forrum of Standard Setters，CFSS)。

2005年,随着公司法修订和《保险监督法》(Insurance Supervisory Law)的通过,瑞士会计职业界的自我管制传统被视为一项重大阻碍。这些新的法规以相当快的速度通过立法程序,显然受到美国(《萨班斯·奥克斯莱法案》,Sarbanes-Oxley Act)与欧盟(《第八号指令》)发展的影响。审计师监管领域尤为如此,为了避免外国监管机构调查瑞士审计师,譬如当瑞士审计师审计在美国上市的公司之子公司的时候,瑞士必须制定与美国及其他国家在内容上相当的准则。瑞士于2005年通过的改革也证明一些基本公司治理准则的全球趋同不断加强,包括外部审计与审计师监管、内部控制、风险管理以及公司透明度要求(比较 Schweizer,2006,第57页)。

因此,2007年以来,《审计师准入与监督法案》(*Act on the Admission and Oversight of Auditors*，AOA)对提供审计服务的人员准入与监督进行管理。该法案旨在确保审计服务的恰当性,并满足特定的质量标准(针对独立性问题的分析,参阅 Eberle,2009a,2009b)。

为了获得提供审计服务的资质,个人必须取得由联邦审计监督局(Federal Audit Oversight Authority)颁发的执照(FAOA Circular 1/2007)。联邦审计监督局至少每隔3年对属于国家监督范围的审计机构,在向公众公司提供审计服务时,是否遵循有关质量与文档制作及其提交的审计准则确立的程序展开调查。

此外,2005年的公司法修订对所有主体(独立于其法律主体)的普通审计、有限法定验证和不需审计要求作出明确区分。"普通审计"(ordinary audit)是瑞士对审计的法律术语。"有限法定验证"(limited statutory examination)更加类似于国际上所称的审阅(review)。审计机构按照审计对象是否为公众公司(关于公众公司的定义,见《联邦责任法典》第727条)或者正在实施另一次普通审计或有限法定验证,分别适用不同的专业资格与独立性要求。

审计师在实施普通审计时,应当验证内部控制体系是否存在,同时向年度股东大会和董事会报告其审计发现。这一法律条款引发职业界的一系列争议。最初,立法者意图使审计师确认发挥作用的内部控制体系,但是,在行会及其他方介入之后,这项特殊规定从最终的法律中删除(Stenz & Csibi,2008,第186页)。确认内部控制体系存在的实务性应用由瑞士协会

(Swiss Institute)在《瑞士审计准则 890》(*Swiss Audit Standards 890*)中作出安排。

在现行瑞士《公司法》(*Swiss Company Law*)中,审计要求主要可以在新《联邦责任法典》(aOR)第 727－731 条找到。审计师必须由股东大会选任,并且向年度股东大会提交书面确认的受聘函。受聘函必须提交至商业登记处,由其公布该信息。按照新《联邦责任法典》(aOR)第 730 条的规定,审计师的聘期最长为 3 年。然而,再次选任是可能的。审计师可以在任何时间提出辞呈,但是,必须向董事会说明原因。根据《联邦责任法典》(OR)第 663b 条第 13 款,董事会必须在法定财务报表附注中披露审计师辞职的原因。股东大会可以在任何时间对审计师进行替换。

新《公司法》草案
(2007 年 12 月发布)

2005 年,瑞士再次启动公司与会计立法的重大修订。这一年,联邦议会(Federal Council)开放委员会听证会。从那时开始,这项修订已经促使联邦议会针对这些议题发表一份意见书,并就《联邦责任法典》的修订起草相关草案。2005 年开始的修订旨在使公司法全面现代化,满足经济发展的需求。公司治理领域尤其需要改进。此外,也将出台关于资本结构的新规则,更新年度股东大会的管理条款,并引入新的会计与报告要求。

新的会计与报告要求草案(《联邦责任法典》草案第 957－963b 条)制定了适用于瑞士民法下各类法律形式企业的统一概念(Eberle,2010,第 43 页)。这些新要求以企业的经济重要性为基础,预期将取代现行的建立在企业法律结构基础上的要求(《联邦责任法典》第 662 条第 ff 部分)。与会计记录及财务报告保存相关的要求将继续取决于商业登记处的准入要求。

中小规模的公司预期将需要编制全面且结构清楚的财务报表,包括资产负债、收益表及附注(《联邦责任法典》草案第 958 条第 ff 部分)。草案将取消关于提交管理层讨论与分析书(通常称为年度述职报告)或现金流量表的强制性义务。大规模企业将适用更多要求。上述企业的门槛标准将与那些适用普通(完整范围)审计要求的公司相同。大规模企业是指在连续两个财务年度中,以下三个条件中超过其中两项要求的企业:总资产为 1 000 万瑞士法郎、销售收入为 2 000 万瑞士法郎以及每年平均全职员工为 50 人(《联邦责任法典》第 727 条)。

按照起草的建议稿,公众公司、大规模合作社、大规模基金会和适用合并报表要求的主体将必须根据已经确立的财务会计框架(如瑞士 GAAP FER、IFRS 或美国 GAAP)编制(合并)财务报表,作出"公允表述"。在税收规划目的下和(或)基于谨慎性原则的拓展应用,所有其他类型企业将继续允许使用建立在系统化基础上的秘密储备(比较 Eberle,2008,第 213 - 234 页)。

税收目的下只接受按照《联邦责任法典》编制的个别法定财务报表。然而,修订后的《联邦责任法典》将给予企业仅在公允表述的基础上编制个别法定财务报表的选择权。代表至少 10% 名义资本的股东将有权要求在公允表述的基础上编制此类财务报表,这将改进透明度和对少数股东的保护。在已经编制合并财务报表的前提下,将不再强制要求企业按照已确立的准则编制个别财务报表。

与合并财务报表的编制相关的要求也正在修订当中。如果小规模集团连同控制的子公司连续两年没有超过以下三个条件中的两项要求——总资产为 1 000 万瑞士法郎,销售收入为 2 000 万瑞士法郎,每年平均全职员工为 50 人——那么,豁免编制合并财务报表。最终的法律很可能降低这些标准。另一种豁免情形是小规模集团的控制主体是那些根据瑞士或相应外国要求编制合并财务报表并适用普通审计的主体。然而,在要求对主体的财务状况与收益情形作出可靠性评估的情形下,或者,一位股东、20% 的联营主体成员或联邦基金会监督局(Federal Oversight Authority on Foundations)提出要求,那么,小规模集团必须编制合并财务报表。合并财务报表将必须按照公认财务报告框架的要求编制,并作出公允表述。联邦议会将有权对公认财务报告框架(最可能的情形是 IFRS、美国 GAAP 与瑞士 GAAP FER)作出界定。

结　束　语

在瑞士财务报告的发展进程中可以发现一些基本特征。一项典型的特征是瑞士立法层面从一开始便不愿意就会计法律作出详细规定。这一谨慎的政府管制传统延续至今。

与许多国家的法律不同，为了赋予公司在法律确定的界限内一定程度的灵活性，瑞士当局没有具体规定合并报表方法。公司自身必须在合并财务报表附注中说明并表与估值的原则，并且，公司可以接受私营机构制定的会计准则，如瑞士 GAAP FER、IFRS 或美国 GAAP。

然而，近期通过的《透明度法律》和组建联邦审计监督局等系列法律变革，与加强国家监督、实施更精细化管制的总体国际趋势相一致。瑞士的一些特性仍然保留下来，如普通审计中要求确认内部控制体系的"存在"，或者，要求中小规模公司实施专项审阅即"有限法定验证"。

参考文献

BEELER G. 1945. Die Buchführung nach schweizerischem Obligationenrecht〔Bookkeeping according to Swiss Code of Obligations〕(2nd ed). Zurich: Verlag des Schweizerischen Kaufmnnischen Vereins.

BEHR G. 1984. Accounting and reporting in Switzerland. Der Schweizer Treuhänder, 3/1984, 79 - 83.

BÖCKLI P. 1992. Das neue Aktienrecht〔The new stock exchange law〕. Zurich: Schuithess Polygraphischer Verlag.

BOSSARD E. 1982. Kommentar zum Schweizerischen Zivilgesetzbuch, V. Band: Das Obligationenrecht, 32. Titel: Die kaufmännische Buchfüihrung (Art. 957 - 964), Teilband W6/3b,1. Lieferung, Vorbemerkungen und Kommentar Art 957〔Notes to the Swiss Civil Code, Vol. V: Code of Obligations, title 32: Commercial bookkeeping(paras. 957 - 964), Vol. V/6/3b. 1st edn. , preface and notes para. 957〕, Schulthess Polygraphischer Verlag, Zurich.

BRUNNER J P. 1973. Die Publizität der schweizerischen Aktiengesellschaft, insbesondere das Postulat der Bilanzklarheit: Ein Vorschlag zur Gliederung der Bilanz und derErfolgsrechnung sowie eine Stellungnahme zum entsprechenden Vorschlag des Zwischen-berichtes Tschopp〔The publicity of the Swiss share company, especially the postulate of balance sheet transparency: A proposal for the presentation of balance sheet and income statement as well as a statement to the respective proposal contained in the Tschopp interim report〕. Zurich: Schulthess Polygraphischer Verlag.

CURTI A. 1909. Schweizerisches Handelsrecht [Swiss Company Law](2nd ed). Zurich: Orell Füssli.

DUMONTIER P, RAFFOURNIER B. 1998. Why firms comply voluntarily with LAS: An empirical analysis with Swiss data. Journal of International Financial Management and Accounting,9(3),216 - 245.

EBERLE R. 2008. Analyse der neuen Vorschriften zur Rechnunlegung oder der Mythos der stillen Reserven als unüberwindbares Hindernis auf dem Weg zu konzeptionell schlüssigen Regelungen. [Hidden reserves in the draft of the new accounting law]. In: Max Boemle: Festschrift zum 80. Geburstag(pp. 213 - 234). Zurich: Verlag SKV.

EBERLE R. 2009a. Der WirtSchaftsprüfer im Spannungsfeld zwischen Prüfung und Beratung [Auditors between the context of audit and advisory]. In: L. Hail & D. Pfaff(Eds), Rechnungslegung und Revision in der Schweiz(pp. 195 - 222). Zurich: verlag SKV.

EBERLE R. 2009b. Angaben zur Unabhängigkeit im Revisionsbericht [Imformation regarding independence in the statutory auditors' report]. Der Schweizer Treuh-änder,10/2009,70 - 708.

EBERLE R. 2010. Neues Rechnungslegungsrecht: übersicht und kritische Würdigung [New financial reporting law: Overview and critical assessment]. In: A. Mathis & R. Nobs(Eds), Jahrbuch zu Treuhand und Revision 2010(pp. 37 - 56). Zurich: WEKA Business Media.

FORSTMOSER P, MEIER-HAYOZ A. 1983. Einführung in das Schweizerische Aktienrecht [An introduction to the Swiss Stock Exchange Law](3rd ed). Bern: Verlag Stämpfii & Cie.

GRANER P. 1937. Revidiertes Obligationrecht und Bankengesetz [Revised Code of Obligations and banking law]. Zurich: Polygraphischer Verlag.

HAIL L, PFAFF D (Eds). 2009. Rechnungslegung und Rerision in der Schweiz: Erkenntnisse aus Theorie und Praxis [Financial reporting and audit in Swizerland: Theoretical and Practical findings]. Zurich: Verlag SKV.

HALLAUER P, WATTER R. 2007. Das neue Transparenzgesetz: Fragen zur Umsetzung [The new transparency law: Questions on implementation]. Der Schweizer Treuhänder,9/2007,582 - 590.

HELBLING C. 2006. Geschichte der Treuhand-und Revisionbranche: Die 1906 gegründete Schweizerische Treuhandgesellschaft im Wandel der Zeit [A history of the fiduciary and audit profession]. Zurich: Verlag Neue Zürcher Zeitung.

HIS E. 1940. Kommentar zum Schweizerischen Zivilgesetzbuch, Band Ⅶ. 4. Abteilung: HANDELSREGISTER, GESCHÄFTSFIRMEN UND KAUFMÄNNISCHE BUCHFÜHRUNG (Arts. 927 - 964) Notes to the Swiss Civil Code, Vol. Ⅶ, 4th section: Commercial register, companies and commercial bookkeeping(paras. 927 - 964), Verlag Stämpfli & Cie, Bern.

HOMBURGER E. 1991. Leitfaden zumneuen Aktienrecht [A guide to the new stock exchange law]. Zunch: Schulthess Polygraphischer Verlag.

KÄFER K. 1981. Berner Kom, nenta, zum schweizerischen Privatrecht, Band Ⅷ: Obligationenrecht, 2. Abteilung: Die kaufmännische Buchführung, 1. Teilband: Grundlagen und Kommentar zu Artikel 957 OR (Berne notes to the Swiss private law, Vol. Ⅷ: Code of Obligations, 2nd division: commercial accounting, 1st volume: Bases and notes to para. 957 OR), Verlag Stämpfii & Cie.

MEYER C. 2008. Grundlagen zu Swiss GAAP FER: Massgeschneidertes Konzept für aussagekräftigen Abschluss nach True and Fair View [Basic information on Swiss GAAP FER]. Der Schweizer Treuhänder, 5/2008, 289 - 294.

MUNZIGER W. 1865. Motive zu dem Entwurfe eines schweizerische Handelsrechts [Motifs of the draft of a Swiss commercial code]. Bern: Verlag Stämpfli & Cie.

NIEDERER W. 1972. Die stillen Reserven. In: Berner Tage für die Juristische Praxis 1972: Probleme der Aktienrechtsrevision("The hidden reserves"—problems with the share company law revision). Bern: Verlag Stämpfii & Cie.

SCHINDLER R. 1967. Die Publizitätsvorschriften bei der Rechnungslegung der AG [Publicity rules for financial reporting for share companies]. Dissertation, Bern.

SCHUMACHER J. 1940. Bilanzprüfung der Aktiengesellschaft nach revidiertem Obligationenrecht und Bankengesetz (Auditing of share companies according to the revised Code of Obligations and banking law). Dissertation, Bern.

SCHWEIZER M T. 2006. Recent corporate governance reforms in Switzerland. Euromoney Yearbooks, March 2006, 57 - 59.

STENZ T, CSIBI. 2008. Was bedentet die Existenz des IKS gemäss: PS PS890? [What does the existence of an internal control system mean according to Swiss Audit Standard 890]. Der Schweizer Treuhänder, 4/2008, 186 - 190.

VON GREYERZ C. 1982. Die Aktiengesellschaft [The share company]. In: W. Von Steiger(Ed.), Handelsrecht, Zweiter Teilband. Helbling & Lichtenhahn, Basel and Frankfurt am Main.

VON MAY P. 1945. Die Gründung der Aktiengesellschaft in ihrer geschichtlichen

Eniwicklung in der Schweiz, insbesondere in den Kantonen Berne and Zürich. Dissertation, Bern.

WÜEST H P. 1992. Schweizerische Rechnungslegung für Kapitalgesellschaften-heute und morgen: Ein Vergleich zwischen dem an die vierte EG-Richtlinie angepassten deutschen und dem schweizerischen Recht unter besonderer Berücksichtigung der schweizerischen Aktienrechtsreform [Swiss financial reporting for share companies—today and tomorrow: A comparison between German and Swiss law adapted to the Fourth EC Directive with special consideration of the Swiss share company law reform]. Zurich: Schulthess Polygraphischer Verlag.

ZÜND A. 1983. Eine schweizerische Rechnungslegungskommission? Zur Frage der institutionalisierten Setzung von Rechnungslegungsnormen (A Swiss financial reporting committee? Comments to the question of an institutionalized drafting of financial reporting standards). In: P. Böckli, et al. (Eds), Festschrft für Frank Vischer zum 60. Geburtstag [Essays on the occasion of Frank Vischer's 60th birthday]. Zurich: Schulthess Polygraphischer Verlag.

ZÜND A. 1990a. Die Schweiz als Entwicklungsland [Switzerland as a developing country]. Handelszeitung, December 6,1990.

ZÜND A. 1990b. Rechnungslegung (Financial reporting). In: D. Schindler, et al. (Eds). Die Europavertrdglichkeit des schweizerischen Rechts [The European compatibility of Swiss law]. Zurich: Schuithess Polygraphischer Verlag.

ZÜND A. 1990c. Accounting and auditing in Switzerland. In: Les Cahiers Inrernarionaux de la Comptabilite(pp. 23 - 48). Paris: Editions Malesherbes.

ZÜND A. 1990d. Selbstbestimmung statt Fremdbestimmung: Rechnungslegung Schweiz [Self regulation instead of foreign regulation: Financial reporting in Switzerland]. Schweizerische Arbeitgeber-Zeitung. October. 18,1990, 865 - 867.

ZÜND A. 1991. Die EG-Rechnungslegung als Kompromisswerk: Eine Rahmenordnung mit breitem Ermessensspielraum zur Umsetzung in nationales Recht [EC financial reporting as a work of compromise: A framework with broad discretionary leeway for conversion into national laws]. Neue Zürcher Zeitung. August 20,1991.

责任法典

Amendment to the Federal Code of Obligations in 1919: "Vollmachtenbeschluss des Bundesrates vom 8. Juli I919 betreffend Abänderung und Ergänzung des Schweizerischen Obligationenrechts vom 30. März 1911 in bezug auf Aktiengesellschaften, Kommanditaktiengesellschaften und

Genossenschaften", Eidgenössische Gesetzessammlung(AS)35, S. 527 et seq.

Federal Code of Obligations of 1881："Bundesgesetz über das Obligationsrecht vom 14. Juni 1881", Eidgenössische Gesetzessammlung(AS)5, p. 635 et seq. , OR 1881.

Revised Code of Obligations of 1936："Bundesgesetz über die Revision der Titel 24 bis 33 des Obligationenrechts vom 18. Dezember 1936". Eidgenössische Gesetzessammlung (AS)53. S. 185 et seq.

延伸阅读

BEELER G. 1956. Schweizerisches Buchführungs-und Bilanzrecht[Swiss auditing and accounting law]. Zurich：Schulthess &. Co. AG.

BEHR G. 1985. Auswirkungen der 7. EG-Richtlinie auf schweizerische Konzerne mit Konzerngesellschaften in EG-Staaten (Effects of the Seventh EC directive on Swiss corporations with subsidiaries in EC countries). In：A. Zünd(Ed.), Konzernrechnungslegung und Konzernrevision im Lichte der jüngeren schweizerischen und internationalen Entwicklung [Consolidated financial reporting and revision in light of the recent Swiss and international trends]. Zurich：Treuhand-Kammer.

BEHR G. 1992. Die Bilanznebel lichten sich：Mehr Transparenz in Rechnungslegsjng und-prüfung [The mists are clearing：More transparency in financial reporting and auditing]. Neue Zürcher Zeitung, January 31,1992.

BEHR G, LEIBFNED P. 2010. Rechnungslegung [Financial reporting]. Zurich：Versus Verlag.

BEHR G, ZÜND A. 1991. Rechnungslegungskonzept für in der Schweiz kotierte Unternehtnen：Vorschlag, Expertengutachen zuhanden der Vereinigung der Schweizer Börsen(Financial reporting concept for listed companies in Switzerland：Proposal, expertise for the Association of Swiss Stock Exchange).

BOEMLE M. 2008. Festschrift zum 80. Geburtstag [A collection on the occasion Boemle's 80th birthday]. Zurich：Verlag SKV.

BOEMLE M, LUTZ R. 2008. Der Jaliresa. bschluss：Bilan：Erfolgsrechnung, Geldflussrechnung, Anhang [Annual accounts：Balance sheet. P + L. cash flow statement, appenthx](5th ed). Zurich：Verlag SKy.

BOURQUIN G C. 1976. Le Principe de Sincérité du Bilan：Etude historique des principes à observer pour l'établissement du bilan [The principle of balance sheet sincerity：Historic study of principles to observe in drawing up a balance sheet]. Geneva：Georg.

DÉROBERT M. 1991. La publicité des Sociétés cotées, l'auioregulation et la future loi fédérale sur les bourses [The publicity of listed company, self-regulation and future federal stock exchange law]. Der Schweizer Treuhander,12/1991,675 – 680.

EIDGENÖSSISCHE REVISIONSAUFSICHTSBEHÖRDE RAB. 2007. Rundschreiben 1/2007 üher die Angaben im Gesuch urn Zulassung und die einzureichenden Unterlagen(FAOA circular on the application and admission), August 27. 2007.

HANDSCHIN L. 2008. Swiss Company Law [English language overview]. Zurich and St. Gall: Dike.

HELBLING C. 1992. Revisions-und Bilanzierungspraxis: Beitrage zum Revisionywesen in der Schwecz und zur Prüfwig und Erstellung des Jahresabschlusses [Revision and financial reporting practice: Contributions to the revision process in Switzerland and to the auditing and drawing up of annual accounts](3rd ed). Bern and Stuttgart: Verlag Paul Haupt.

HUBER E. 1983. System und Geschichte des Schweizerischeyi Privatrechts. [System and history of Swiss private law]. Vierter Band(4th Vol.). Basel: Verlag von R. Reich.

KOBERG A K. 1993. Zwischenberichterstattung (Interim reporting). In: H Siegwart (Ed.), Jahrbuch zum Finanz-and Rechnungswesen 1993 [Almanac of accounting and auditing 1993]. Zurich: Weka-Verlag.

MEYER C(Ed.). 2009. Swiss GAAP FER Erläuterungen, Illustrationen und Beispiele [A textbook on Swiss GAAP FER]. Zurich: Verlag SKV.

PICTET &. CIE, SOCIÉTÉ FIDUCIARE SUISSE COOPERS, LYBRAND. 1991. The Financial Transparency of Swiss Companies, Geneva.

PRATT J, BEHR G. 1983. Entwicklung von Grundsätzen der Rechnungslegung und Rechnungsprüfung: Ein Beitrag zur Aktienrechtsreform und zur internationalen Harmonisiening der Rechnungslegung [Development of financial reporting and auditing principles: A contribution to the share company law reform and to the international harmonization offinancial reporting]. Schweizerische Aktiengesellschaft,72 – 80.

TREUHAND-KAMMER (Ed.). 2009. Schweizer flandbuch der Wirtschaftspriifung [Swiss Audit Handbook](2nd ed,4 Vols). Zurich: Verlag SKy.

WIDMER H. 1934. Die Kontrolistelle der Aktiengesellschaft nach schweizerischem Recht [The control organ of the share company according to Swiss law]. Dissertation, Bern.

ZENHÄUSERN P, BERTSCHINGER P. 1993. Konzernrechnungslegung [Consolidated financial reporting]. Zurich: Verlag des Schweizerischen Kaufmännischen Verbandes.

第十章 英 国[①]

克里斯托弗·纳皮尔

引 言

作为工业革命的发源地,英国是最早发展大规模公司制企业的国家之一。这类大规模公司中代表所有权的股份在股票交易所进行交易,所有权则与管理控制相分离。因此,英国在相对较早的时期便不得不处理由管理层使用投入企业的资本引发的如何向所有者履行受托责任的问题。然而,由于早期对公司实施管制的尝试发生在19世纪,这是一个自由放任思想占主导的时期,议会和法院均倾向于将所有者与经营者之间关系的治理视为私人合同而非法律法规问题。拒绝正式管制并倾向于"绅士之间达成协定"或者通过市场力量的压力确保有效的公司治理,这对英国公司财务报告产生实际且带有鲜明色彩的重要影响。然而,与此同时,至少从第二次世界大战结束以来,公司财务报告管制在20世纪60年代后期受到推动,90年代以来其重要性日益凸显,以《公司法》或《财务报告准则》(*Financial Reporting Standards*, FRSs)形式施加的管制数量持续增加,并且,起初属于国内管制的范畴,2005年以来则还受到了国际会计准则理事会(IASB)所发布公告的约束。

虽然在19世纪管制形成初期对财务报告的正式约束十分有限,公司已

---

① 《世界会计史:财务报告与公共政策(欧洲卷)》,会计思想发展研究第十四卷 A,第 243－273 页(原书页码)。爱墨瑞得出版集团有限公司 2010 版权所有。ISSN:1479－3504/doi:10.1108/S1479－3504(2010)000014A013。

经发布年度(并且,在一些情形下半年度)财务报表。由此,董事会可以对投资者投入资本的使用情况和股利支付作出解释。在一些经济上重要的行业中,如银行、保险公司和铁路部门,公司需要遵循法定的报告要求,即便在这一时期这些要求尚不适用于大多数公司。19世纪中叶会计职业界的兴起和19世纪90年代最早的大学会计课程出现,形成一支有代表性的会计从业人员队伍,由此促进会计原则与惯例的发展。直至近年,具有专业会计实务工作背景的人士仍然是英国会计管制发展的主要贡献者。

早 期 影 响

自1066年以来,英格兰诺曼氏(Norman)国王的政府行政管理开发了系统的财务问责与记录保管模式。《末日裁判书》(*The Domesday Book*,1086)对英格兰本土的经济资源、封建权利与责任作出详细考察。1110年创建至今的英国财政部(the Exchequer)确信,国王在各个郡(county)的代表——郡督(sheriffs)——提供了有关代表王室收到的收入和如何支配这些收入的私人会计核算。财政部的巨头(barons of the exchequer)可以听审郡督口述账户,这便是"审计"的字面含义,而收款与支付的记录需要保留下来。这项财政制度(exchequer system)经常被称为"承担责任与免除责任"(charge and discharge)制度,为许多英国封建领主所仿效,包括与教会相关的以及那些缺乏专门知识的领主。这项制度旨在使个人对预期将收到的款项[如租金与应得封地权益(feudal dues)]负责,即"承担责任",为他们如何花费这些款项或支出任何盈余承担责任,即"免除责任"。现今保存下来的账户记录了审计程序,而不是同一时期收款与支出的连续记录,这些账户同时表明在任"管家"(stewards,被托付资源并承担收取收入责任的官员)的主要职责是向监管者解释收款超过支出后的盈余。因此,承担责任和免除责任制度属于个人受托责任,并在多种情形下延续至19世纪。这在英国贵族的庄园中最为显著。

与农业活动的记录相比,中世纪英格兰贸易和制造企业的记录较为罕见。意大利商人在伦敦和其他一些城市十分活跃,并且,有证据表明,这些商人可能已经采用复式簿记系统的早期形式。然而,土生土长的英国商人在 16 世纪以前使用复式记账是不可能的,尽管这一时期开始出现最早的以英文印制的复式记账(称为"意大利方法")的书籍。公司作为虚拟人独立于公司出资人而存在,即便在出资人发生变更后公司也继续存在,这一法律概念在中世纪已经为人们所熟悉。但是,公司形式的使用往往限定于公共或宗教机构,如城市与行政区、大教堂、大修道院以及学院。然而,截至 16 世纪末,商业主体开始采用公司制形式,并且,通常按照皇家特许令的方式进行组建,享有特定垄断权。这些特许的公司中最著名的是 1600 年授予许可证的东印度公司(the East India Company)。东印度公司最初经营一系列冒险性的个人贸易事业,每项事业均采用"合股"(joint stock)形式,利润则在该事业结束时通过变卖所有资产、偿付所有负债后参考超过最初投入金额的现金盈余来确定。因此,早年保存下来的财务报表常常是收支表。然而,随着东印度公司建立日久,单独冒险事业制度的不便性日益凸显,于是,公司采用永久投资于"股份"的制度,并且,该股份可以在新兴的伦敦股票市场上出售。公司定期向股东支付股利,财务报告则旨在说明股利从利润而非资本中支付。东印度公司内部采用复式记账方式进行会计记录。虽然东印度公司允许股东定期检查会计记录,理事会(Board of Governors)对财务事项高度保密,这导致财务丑闻偶有发生,也引发公众的批评以及对公司财务状况展开调查的要求。从会计视角,东印度公司的实务表明商业公司从所有者退回资本(a return of capital)并分红的手段向以常规股利形式赚取资本回报(return on capital)的模式转变。

随着来自农业部门和国际贸易的资本逐渐累积,"合股公司"(joint stock company)作为投资闲余资金的方式日渐流行。1694 年获得营业执照的英格兰银行(the Bank of England)只是 17 世纪 90 年代存在的将近 140 家公司中的 1 家而已。这些公司通常凭借专门的《议会法案》(Acts of Parliament)或者获得皇家特许令(a Royal Charter)(经常授予垄断权等特别待遇)而创建,因此,属于具有独立于所有者的合法身份的公司。通过信托式的"协议契据"("deed of settlement")组建的公司是一种相对不正式的组织形式。通常,创立公司的一系列文件中包括会计与报告条款,要求公司保存恰当的账簿,并使这些账簿或以账簿为基础的报表如资产负债表能在公司年度或半年度股东大会上供股东查阅。有时,通过规定股利只能从利润中派发,而不能从公司资本中支付,信托法律的影响会十分清晰。然而,详细的确认与计量规则尚未制定出来。

经历 20 年的经济快速增长与金融部门发展之后，1719 年至 1721 年的"南海泡沫"导致对公司的组建加以限制，由此抑制了随后 100 年的发展。南海公司（South Sea Company）享有贸易垄断权，发出了收购英国国债的要约。这份要约引发对南海公司股票的大量投机活动，并导致"泡沫法案"（"Bubble Act"）（《1720 年王室交易与伦敦担保公司法案》，*Royal Exchange and London Assurance Corporation Act 1720*）的通过。除非经过专门法案或者皇家特许令的允许，"泡沫法案"禁止公司出资人创建公司，并限制合伙企业的合伙人最多为 6 人。由于这项立法，协议契据型公司越发难以组建。然而，实际上，"泡沫法案"不可能约束经济增长，因为几乎很少企业的资本要求会超过它们能从企业主的家族和亲友中募集的数额。

通常，公路和管道等行业中的大规模企业受到在议会中占据主导地位的土地所有者的支持，由此能够确保通过专门法案或取得特许令。当那些将法案合并起来的专业起草人从更早的法律先例中引用观点时，保存账簿与向出资人提交报告的基本要求便经常在各份文件之间相互仿效。许多专业起草人是"英国大法庭"（"Chancery"）的律师，擅长解决协议方面的法律问题。一份严格的协议是一种信托形式，通常涉及土地，这在 17 世纪至 20 世纪的英国贵族中十分流行。来自土地的收益支付给"终身受益人"（"life tenant"），该受益人则预期将为了子孙后代的福祉养护并以理想的方式改善土地。土地本身不能被出售或赠送于他人，但是，可以按照协议条款在终身受益人去世之后进行转让。因此，协议必须区分收益与资本，因为对这两项要素享有要求权的人是不同的。到了 18 世纪晚期，许多管道公司按照《议会法案》组建为法人团体，并在公司定期财务报告中采用"复式记账"方法。"复式记账"方法的基础是明确区分按照严格协议形成的收益与资本。管道公司向股东募集的资金贷记为资本账户，而购买土地与建筑管道的成本费用借记为成本账户。当建筑完工时，资本账户应"关账"，而经营性收款与支付项目记入收益或收入账户。管道建造成本不作系统性折旧或摊销处理，而是在收入账户的借方记录为维修与维护。股利的支付以收入账户中的盈余为基础，因此，大约等于经营活动净现金流量。

19 世 纪

铁路时代的到来

如果管道公司要求大量资本，那么，铁路部门便需要寻求巨大的投资。铁路公司按照《议会法案》组建为法人团体，这一组织形式不仅成为获得强制购买土地权利的工具，并且，可以在公司经营失败的情形下通过有限责任向股东提供保护。这意味着股东只需要为其所拥有股份的名义价值承担偿付责任[股份经常以"部分支付"（partly paid）的方式发行，因此，股东将继续承担为任何"未缴入资本"（uncalled capital）负责的义务]，而不是公司的全部债务金额。早期铁路公司的法案变得高度精细化，因为那些发起并管理此类"依照法令"创建的公司的人试图确保对权力与责任作出精确说明。这些法案中包含与保存会计记录以及向股东提交报告相关的要求。1845 年，在"铁路狂热"的鼎盛时期，议会通过了《公司条款合并法案》（*Companies Clauses Consolidation Act*），为此后所有依法组建的公司提供了可适用的管制范例。

铁路公司必须任命一名簿记员，负责将公司的交易录入账簿中。铁路公司经常使用以各个车站的活动为基础设立的具有复杂层级关系的辅助性账簿，账户的摘要数据定期地发送至铁路公司总部。铁路公司应当每 6 个月"制作一份准确的资产负债表，真实地表述编表日归属于公司的股本、各类债权与不动产以及到期的公司债务，并且，该表应明确揭示应由此前半年公司交易产生的损益"。审计师由股东组成的机构选任，负责对账户进行检查。这些"股东代表"未必需要具备会计技能，但是，能够聘请专业会计师代表其对账户实施细致的检查。资产负债表将由董事签署，并提交至公司股东大会。通常，一份或多份传阅广泛的铁路刊物如 John Herapath 创办的《铁路》（*Railway Journal*）会刊登会计报表，而大部分公司自行印制会计报表并邮寄给股东。

会计立法不涵盖有关财务报表列报或项目确认与计量的具体规则。"准确的"（exact）、"真实的"（true）及"明确的"（distinct）等术语的使用似乎表明，议会认为，财务报告是对基本经济现实的直接表述，不存在操纵的空间。然而,铁路公司的一些发起人与管理层能够利用管制的缺陷,报告更高的利润,由此支付更多股利。复式记账体系为此创造了一些机会,因为不存在清晰的原则以明确哪些支出项目应借记资本,哪些则借记收入。大部分很受尊重公司的惯例是将购买土地、建造持久性道路和取得铁路上运行的初始轨道车辆(包括机车、车厢等)所发生的成本借记为资本账户,与维修及更新相关的后续费用则借记收入。理想的目标是当铁路建设完工时"结束资本账户",所有后续的收款与支付则通过收入账户记录。然而,实务中,大规模铁路公司经常建造新的路线,以技术上更优良的设备取代轨道和初始轨道车辆。复式记账体系中的"改良支出"(betterment)会计问题必须得到解决,而一些公司将新资产的成本分拆为两个部分:借记为收入的更换成本和借记为资本的改良支出。显然,这一分拆核算的会计处理方式可以被利用来将全部更新成本借记为资本而夸大利润,或者,相反,不将改良支出借记为资本而降低利润。铁路发起人如 George Hunson 夸大所经营公司的股利而广受诟病。最终,铁路狂热导致一些公司轰然倒塌。

在接下来的 10 年间,就铁路会计问题达成的共识在《1868 年铁路管制法案》(*Regulation of Railways Act 1868*)中得到具体体现。该法案以复式记账体系为基础具体规定了铁路账户的标准形式。虽然没有详细制定确认与计量规则,截至这一时期,大量最佳惯例在大规模铁路公司中确立起来,并为其他公司提供了标准(未必总是得到遵循)。为了适应公用事业部门如天然气、电力、有轨电车以及供水公司的管制,1868 年法案作出若干修改。银行与保险公司也属于特殊行业会计管制的对象,并且,在受管制的时间上远早于这些管制适用于普通公司。虽然人们将 19 世纪的英国描述为一个自由放任的经济体,议会对经济上重要的行业——稳健的管理中存在明确的公共利益——实施管制的存在,表明自由放任在实践中是高度保留的。

普通注册

19 世纪初期的经济增长产生了对简单法人制组织形式的需求,这类公司的创建可以在成本上低于寻求通过"皇家特许令"或专门《议会法案》的成本。通过协议契据组建公司是 19 世纪 20 年代的特色之一。在协议契据型公司中,有些是名副其实的商业企业,寻求超过个人和家庭所能提供的更多资本,但是,另一些公司则成为欺诈的手段。这些公司的主要瑕疵在于其模糊不清的法律地位：根据"泡沫法案"，他们可能是非法的；但是，即便合法，它们也不向投资者提供有限责任的保护。一些协议契据型公司的失败刺激了对其他备选结构的兴趣。《1837 年特许公司法案》（*Chartered Companies Act 1837*）使企业更容易获得皇家特许令，皇家蒸汽邮船公司（Royal Mail Steam Packet Company）和半岛与东方轮船航运公司（Peninsular and Oriental Steam Navigation Company）等一些存在已久的企业根据这部法案改组为法人形式。由后来成为首相的 William Ewart Gladstone 担任主席的合股公司特别委员会（Select Committee on Joint Stock Companies）提议，协议契据型公司应当受到管制，并且，《1844 年合股公司法案》（*Joint Stock Companies Act 1844*）要求协议契据型公司必须向一位政府官员即公司注册官（Registrar of Companies）进行登记。超过 25 位合伙人的非法人性质合伙企业遭到禁止，而至少具有 7 名出资人的新公司可以通过简单注册程序设立为法人公司。

《1844 年合股公司法案》包含会计要求，并且，与同一时期特殊铁路公司法案中涵盖的条款类似。公司必须保存"恰当的账簿"，并且，每年结平账目。董事必须在每年的股东大会上提交"真实且公允"的资产负债表，并且，股东必须任命审计师，由后者就资产负债表是否符合法定要求作出报告。经审计的资产负债表必须提交至公司注册官。然而，在实务中，提交资产负债表要求的实施情况十分糟糕，1844 年法案也未就如何编制和提交资产负债表作出详细规定，导致即便同时代的评论也认为董事提交的报表毫无意义。同样，审计师的任命也几乎没有真正意义，因为审计师被要求只能是股东，不需要掌握任何会计技术能力，并且，常常与董事而非普通股东更为接近。然而，1844 年法案通过后发生的争论表明，支持提供完整且公允的资产负债表这一要求的理念将促使股东对董事会运用公司资本的方式（"受托责任"，stewardship）作出评估，要求董事会提供一些有关公司偿债能力的信息，并保证股利并非从资本中派发。

《1844 年合股公司法案》的一项重要遗漏是有限责任，这项对股东保护的缺失成为一项抑制因素。《1855 年有限责任法案》（*Limited Liability Act 1855*）允许公司注册为有限责任形式，但是，由于被认为增加了交易对手方的风险，这类公司必须在其名称的结尾处加上"有限"（limited）字样。一些评论者认为，"有限责任的代价是其账目的公开，"但是，《1856 年合股公司法案》(*Joint Stock Companies Act 1856*)实际上废除了《1844年合股公司法案》中的强制性会计与审计条款。《1856年合股公司法案》包含一套"公司章程"(articles of asssociation)的范例,由此,公司能够采用这一范例或者对之作出调整,对内部管理实施控制。该章程范例包含的条款涉及公司的会计记录、年度资产负债表和收益开支报表的编制、上述报表的审计、在年度股东大会召开前传阅报表以及最后提交至年度股东大会以供股东批准通过。章程范例甚至提供了资产负债表的格式,并指出,审计师应就资产负债表是否为"完整且公允的资产负债表,包含了所要求的详细资料并恰当编制,由此真实且正确地表述了公司事务的状况"作出报告。虽然《1862年公司法案》——将所有先前的立法并入一份法案中——继续没有强制实行会计、审计与报告的要求,章程范例(可能是其修订版)则得到广泛采用。然而,财务报表经常被视为只是股东的私人兴趣事务,并且,没有股东会被拒绝查阅报表。

支持更多披露的一项重要因素是股票市场的影响。截至1885年,将近四分之一按照《公司法案》设立的法人制企业将其证券在股票交易所上市。作为上市协议的一部分,交易所强制要求向股东提供年度资产负债表。作为最有影响力且最重要的市场,伦敦股票交易所(London Stock Exchange)要求那些股票由出资人交易的公司,将年度资产负债表寄放于交易所。存在广泛股东基础的公司经常主动在杂志上公开年度资产负债表的摘要甚至整个文件。由此,在实务中,许多公司财务信息正在常规且系统地披露出来。然而,截至19世纪末,被广泛接受的会计原则只是刚刚开始出现,并且,董事采取现在称为"盈余管理"的方式确保股利支付的平稳趋势是允许的(通常,人们预期公司将向股东分派所有或大部分对外报告的利润)。譬如,董事能够通过在好年景提取大量折旧与其他准备(provisions)来建立"秘密储备"(secret reserves),而在坏年景动用这些"秘密储备"来夸大报告利润。19世纪末出现普遍接受的公司会计实务存在两个促进因素:企业税收的影响和会计职业界的兴起。

税收

1799年,英国已经推行所得税。但是,1816年,所得税被废止。1842年,所得税再次实施。来自贸易和行业的利润作为收益开始计税,这意味着有必要制订用于确定应税利润的规则。贸易与非贸易之间的收款与支付需要进行区分,因为非贸易的收款与支付不影响应税利润的计算。然而,这使资本支出的处理必须得到解决。所得税的根本原理在于所得税只是暂时性的,它必须每年重新计算。如果某一年的资本支出可以抵扣,那么,废除所得税将很可能是不公平的。同时,将折旧计入费用被认为存在问题,因为折旧的确认将涉及资产经济寿命的估计并选择折旧方法,而作出估计被认为容易引发滥用。复式记账体系及其明确区分资本与收入的根本原理很有影响力,由此,对长期资产的支出作为资本成本处理,而不是为了税务目的进行抵扣,修理与改造支出则视作一项可抵减收入的费用。

在实务中,哪些支出可以税前抵扣由地方上的税务行政官(Commissioners of Taxes)决定,后者负责确定所得税负债。这不可避免地导致实务的不一致,因为一些企业能够主张与抵扣维修及改造支出一样,在税前扣除"损耗"(wear and tear)。在法院作出多个判例之后,《1878 年海关与国内税收法》(*Customs and Inland Revenue Act 1878*)正式确认了损耗免税额(wear and tear allowance),并且,在接下来的若干年中,部分通过诉讼,更显著的则是通过对国内税收(Inland Revenue)实务的公开宣传,一套为不同资产类型确定折让基础的重要且复杂的规则开发出来。根据所得税法律,公司按照交易利润计税,并且,许多公司似乎已经将折旧费用计入可抵扣的损耗免税额中。由此产生的一个后果是,通常情形下不符合损耗免税条件的资产如土地与建筑物等不提取折旧。然而,当公司利用报表确定应税利润时,在法律上没有被强制要求采用相同的会计方法编制财务报表。由此,公司很可能按照非常不同于财务报表中所报告的利润数字来计算并支付所得税。此外,直到进入 20 世纪,确定应税利润参照的是并不必然与会计期间相一致的税务年度,计算则涉及若干年利润的某个平均数。由此,尽管所得税目的下的利润在理论上按照"商业会计的普通规则"来确定,这些"规则"在优先顺序上经常低于具体的成文规则。只有当收益已经赚取时才需要计税,而确定收入何时"已经实现"(由此在财务报表中确认)受到税收惯例的强烈影响,但并非完全由后者决定。

会计职业界

有关会计方法的知识经常在工作经验中学会,基本的复式簿记法则通过学校传授。19 世纪以前专业会计师很少,并且,最初的业务在很大程度上是处理破产事务。公司部门的兴起,尤其在铁路狂热时期,产生了对技术娴熟的审计师与调查人员的需求。德勤(Deloitte & Co.)、库柏兄弟(Cooper Brothers & Co.)、普华永道(Price,Waterhouse & Co.)以及 W·B·毕特(W. B. Peat & Co.,KPMG 的前身)等公司均成立于 1840 年至 1870 年,安永(Ernst & Young)的前身哈丁·普莱恩(Harding & Pullein)也创建于这一时期。这些公司的合伙人经常参与铁路和其他公司中由会计造假引发的索赔调查,并提供审计服务。19 世纪 50 年代,职业会计机构开始建立,最早的是 1854 年取得许可证的爱丁堡会计师协会(Society of Accountants of Edinburgh)。更多苏格兰机构分别于 1855 年在格拉斯哥(Glasgow)和 1867 年在阿伯丁(Aberdeen)成立,并且,上述三个机构于 1951 年合并组建为苏格兰特许会计师协会(Institute of Chartered Accountants of Scotland,ICAS)。在英格兰,19 世纪 70 年代建立的五个职业机构合并组建为英格兰与威尔士特许会计师协会(Institute of Chartered Accountants in England and Wales,ICAEW),爱尔兰特许会计师协会(Institute of Chartered Accountants in Ireland,ICAI)则成立于 1888 年。这些机构的会员称为"特许会计师"(Chartered Accountants)。授予"皇家特许"(Royal Charter)称号是声望的象征,进入职业界则受到约束,必须经过很严格的教育与培训体系。

　　培训职业会计师的必要性有助于促进对开发会计原则的重视。更多有经验的会计师需要将其认为的适当会计惯例的内容传授给新进入者,这带来教材的撰写和专业期刊的发行。其中,最重要的是创建于 1876 年的《会计师》(The Accountant)杂志,刊登了许多由会计师撰写的有关财务报告与会计计量争议性问题的文章。不过,作为职业化的特征之一,会计师应当有能力作出有见识的判断,为客户提供建议,或者,确定特定的会计实务是否可以接受。由此,职业机构明确拒绝就会计实务提供官方指南。从 19 世纪晚期至 20 世纪初,关于会计原则的重要著作包括 Francis Pixley 的《审计师:责任与义务》(Auditors: Their Duties and Responsibilities,1881)、Ewing Matheson 的《工厂的折旧》(The Depreciation of Factories,1884)、Emile Garcke 和 John Manger Fells 合著的《工厂账户》(Factory Accounts,1887)、Lawrence Dicksee 的《审计:审计师实用手册》(Auditing: A Practical

Manual for Auditors, 1892）和《高级会计》（*Advanced Accounting*, 1903）。Dicksee 是英国第一位被任命的大学会计学教授，1902 年至 1906 年期间任教于伯明翰大学（Birmingham University），后来则转至伦敦经济学院（London School of Economics）。伯明翰具有强烈的商业教育传统，但是，在老牌大学中，会计未受到很高重视——剑桥大学（Cambridge University）经济学教授 Alfred Marshall 对会计作为一项学术活动尤为鄙视。

这些早期的作者没有尝试发展明确的财务会计理论，但是，重构后来所称的"历史成本惯例"则是可能的，这些原则构成著作与期刊文章中包含的有关实务建议的基础。尽管这些建议在实务中没有作为不可变通的规则执行，并且，事实上经常不被采用，在某种意义上它们具有一些规范性，阐述了高级会计师对公司应当如何编制财务报表的看法。这些共识包括：

a. 只有在已经取得其价值并由此具有一个可确定的成本时，才应当在资产负债表中确认为资产。在一些情形下（如组建一家公司的目的是为了购买另一家已经存在的企业），该"成本"可以较为随意，譬如，将一个整数金额分配给"商誉"。

b. 资产负债表中的资产不应当以超过其成本的金额列示（除了在非常有限的情形下）。如果资产的价值已经减损，那么，应当减记至成本以下。这称为"谨慎性"会计。

c. 尽管账面净值不同于外部价值（如转售价格），长期资产可以在其预期寿命期间系统地减记。对于持续经营的企业而言，这被认为是适合的，因为这类企业为了使用而非出售目的持有长期资产。由此，当前的市场价值通常将是不相关的。

d. 所有已知的负债与损失均应当提取准备——会计谨慎性的另一个示例。

总体上，会计师偏向于低估企业财务状况的财务报表。这类报表被认为限制了在利润赚取之前支付股利的可能性，由此，保护股东与债权人免受董事冒进行为的侵害。然而，财务丑闻依然发生，有时因误导性的报表和不充分的审计而加重，法院作出的一系列裁决确立一套相当灵活的会计要求（如固定资产不需要计提折旧，而流动资产上的损失必须计提准备），并界定了审计师责任的范围。Buckley 法官先生（Mr. Justice）在 Newton v. Birmingham Small Arms Co.（1906–2 Ch 378）一案的批注中，归纳了 20 世纪初期英国公司财务报告的总体理念：

资产负债表的目的主要在于揭示企业的财务状况，至少如其所阐述的那样好，而不是揭示不可能更好。

20 世 纪

稳健主义与停滞（1900—1940 年）

虽然 20 世纪初期大部分企业以单独交易商或非法人制合伙企业形式经营，但是，大约 30 000 家公司已经设立为法人制企业，并且，在 1897 年 Salomon v. Salomon & Co. 一案之后，组建公司的步伐加速。Salomon v. Salomon & Co. 案件明确，只要遵循必要的正式法律手续（包括至少 7 名股东，且大部分股东事实上能够被企业所有者提名为候选人），任何企业均可以组建为法人性质的有限公司。《1900 年公司法案》（*Companies Act 1900*）的实施加强了对数量不断增加的公司的管制。该法案要求所有注册的公司必须任命审计师就公司资产负债表作出报告，并且，审计师的报告必须每年向股东提交。审计师并不必然需要具备专业资格，但是，公司的审计师也不能同时为公司的董事。这部法案没有包括任何与资产负债表的格式与内容或者确认与计量规则相关的条款。财务报表被视为股东与董事之间的事务，而保护债权人在法律条款中处于相对不重要的地位。

《1907 年公司法案》（*Companies Act 1907*）明确区分了"公众"（public）公司与"私人"（private）公司，其中，私人公司的发起人不能超过 50 人，并且，禁止向公众发行证券。未能符合强制施加于私人公司限制性条件的公司则划分为公众公司，虽然公司的名称不能明确地将两类公司区分开来。私人公司允许存在至少两名股东，而公众公司必须至少具备 7 名股东。从财务报告视角，私人公司未被强制要求向公司注册官提交年度资产负债表，而公众公司必须遵循该上报要求。由此，私人公司为股东赢得有限责任的利益，并规避了提供有关其财务状况的公开可获取信息的义务。在实务中，公众公司的上报要求并不繁重，因为公众公司可以提交与在年度股东大会上向股东陈述的报表不同的资产负债表。

1907 年法律〔后来与其他立法合并形成《1908 年公司法案》（*Companies*

Act 1908)]没有对一类不断加强的现象加以关注——公司集团。此时,集团正通过横向兼并(尤其在纺织品等行业)和制造商纵向收购供应商或经销店而逐渐形成。譬如,利华兄弟[Lever Brothers,后来成为联合利华(Unilever)集团的一部分]以肥皂制造商起家,买下原材料供应商,扩展了一系列制成品,后来收购了好几家零售联营店。然而,《公司法》强调单独的公司,并且,极少英国公司在第一次世界大战前编制集团报表。私营公司形式的容易获得性促使大型企业通过合并隐匿许多活动,因为公众型母公司(或"控股公司")可以通过私营公司形式的子公司而运作,由此不受强制性公布财务报表要求的束缚。母公司的资产负债表可以简单地将这些子公司表述为投资,母公司的利润则可以通过控制从子公司收取的股利而进行管理。利华兄弟便是一个很好的例子:1914 年,公司的资产负债表显示总资产约为 1 600 万英镑,其中,将近 1 000 万英镑被表述为对子公司与联营公司的投资。子公司的重要资产与负债被隐藏起来,股东无法确定子公司是否持有重大的未披露储备,或者,在另一方面,母公司资产负债表中的子公司价值是否被高估。

战争经常是变革的催化剂,但是,对于财务报告而言,第一次世界大战似乎降低而不是改进了公司资产负债表的质量。这场战争对内部管理的影响最大,控制成本和避免超额利润的需求致使更加复杂的成本制度得以推行,并在总体上改进了内部会计体系。然而,公司经常在财务报表中给出很少有关财务状况与活动的具体细节。譬如,战前船舶公司 P&O 曾经在财务报表中给出大量详细内容——与完整的资产负债表一样,公司还提供具有丰富信息的损益表。然而,1916 年,P&O 的资产负债表中资产一栏仅包括一个项目:"汽船、拖船与汽艇;新船账户的付款;煤炭、船舶及粮食储藏库,永久产权及其他不动产,工场与机械设备,系泊船,杂项投资,银行存款与现金,以及欠公司的债务",金额为 12 401 009 英镑。更有甚者,这一金额与英国公司的类似资产负债表很可能揭示了重要的操纵。P&O 曾经将汽船队减记至名义金额,而"杂项投资"包含对若干家子公司的股份,其价值事实上远高于资产负债表中所表述的金额。因为战争时期的利润经常远远大于和平时期的数字,董事有能力利用"秘密储备"隐藏一部分超额利润,如过多的折旧、税额及其他准备,而将对外报告的利润进而将股利继续保持在战前的水平。英国政府引入了一项特殊的战争税——超额利润税(excess profits duty),但是,该项税额的确定十分复杂,董事经常严重高估这项将不得不支付的税负。

当战争即将结束的时候,糟糕的公司披露实务在大部分公司保留下来,虽然也存在一些例外[如后来成为帝国化学工业集团(Imperial Chemical Industries group)一部分的化学工业(Nobel Industries),在 1921 年年报中提供了一份 1920 年 12 月 31 日集团资产与负债的报表,尽管将近晚了 1 年]。在公司所有权高度分散的背景下,有关公司治理质量包括财务报告的批评,对英国王室顾问律师 Wilfred Greene KC 担任主席的公司法修订委员会(Company Law Amendment Committee)的成立产生重大影响。格林委员会(Greene Committee)对集团报表与公布损益表的情况展开调查。上述两项内容对个别公司资产负债表的补充作用均得到财务评论者的支持,包括最成功的会计师如普华永道的 Gilbert Garnsey 爵士。Garnsey 认为,投资者需要能够对其所投资公司的整体财务状况进行评估,而不仅仅限于当前的股利是否从利润中支付。

会计职业界总体上的稳健主义可以由英格兰与威尔士特许会计师协会(ICAEW)向格林委员会提交的意见得到说明。ICAEW 主张,公开损益表并提供集团报表将"弊大于利",并认为通过提供详细的财务信息,股东事实上将处于不利地位——ICAEW 天真地建议,如果股东想要得到更多信息,可以在公司年度股东大会上提问。ICAEW 为秘密储备进行辩护,认为这类储备"在某些情形下是为了满足需要,更多情形下则是绝对必要的"。格林委员会倾向于与 ICAEW 持相同见解,并对其建议作出限定。这些建议通过《1928 年公司法案》(Companies Act 1928)生效,1928 年法案后来则与先前的立法合并为《1929 年公司法案》(Companies Act 1929)。该法案明确要求,公司必须向股东提交经审计的年度资产负债表,并获得股东批准。此外,法案第一次制定了具体的披露要求,尽管只是很基本的方面[资产必须分类为"固定资产"(fixed)与"流动资产"(floating),各类无形资产必须单独披露,对子公司的投资、归属于子公司的余额以及来自子公司的余额必须显示——尽管未达到合并资产负债表的标准,但是,已经意识到集团的重要性]。损益表将提供给股东,但不需要经过审计或者提交给公司注册官,并且,法案没有对任何具体披露要求作出详细规定,因此,损益表经常被视为不过是一张如何分拨利润的表格便不足为奇了。总体上,《1929 年公司法案》因为使英国公司报告继续处于停滞中而受到批评。

然而,对这一停滞的批评在20世纪30年代逐渐加强。英国最大的运输联合企业皇家邮政集团(Royal Mail Group)经营失败表明,集团中的主要公司皇家邮政蒸汽动力邮船公司(Royal Mail Steam Packet Company)发布的报表在整个20年代都受到操纵。虽然公司持续发生经营亏损,董事则能够通过利用未披露的子公司利润和在第一次世界大战期间创造的"内部储备",来抵补超额利润税负债和其他负债(但是,后来证明是多余的),报告利润并支付股利。譬如,董事通过以未披露的股利形式从子公司处获得将近250 000英镑,并通过内部储备获得额外750 000英镑,由此将1926年超过500 000英镑的经营损失转变为将近500 000英镑的报告利润。1931年,皇家邮政公司董事长Lord Kylsant与公司审计师因发布虚假和欺诈性的资产负债表而被起诉。

Kylsant能够召集证人,包括重要的会计师德勤会计师事务所的Lord Plender,后者证明,皇家邮政公司的会计实务在大规模公司中很普遍并完全可以接受。Kylsant和审计师被宣判无罪,虽然前者在因发布虚假的招股说明书被证明有罪之后锒铛入狱。Plender披露的有关现行会计惯例的证据招来财经媒体的广泛评论与批评,公众呼吁更加严格的公司立法。然而,皇家邮政的案例发生得过早,其时《1929年公司法案》实施不久,政府的注意力由30年代刚出现的"大萧条"(Great Slump)所主导,因此,这10年间公司财务报告实务几乎未得到发展。

自历史成本惯例出现以来,会计理论几乎未在英国得到发展。职业会计师在确认与计量中重视稳健主义,创建秘密储备因能够低估公司的财务状况而被认为是有益的。在糟糕的年份利用秘密储备夸大利润也被视为可取,因为股东被认为更加关注股利的稳定性。即便直至20世纪30年代后期,会计师通常不会过多地思考会计原理。职业协会拒绝就技术性的会计问题发表声明,认为那将限制其会员开展自我判断的能力。与其他几个欧洲国家的状况不同,这一时期英国不存在有组织的学术性会计师团体。大部分大学会计教师是兼职的,他们的专业知识与经验不足以弥补其所欠缺的与其他学科如经济学的联系以及对世界上其他国家会计理论发展的糟糕了解。这方面的主要例外是伦敦经济学院商科教授Arnold Plant对一些青年学者开展的尝试理解并改进财务与管理会计的工作予以支持。在这些青年学者中,有些具有专业会计背景。该小组中最值得一提的成员包括 Ronald Edwards(后来,在从商之前,成为产业组织领域的教授)和 Ronald Coase(后来迁居至美国,并获得 1991 年诺贝尔经济学奖),以及在小组中不承担主要工作的 William Baxter(后来成为英国第一位全职会计学教授)。

Edwards 负责组建会计研究学会(Accounting Research Association),为研究并改进会计实务提供论坛。他撰写了一系列有关"收益的性质与计量"的文章,发表于 1938 年的周刊《会计师》(The Accountant)上。这些文章批评历史成本惯例,因为该惯例依赖实现作为收益确认的标准。Edwards 认为,按照这一基础编制的报表提供的有关主体当前价值的信息是误导性的,由此,未能使投资者将其资源以最优的方式分配至最富有成效的用途。Edwards 倾向于采用以"增加的净财富"(increased net worth)计量收益,即在根本上涉及对企业期初与期末价值的计量(基于预期未来现金净流量的现值),并将收益界定为价值的增加部分。Edwards 正在尝试对基础性问题提出质疑,如财务报告的目的是什么和如何最好地满足使用者的需求,但是,他的建议甚至被其同事批判为"危险的废话"。1939 年,第二次世界大战的爆发预示着伦敦经济学院的这个理论家团体解散,但是,他们提出的根本问题将对战争期间和战后的会计思想产生重大影响。

前进与自满(1940—1970 年)

在第二次世界大战期间,英格兰与威尔士特许会计师协会(ICAEW)改变了拒绝就技术性会计问题提供指南的政策。通过税务与财务关系委员会(Taxation and Financial Relations Committee),ICAEW 于 1942 年 12 月开始发布一系列《会计原则建议书》(Recommendations of Accounting Principles)。最初,建议书与特殊的战争税种会计核算的技术方面相关,但是,很快开始涉及更加广泛的财务报告内容,如资产估值、储备与准备和发布集团报表。1943 年,英国政府成立新的公司法修订委员会(Company Law Amendment Committee),由 Cohen 法官先生(Mr. Justice)担任主席。该委员会的成员是经过精心选择的,旨在加大能够提出根本性建议的可能性,尤其是与公司治理(如财务报告)相关的建议。若不是战争的缘故,来自伦敦股票交易所的压力很可能已经带来更多财务披露,尤其是对集团报表的要求,但是,战争成为公司治理创新的一项阻力。然而,通过提供详细的公司信息以协助战时经济的规划,成为另一项鼓励财务报告改进的因素。

科恩委员会(Cohen Committee)的会计建议在很大程度上以 ICAEW 的提议为基础,同时反映委员会自身在近期提出的建议。事实上,后来,《1947年公司法案》(*Companies Act 1947*)[次年,该法案与先前的立法合并为《1948 年公司法案》(*Companies Act 1948*)]的会计要求经常一字不变地摘取自 ICAEW 的建议。1948 年法案的创新包括:(1)在审计资产负债表之外,要求审计损益表;(2)拓展披露要求,意味着公司必须提供报表附注;(3)要求由母公司编制集团报表。不需要向公司注册官提交报表的特权限定于"被豁免的私人公司",即不属于公众公司子公司的私人公司。法案也加强对公司审计师的资格要求,由此提升了职业协会的地位。而法案没有具体规定财务报表的列报格式,因为科恩委员会认为这将过多地约束广泛多样化的英国公司。

1948 年法案是对先前立法的一项重要进步,但是,仍然存在缺陷。譬如,损益表不强制要求显示公司经营收入与费用的详细内容,只需要表述税前净利润的拨付情况。法案没有清楚地表达会计原则,并且,通常不包括确认或计量规则,因此,董事在编制财务报表时仍然可以作出相当多的选择。更有甚者,大部分董事将法案的要求解释为最大而非最低披露程度的报表,并且,很少有公司尝试在法定的最低要求之外提供更多信息。

除了上述详细要求之外,1948 年法案引入了"真实公允观"的要求,即财务报表应当真实公允地描述公司与集团(如果适用)的事务以及该期间的损益状况。公司的审计师必须专门就报表是否提供了真实与公允的观点作出报告。术语"真实公允观"很可能来自英格兰与威尔士特许会计师协会(ICAEW)的税务与财务关系委员会,并且,这一术语因促使董事提供更有意义的财务报表而受到支持。此前的"真实与准确"要求被认为助长了会计注重交易的形式而非实质,并忽略了董事在确定重要会计数字时需要作出估计。然而,有人认为,遵循 1948 年法案中的详细要求通常意味着已经充分提供真实与公允的观点。

对于会计师而言,20 世纪 50 年代和 60 年代初期是一个自鸣得意的时期,职业界经历快速发展。每年有数千名会计师取得执业资格,会计工作开始吸引大学毕业生。Edwards,Coase 及其他人的理念由 William Baxter,Harold Edey 和 David Solomons 组成的"伦敦经济学院三人领导小组"(LSE

Triumvirate)得到发展,该小组的学生与同事中不乏被任命为英联邦许多大学会计系最早的主任和会计界中具有重要影响的职位。然而,到了60年代后期,两个重要问题使财务报告质量陷入质疑声中。一个问题是,在通货膨胀盛行的世界中,采用历史成本惯例的财务报告是否依然适用。Baxter等学者撰文支持采用不同的估值基础,如现行成本,并重编报表以反映一般物价水平的变动。另一个问题与财务报告的标准化相关。虽然《会计原则建议书》提供了一些标准化的要素,这些建议被明确表述为有关"最佳实务"的声明,不强制要求遵循。《会计原则建议书》允许存在备选的会计处理方法。一位很有影响力的国际学术评论者悉尼大学 Raymond Chambers 教授认为,通过对允许的选择方法进行排列组合,可以产生超过一百万种不同的会计政策组合,而每一个组合均可视为提供了真实与公允的观点。缺乏标准化的问题在60年代后期的多起财务丑闻中显现出来。譬如,通用电力公司(General Electric Company,GEC)收购联合电气工业(Associated Electrical Industries,AEI)。在收购前,AEI 发布利润报表,并获得审计师的认可,显示当年估计利润为 1 000 万英镑。在收购后,GEC 的报告指出,AEI 事实上发生 500 万英镑亏损,GEC 的审计师将差异解释为在很大程度上由相同交易与事项采用不同的会计计量政策所引起。另一项丑闻涉及培格曼出版社(Pergamon Press)———一家由 Robert Maxwell 控制的公司———的失败接管。该丑闻显示,审计师在何时应当确认销售交易和相关利润的问题上存在完全不同的意见。

此前不久,议会通过一项法案(《1967 年公司法案》,*Companies Act 1967*),对《1948 年公司法案》作出修订。1967 年法案废除了被豁免私人公司的法律地位,因此,现在所有公司适用相同的会计、披露与上报制度。此外,法案还要求作出一些额外披露,其中部分披露要求反映了这样一种早期的认识,即公司报表对股东和广大的利益相关者都具有潜在的价值。然而,通过详细的成文法确认与计量规则来标准化公司财务报告仍然被视为是不恰当的,因此,任何解决标准化问题的答案将不得不从会计界中产生。

变革与管制(1970—2005 年)

20 世纪五六十年代,随着历史悠久的英国公司与重要的北美以及美国公司不断兼并,如安达信(Arthur Anderson)在伦敦与英国的其他城市开设办事处,最大规模的会计公司日益国际化。"八大"(Big Eight)会计公司各有自己的工作程序,试图确保不同办事处之间的实务相互一致,这有助于形成由权威组织发布会计准则的氛围。1966 年,会计师国际研究小组(Accountants International Study Group, AISG)成立,它将来自美国、加拿大和英国的代表联合在一起以确定最佳会计实务。会计师国际研究小组(AISG)的主要发起人是 Cooper 和 Lybrand 的高级合伙人 Henry Benson 爵士(原先 Cooper Brothers 中一位创始人的后代),而来自 Peat, Marwick, Mitchell & Co. 的 Ronald Leach 爵士是小组中的活跃成员。Benson 和 Leach 均是英格兰与威尔士特许会计师协会(ICAEW)下属理事会中很有影响力的委员,鼓励 ICAEW 为其成员开发技术指南。

20 世纪 60 年代后期的系列丑闻成为爱丁堡大学 Edward Stamp 教授在《时代》(The Times)杂志上所撰写文章的主题,这引发了职业界中重要人物的一些不满。然而,时任 ICAEW 主席的 Leach 利用 Stamp 的批评为催化剂,强烈主张由《会计准则》(虽然不清楚他是否指专门为审计师提供准则——Leach 经常谈到"审计准则"),或者,就像后来演变的那样,由《标准会计实务公告》(Statements of Standard Accounting Practice, SSAPs)取代《会计原则建议书》。ICAEW 于 1969 年 12 月发布一份《意向声明》(A Statement of Intent)(Leach 善于游说的能力和 Benson 的支持确保了有关会计准则的提议不会受到抵制),并组建了 1970 年 1 月开始工作的会计准则筹备委员会(Accounting Standards Steering Committee, ASSC)。如《意向声明》中阐述的那样,会计准则筹备委员会的目标在于通过"就尽可能确定的最佳实务发布权威性公告","缩小会计实务中存在差异性与多样化的领域"。《意向声明》明确要求披露财务报表中哪些金额取决于对未来的估值或估计。按照职业责任,英格兰与威尔士特许会计师协会(ICAEW)的会员必须应用准则,并且,如果未能遵循这些准则,将面临惩戒性诉讼。

最初,会计准则筹备委员会很受欢迎,其他主要的职业会计机构均与委员会建立了联系。1975 年,ASSC 更名为会计准则委员会(Accounting Standards Committee, ASC)。第一份重要的会计准则是关于会计政策披露的《标准会计实务公告》第 2 号(SSAP 2)。这份准则通过阐明四个根本的会计概念[持续经营(going concern)、应计制(accruals)、一致性(consistency)和谨慎性(prudence)]而超越了简单的披露。委员会基本上采用归纳的方法,通过尝试从"最佳实务"中得出一般性归纳的方式,确定了这些概念。这些概念绝不是财务报告的"公理"(axioms)——一般认为,当应计制与谨慎性概念发生冲突的时候,谨慎性概念将优先得到考虑,但是,在开发后续准则的过程中,这些概念没有得到前后一致的运用。虽然会计准则筹备委员会以雄心勃勃的工作规划而开始运作,事实上却进展缓慢(尤其是自从会计准则需要得到 ASSC 所代表的所有职业机构一致认可之后)。《标准会计实务公告》必须在发布征求意见稿(ED)并经过公开评论后才能够发布,并且,在某些情形中,得不到支持意味着一份准则将不会出台。1976 年以前,Leach 一直担任会计准则筹备委员会和会计准则委员会(ASSC/ASC)的主席一职。其后,由最重要的苏格兰特许会计师 William Slimmings 爵士继任。Benson 很少直接参与 ASSC 的活动,因为他在 1973 年创建国际会计准则委员会(International Accounting Standards Committee, IASC)的过程中担任了领导角色,由此确保 IASC 的秘书处设在伦敦。

在会计准则筹备委员会的早期项目中,有一项与"货币购买力变动的会计核算"相关。虽然在 20 世纪 40 年代曾经出现有关通货膨胀对财务报告影响的一些兴趣,当时通胀率相当高,但是,随着 50 年代通胀率回落至每年约 2%,这一兴趣便减弱了。在 60 年代,通胀率逐渐攀升,1971 年和 1972 年的一般物价变动率超过 8%,1973 年则跃升为 16%,1974 年猛涨至 25%。评论者担忧,英国公司正在支付过多的股利,而公司的真实价值却在下降。ASSC 采用按一般价格水平进行调整的现行购买力(current purchasing power, CPP)法,以提供补充性报表为基础,推出一份暂时性准则。然而,英国政府担心采用一般价格指数将使工资与价格的指数调整法合法化,便组建了一个由 Francis Sandilands(具有保险业工作背景)领导的委员会,就通货膨胀会计提出建议。1975 年发布的 Sandilands 委员会报告不支持 ASSC 所偏好的现行购买力法,而是在"属于企业的价值"(value to the business)这一概念的基础上提议现行成本会计(current cost accounting, CCA)制度。其中,"属于企业的价值"是一个融合重置成本、可实现价值和未来现金流量现值的折中的估值基础。

会计准则委员会(ASC,现在的名字)组建了一个通货膨胀会计筹备小组(Inflation Accounting Steering Group, IASG),由 Douglas Morpeth(Touche Ross 的高级合伙人)担任主席,致力于制定一份将 Sandilands 的建议付诸实施的会计准则。ASC 继续就一系列主题发布准则，但是，开始遭遇来自公司界的反对。关于存货与在建工程的准则（SSAP 9，也涵盖长期建筑合同的会计核算）遭遇到少数公司的破坏，后者反对将所分配的制造费用计入存货成本计量或者确认未完工建筑合同上的利润相关的要求。递延所得税准则（SSAP 11）引起更多争议，众多公司拒绝遵循这份准则。在这种情形下，会计准则委员会没有任何有效的方式强制执行准则，尤其是当主要的会计公司支持公司不遵循准则的时候，因此，《标准会计实务公告》第 11 号（SSAP 11）很快被撤销。后来，研究与开发准则（SSAP 13）的情形也类似——为了使其中的一些建议得到接受，ASC 不得不作出妥协——譬如，关于开发支出是否应确认为一项资产还是在发生时注销，《标准会计实务公告》第 13 号（SSAP 13）允许存在相当多的灵活性。

制定通货膨胀会计准则的过程清楚地表明会计准则委员会（ASC）组织架构与工作方式中的缺陷。初始的文件［1976 年 11 月发布的第 18 号征求意见稿（ED 18）《现行成本会计》］必须提交至 ICAEW 成员投票表决，而这一表决几乎不存在通过的可能。于是，ASC 不得不修订其建议，在 1980 年 3 月发布最终准则《标准会计实务公告》第 16 号（SSAP 16）之前，因 1977 年 11 月的"海德指南"（Hyde guidelines）和 1979 年 4 月的第 24 号征求意见稿（ED24），现行成本制度变得日益复杂。然而，这已经来得太晚，因为几乎是在会计师才开始关注价格变动问题时，通胀率便下降了。SSAP 16 仅要求提供补充性的现行成本报表，主要报表则保留以传统历史成本为基础，并且，随着越来越多公司不再提供此类补充性报表，ASC 意识到必然发生的结果，于 1985 年暂时中止了 SSAP 16（1988 年完全撤销）。

虽然许多会计师认为，他们可以很大程度上在职业会计机构范围内保持对财务报告的管制，但是，英国政府开始更加积极地通过法律来管制报表。欧洲联盟（EU）的前身欧洲经济共同体（EEC）——英国于 1972 年加入该组织——已经开始了协调公司财务报告的进程，于是，英国也开始就指令中关于公司法的条款制定相关法律。《1976 年公司法案》（*Companies Act 1976*）修订了此前对公众公司与私营公司的区分，引入了公众有限公司（public limited company，PLC）形式，并且，依据是否为公众或私营公司，要求每家公司在名称中使用"PLC"或者"有限"字样，以此识别公司类型。《1980 年公司法案》（*Companies Act 1980*）引入了有关确定可用于分配股利的利润法律规则,由此宣告沿用一个世纪的法官制定判例法的终结。

有关公司财务报表法律的主要变革包括在《1981 年公司法案》(*Companies Act 1981*)中,这部法案将《第四号指令》中关于公司法的条款融入英国法律之中。《1981 年公司法案》推行标准的资产负债表和损益表格式,并确立了会计原则和计量规则。然而,法案也减少了划分为中小型公司的披露要求。在一些情形下,譬如会计原则方面,法案的条款与现有的会计准则保持一致,但是,会计准则与公司法案之间的关系变得很不确定。1981 年法案继续要求财务报表提供真实与公允的观点,这项要求也包含在《第四号指令》中。这项要求以特别的方式表述为比遵循已经制定的具体条款更加重要,这恰是给出真实与公允观点所必需的。然而,会计准则委员会通过发布会计准则、要求公司在总体上采纳很可能与《第四号指令》的具体要求不一致的会计方法时,能在多大程度上援引这些优先条款呢? 并且,尽管这意味着交易的严格"法律形式"得不到遵循,真实与公允优先会促使公司反映复杂交易的"经济实质"吗?

随着会计规则(以法律要求和准则的形式)数量急剧增长,公司经常在审计师的帮助下寻找漏洞,使交易按照可以改善公司财务报表所展示形象的方式进行核算。在一些场合,这导致"资产负债表外"融资,即通过复杂的结构将资产和负债保留在公司资产负债表之外,这经常涉及特殊目的主体。ASC 被认为已经"筋疲力尽",因为《标准会计实务公告》(SSAPs)获得通过需要经历的时间越来越长,而对 ASC 复杂组织结构的批评也日益增多。一个以 Ron Dearing 爵士任主席的委员会成立。该委员会认为,ASC 的主要缺点包括不独立于职业会计机构、财力不充分和不能有效执行其准则。Dearing 提议组建一个独立的财务报告理事会(Financial Reporting Council,FRC),负责为准则制定机构提供必要的财务支持。新的会计准则委员会(Accounting Standards Board,ASB)将设立一位全职的主席和技术主任,其他 7 位委员则从编报者、使用者和审计师中遴选产生。这一新的结构得到《1989 年公司法案》(*Companies Act 1989*)的法律支持,也吸收了涉及集团财务报表问题的《第七号指令》相关内容。公司必须就是否按照公认会计准则编制财务报表作出声明,并要求披露对此类准则的任何偏离情况。1989 年法案也为财务报表评估专家组(Financial Reporting Review Panel,FRRP)提供了合法性支持。当公司发布了专家组认为"有瑕疵的"财务报表时,专家组有权将公司诉诸法院。如果法院认同专家组的观点，那么，法院可以要求公司发布修订后的报表，甚至可以使董事个人承担修订报表所需的成本。

1990 年，新的会计准则理事会（ASB）接替 ASC，并接受了现有的《标准会计实务公告》（SSAPs）。会计准则理事会开始发布自己的《财务报告准则》（FRSs）。许多原先的 SSAPs 被 FRSs 所取代，另一些 SSAPs 则被修订。ASB 从高效且直率的主席 David Tweedie 那里受益良多。后来，当 IASB 于 2001 年成立时，Tweedie 成为其首届主席。Tweedie 与知名学者 Geoffrey Whittington 曾经合写过一篇很有影响的文章，阐述了他们所认为的 ASC 制定财务报告方法的缺陷和如何弥补这些缺陷。Tweedie 和 Whittington 特别提议一种更加概念性的准则制定方法，包括一份正式的阐明财务报告一般基础的《原则公告》（*Statement of Principles*）。几份早期的《财务报告准则》（FRSs）将两人草拟的观点付诸实施，包括资产与负债的具体定义和强调会计注重实质而非形式。

新会计准则理事会的第一任技术主任是 Allan Cook，他在 1979 年至 1981 年间曾经担任 IASC 的秘书。英国会计准则的制定很大程度上独立于 IASC，但是，ASB 的创建及其开发准则的更多资源促使两个机构之间展开更多合作。当此前为会计学教授、后来在政府部门担任监管者角色的 Bryan Carsberg 爵士于 1995 年成为 IASC 秘书长时，这类合作得到加强。在世纪之交，IASC 经历了自身的变革，以 IASB 的形象重新出现。伴随着国际资本市场的发展，国家准则制定的作用日益受到限制，国家与国际准则之间的差异则为批评提供了机会。尽管这一时期国内没有发生重大的丑闻，英国仍然深刻体验到安然和其他美国公司财务丑闻的后果，由此进一步刺激了在英国市场上市的公司采用国际财务报告准则（IFRSs）的压力。欧盟经过一套认可机制接受了国际财务报告准则（IFRSs），这促使英国对公司法作出变革。现在，详细的会计要求和公司将采纳 ASB 准则的预期，将不再适用于那些被强制要求或选择采用 IFRS 的公司。所有上市公司和一些受管制的金融公司必须从 2005 年 1 月 1 日开始或之后开始的会计期间采用 IFRS，而其他公司可以选择一次性过渡为采用 IFRS。

采纳 IFRS 的要求已经对 ASB 的持续重要性产生影响。虽然仍然扮演为那些不采纳 IFRS 的公司制定准则的角色，ASB 已经倾向于接受 IASB 现在居主导地位的现实，至少在上市公司层面如此。因此，ASB 通常引入新的准则或者修订现有准则,使这些本国的 FRSs 与 IFRS 相一致。ASB 继续强调其发挥显著且独立作用的主要领域是小规模主体的财务报告。早在 1997年,ASB 便发布《小规模主体财务报告准则》(*Financial Reporting Standard for Smaller Entities*,FRSSE),就哪些公司属于准则范围内的企业类型进而需要遵循准则的有限范围问题作出规定。《小规模主体财务报告准则》将许多公司从不断引入 FRSs、处理最大规模公司活动的更复杂的技术性要求中解救出来。FRSSE 已经多次更新和修订,最近一次则发生在 2008 年4 月。

关于未来,与上市公司相关的 IASB 主导地位将很可能持续下去,ASB日益退居至关注小规模主体的适合位置上。随着 IFRS 逐渐发展为英国公司自己的财务报告准则(FRS),必须对 IFRS 作出"重新标识"。立法正在走向更加宽泛的公司披露领域,如提供容易理解的定性披露的企业评论要求。与此同时,英国曾经处于公司治理发展的最前沿,包括制定《公司治理联合条例》(*Combined Code of Corporate Governance*),现在则由财务报告理事会(FRC)发布。许多此类发展已经带来公司报告财务方面之外的更多公司披露。或许,现在的主要问题是英国对专业判断而非详细规则的偏爱是否将对 IASB 和其他国际机构的思维与实践产生更多影响,后者正在更多地决定英国公司适用的公司财务报告格式与内容。

更 多 阅 读

Edwards(1989)对英国财务会计与报告历史的全面描述是最容易理解的,虽然没有涉及最近时期的发展。Parkey 和 Yamey(1994)收集了一些关于英国会计历史的重要文章。Godfrey 和 Hooper(1996)将《末日裁判书》作为一份会计记录进行讨论,而 Jones(2008,2009,2010)研究了英国财政部的会计发展及其对中世纪西欧政府与私人会计的影响。Noke(1981)描述并分析了中世纪英格兰庄园会计的主要形式,Napier(1991a)则解释了承担责任与免除责任会计如何持续至 19 世纪。Nobes(1982)提供了一个从 14 世纪初期开始以伦敦为基地的意大利商人账簿的例子,其中显示了复式记账的要素。Bryer(2000a,2000b)回顾了从 16 世纪至 18 世纪有关档案会计尤其是与东印度公司相关的证据,考察了会计如何有助于说明封建主义向资本主义的过渡。Dale(2004)讨论了南海泡沫的财务背景。

Pollin(1956),Glynn(1984)和 Edwards(1986)对铁路会计进行分析,Bryer(1991)从马克思主义视角批评标准分析,相反,McCartney 和 Arnold(2003)则对 Bryer 的评论提出质疑。Arnold 和 McCartney(2004)细致地研究了 Geoge Hudson 的会计操纵。Edwards(1985)全面评述了复式记账制度,Parker(1990)则对 19 世纪"公共利益"型公司的财务报告管制进行反思。Jones 和 Aiken(1995)对自由放任理念在多大程度上能够解释 19 世纪的财务报告管制提出质疑。Edey 和 Panitpakdi(1956)归纳了 19 世纪与公司会计相关的英国法律,Edwards(1976)阐述了税收与利润计量之间的早期联系,Freedman(1993),Porcano 和 Tran(1998)则将对这一联系的描述延伸至现代。

近年来,以英国职业会计机构创建为主题的研究得到大量发展。其中,Walker(1995,2004)最值得关注。Parker(1986)讨论了会计职业的兴起,Napier 和 Noke(1992)则以会计界与法律界的关系为分析对象。Brief(1976)主要从《会计师》杂志上收集重要文章,由此阐述会计原则的早期思想。他收集的文章由阿诺出版社(Arno Press)出版,该出版社也重印了由 Pixley,Matheson,Garcke 和 Fells 以及 Dicksee 撰写的会计与审计经典教材。Kitchen 和 Parker(1980)提供了关于会计与审计的职业和观念以及早期英国会计思想其他贡献者的信息,Napier(1996)将会计作为一门大学学科进行讨论。此外,Napier(1990)提供了一个贯穿 19 世纪的独资公司(Peninsular and Oriental Steam Navigation Company—P&G)会计方法发展的案例研究。

20 世纪初期,两项关于集团报表的研究提供了这一重要主题相关观点的信息。Kitchen(1979)回顾了 Gilbert Garnsey 爵士对集团报表的思想,而 Edwards 和 Webb(1984)讨论了早期集团报表的多样性。Edwards(1979)考察了会计界在支持或反对变革中的角色。皇家邮政(Royal Mail)案例吸引了大量文献,两项有用的研究分别是 Arnold(1991)对会计问题的评论和由案件的辩护律师之一——Patrick Hasings 爵士(1977)对同一时期展开的研究。Napier(1991b)提供了一项在 1919 年至 1931 年间 P&O 集团使用秘密储备的案例研究。Edwards 发表在《会计师》杂志上的一系列文章被 Baxter 和

Davidson(1977)转载。Coase(1990)回忆了 20 世纪 30 年代在伦敦经济学院期间会计小组的往事,而 Napier(1996)将该小组放在了更加广泛的背景下进行讨论。

Zeff(2009)详尽地讨论了税务与财务关系委员会和《会计原则建议书》,并附载了所有建议。Noguchi 和 Edwards(2004)论述了税务与财务关系委员会在开发英格兰与威尔士特许会计师协会(ICAEW)向科恩委员会提交的意见中发挥的作用。Bircher(1988a,1988b)①描述了科恩委员会的组建过程,并仔细探究了英国集团会计的采用情况。Maltby(2000)就科恩委员会的结论及其在《1947 年公司法案》中的规定提供了不同视角。Arnold 和 Collier(2007)考察第二次世界大战期间及之后秘密储备的使用情况,并特别提及对《1948 年公司法案》的影响。Whittington(1994)评论了"伦敦经济学院三人领导小组"的理论贡献。Rutherford(1996)通过检验 GEC-AEI 的案例,认为利润数字之间的差异只是部分地基于会计政策的不同选择。

Rutherford(2007)充分阐述了会计准则委员会(ASC)的历史。Robson(1991)描述了 ASC 的创建背景,Leach 和 Stamp(1981)编辑的文集中有若干章节涉及 ASC 早期阶段和通货膨胀会计争议的讨论。Robson(1994)考察了成立 Sandilands 委员会的背景。Mumford(1994)检验了 Stamp 在鼓励创建英国准则制定机构过程中发挥的作用。Benson(1989)提供了会计准则筹备委员会(ASSC)早期情况和会计师国际研究小组(AISG)及 IASC 等国际组织的个人观点。Tweedie 和 Whittington(1984,1990)提供了有关通货膨胀会计的可靠历史。此外,两位作者也阐述了对 20 世纪 80 年代末英国会计缺陷所持的观点(后来成为 ASB 的主导性议程)。标准的教科书如 Elliott 和 Elliott(2009,尤其第五章)详细阐述了最近期间英国财务报告管制的历史。

参考文献

ARNOLD A J. 1991. Secret reserves or special credits? A reappraisal of the reserve and provision accounting policies of the Royal Mail Steam Packet Company,1915—1927. Accounting and Business Research,21(83),203 - 214.

ARNOLD A J, COLLIER P. 2007. The evolution of Reserve and Provision Accounting

---

① 原著中标注为(1998a,1988b),经核对参考文献,应分别为(1988a,1988b)——译者注

in the UK, 1938—1950. Edinburgh: The Institute of Chartered Accountants of Scotland.

ARNOLD A J, MCCARTNEY S M. 2004. George Hudson: The rise and fall of the railway king. London: Hambledon.

BAXTER W T, DAVIDSON S(Eds). 1977. Studies in accounting(3rd ed.). London: ICAEW.

BENSON H. 1989. Accounting for life. London: Kogan Page.

BIRCHER P. 1988a. Company law reform and the Board of Trade, 1929—1945. Accounting and Business Research, 18(70), 107 - 119.

BIRCHER P. 1988b. The adoption of consolidated accounting in Great Britain. Accounting and Business Research, 19(73), 3 - 13.

BRIEF R P(Eds). 1976. The late nineteenth-century debate over depreciation, capital and income. New York: Arno Press.

BRYER R A. 1991. Accounting for the 'railway mania' of 1845—A great railway swindle? Accounting, Organizations and Society, 16(5,6), 439 - 486.

BRYER R A. 2000a. The history of accounting and the transition to capitalism in England. Part one: Theory. Accounting, Organizations and Society, 25(2), 131 - 162.

BRYER R A. 2000b. The history of accounting and the transition to capitalism in England. Part two: Evidence. Accounting, Organizations and Society, 25(4 - 5), 327 - 381.

COASE R H. 1990. Accounting and the theory of the firm. Journal of Accounting and Economics, 12(1), 3 - 13.

DALE R. 2004. The first crash: Lessons from the South Sea Bubble. Princeton, NJ: Princeton University Press.

EDEY H C, PANITPAKDI P. 1956. British company accounting and the law: 1844—1900. In: A. C. Littleton & B. S. Yamey(Eds), Studies in the history of accounting(pp. 356 - 379). London: Sweet and Maxwell.

EDWARDS J R. 1976. Tax treatment of capital expenditure and the measurement of accounting profit. British Tax Review, 5, 300 - 319.

EDWARDS J R. 1979. The accounting profession and disclosure in published reports. 1925—1935. In: T. A. Lee & R. H. Parker(Eds), The evolution of corporate financial reporting(pp. 275 - 298). Sunbury-on-Thames: Nelson.

EDWARDS J R. 1985. The origins and evolution of the double account system: An example of accounting Innovation. Abacus,21(1), 19 – 43.

EDWARDS J R. 1986. Depreciation and fixed asset valuation in British railway company accounts to 1911. Accounting and Business Research,16(63), 251 – 263.

EDWARDS J R. 1989. A history of financial accounting. London: Routledge.

EDWARDS J R, WEBB K M. 1984. The development of group accounting in the United Kingdom to 1933. Accounting Historians Journal,11(1),31 – 61.

ELLIOTT B, ELLIOTT J. 2009. Financial accounting and reporting(13th ed). Harlow: FT Prentice Hall.

FREEDMAN J. 1993. Ordinary principles of commercial accountancy — clear guidance or a mystery tour? British Tax Review,6,468 – 478.

GLYNN J J. 1984. The development of British railway accounting: 1800—1911. Accounting Historians Journal,11(1),103 – 118.

GODFREY A, HOOPER K. 1996. Accountability and decision-making in feudal England: Domesday Book revisited. Accounting History,1(1), 35 – 54.

HASTINGS P. 1977. The case of the royal mail. In: W. T. Baxter & S. Davidson (Eds), Studies in accounting(pp. 339 – 346). London: ICAEW.

JONES M J. 2008. The role of change agents and imitation in the diffusion of an idea: Charge and discharge accounting. Accounting and Business Research,38(5), 355 – 371.

JONES M J. 2009. Origins of medieval exchequer accounting. Accounting, Business and Financial History,19(3),259 – 285.

JONES M J. 2010. Sources of power and infrastructural conditions in medieval governmental accounting. Accounting, Organizations and Society,35(1),81 – 94.

JONES S, AIKEN M. 1995. British companies legislation and social and political evolution during the nineteenth century. British Accounting Review,27(1),61 – 82.

KITCHEN J. 1979. The accounts of British holding company groups: Development and attitudes in the early years. In: T. A. Lee & R. H. Parker(Eds), The evolution of corporate financial reporting(pp. 86 – 123). Sunbury-on-Thames: Nelson.

KITCHEN J, PARKER R H. 1980. Accounting thought and education: Six English pioneers. London: ICAEW.

LEACH R, STAMP E(Eds). 1981. British accounting standards: The first 10 years. Cambridge: Woodhead-Faulkner.

MALTBY J. 2000. Was the companies Act 1947 a response to national crisis? Accounting History,5(1),31 – 60.

MCCARTNEY S, ARNOLD A J. 2003. The railway mania of 1845—1847: Market irrationality or collusive swindle based on accounting distortions? Accounting, Auditing & Accountability Journal,16(5), 821 - 852.

MUMFORD M. 1994. Edward Stamp(1928—1986): A crusader for standards. In: J. R. Edwards(Ed.), Twentieth-century accounting thinkers(pp. 274 - 292). London: Routledge.

NAPIER C J. 1990. Fixed asset accounting in the shipping industry: P&O 1840—1914. Accounting, Business and Financial History,1(1),23 - 50.

NAPIER C J. 1991a. Aristocratic accounting: The Bute estate in Glamorgan 1814—1880. Accounting and Business Research,21(82),163 - 174.

NAPIER C J. 1991b. Secret accounting: The P&O group in the inter-war years. Accounting, Business and Financial History,1(3),303 - 333.

NAPIER C J. 1996. Accounting and the absence of a business economics tradition in the United Kingdom. European Accounting Review,5(3),449 - 481.

NAPIER C J, NOKE C W. 1992. Accounting and law: An historical overview of an uneasy relationship. In: M. Bromwich & A. G. Hopwood(Eds), Accounting and the Law(pp. 30 - 54). Hemel Hempstead: Prentice-Hall.

NOBES C W. 1982. The Gallerani account book of 1305—1308. The Accounting Review, 57(2),303 - 310.

NOGUCHI M, EDWARDS J R. 2004. Corporatism and unavoidable imperatives: Recommendations on accounting principles and the ICAEW Memorandum to the Cohen Committee. Accounting Historians Journal,53(1),53 - 95.

NOKE C W. 1981. Accounting for bailiffship in thirteenth century England. Accounting and Business Research,11(42),137 - 151.

PARKER R H. 1986. The development of the accountancy profession in Britain to the early twentieth century. Monograph No. 5. San Antonio, TX: Academy of Accounting Historians.

PARKER R H. 1990. Regulating British corporate financial reporting in the late nineteenth century. Accounting, Business and Financial History,1(1),51 - 71.

PARKER R H, YAMEY B S (Eds). 1994. Accounting history: Some British contributions. Oxford: Oxford University Press.

POLLINS H. 1956. Aspects of railway accounting before 1868. In: A. C. Littleton & B. S. Yamey(Eds), Studies in the history of accounting(pp. 332 - 355). London: Sweet and Maxwell.

PORCANO T M, TRAN A V. 1998. Relationship of tax and financial accounting rules in Anglo-Saxon countries. International Journal of Accounting,33(4),433 - 454.

ROBSON K. 1991. On the arenas of accounting change: The process of translation. Accounting, Organizations and Society,16(5 & 6),547 - 570.

ROBSON K. 1994. Inflation accounting and action at a distance: The Sandilands episode. Accounting, Organizations and Society,19(1),45 - 82.

RUTHERFORD B A. 1996. The AEI-GEC gap revisited. Accounting, Business and Financial History,6(2),141 - 161.

RUTHERFORD B A. 2007. Financial Reporting in the UK: A history of the Accounting Standards Committee,1969—1900. Abingdon: Routledge.

TWEEDIE D P, WHITTINGTON G. 1984. The debate on inflation accounting. Cambridge: Cambridge University Press.

TWEEDIE D P, WHITTINGTON G. 1990. Financial reporting: Current problems and their implications for systematic reform. Accounting and Business Research,21(81), 87 - 102.

WALKER S P. 1995. The genesis of professional organization in Scotland: A contextual analysis. Accounting, Organizations and Society,20(4),285 - 310.

WALKER S P. 2004. The genesis of professional organisation in English accountancy. Accounting, Organizations and Society,29(4),127 - 156.

WHITTINGTON G. 1994. The LSE triumvirate and its contribution to price change accounting. In: J. R. Edwards(Ed.), Twentieth-century accounting thinkers(pp. 252 - 273). London: Routledge.

ZEFF S A. 2009. Principles before standards: The ICAEW's " N Series " of Recommendations on Accounting Principles,1942—1969. London: ICAEW.

索　引①

---

① 本索引中页码为原书页码。——译者注

Steel 钢铁,钢铁工业 10,94,111,175

Steel industry 钢铁业,炼钢工业 94

Steward(s) 管家,管理员 164,244

Stewardship 受托责任 146,164,250

Stock Corporation Act 《股份公司法案》 60 - 62,64

Stock corporation law 股份公司法律 62

Stock exchange listing 股票交易上市 63

Stock exchanges 股票交易所 7,15,30, 41,51,63 - 64,69,98 - 99,102,108, 111,118 - 119,130,151,174,179,181, 202 - 203,207 - 210,226,229,231 - 233,243

Stockholders' meeting 股东大会 39

Stockholm 斯德哥尔摩 192,194,214

Stockholm School of Economics 斯德哥尔摩经济学院 192,194

Stone age 石器时代 203 - 204

Structural 结构(上)的,组织(上)的 75

Subsidiaries 子公司,附属公司 3,15,62, 172,182,231,234,237,247,256 - 258, 260

Subsidiary account 子公司报表 247

Substance over form 实质重于形式 102, 104

Summa 概要 1,4,91

Summa de Arithmetica 算数概要 91

Sundry 杂项的,各式各样的 257

Supervision 监督,管理 25 - 27,49 - 51, 60,110,113,130,155,208 - 210,234, 238

Supplementary 补充的,辅助的 17,68, 145,203,264 - 265

Surpluses 盈余,结余 13,145,244 - 245, 247

Sweden 瑞典 vii,191 - 199,201,203 - 205,207 - 214

Swedish 瑞典的,瑞典语 191 - 192,195 - 196,198 - 204,206 - 208,210 - 211, 213 -214

Swedish Securities Commission 瑞典证券委员会 208

Swiss Accounting Standards Board 瑞士会计准则委员会 228 - 229

Swiss Auditors' Association 瑞士审计师协会 223

Swiss Cantons 瑞士各州 219

Swiss Chamber for Auditing 瑞士审计行会 223

Swiss Chamber of Auditors 瑞士审计师行会 228

Swiss Civil Code 《瑞士民法典》219

Swiss Code of Obligations 《瑞士责任法典》220

Swiss Commercial Code 《瑞士商法典》 219

Swiss Federal State 瑞士联邦政府 218

Swiss GAAP FER 瑞士会计准则委员会制定的公认会计原则 viii,229,231 - 233,236 - 238

Swiss Gazette of Commerce 《瑞士商报》 231

Swiss Institute of Certified Accountants and Tax Consultants 瑞士注册会计师与税务咨询师协会 228

Swiss Supreme Court 瑞士高等法院 226,228

Synthetic accounts 合成账户 148,152

Synthetic balance sheet 合成资产负债表 82

System 系统,制度,体系 1,3 - 4,7 - 8, 13,15,17,22 - 23,27,31 - 32,40 - 42, 46 - 47,49 - 50,52 - 55,60,66,68,73, 75,79,83 - 84,90 - 96,98,104,110, 122 -125,127 - 129,131 - 132,139 - 141,143 - 144,148 - 151,156 - 157, 159 -161,164 - 165,175,178,180 - 181, 183,194 - 197,206,208 - 211,213,218, 235,238,244 - 245,248 - 249,252 - 253,264 - 265,269

Systematic 系统的,有体系的 1,4 - 5, 91,96,112,142,208,236,244,247,251, 254

Systematic accounting 系统性的会计 91

T-accounts "T"形账户 117

Tangible 有形的,确凿的 21,24,110

Tax 税,税务,征税 13,18 - 19,23 - 25, 31 - 32,41 - 42,46,48,50,53,60 - 61, 65 - 69,74,83 - 84,89 - 90,100 - 102, 104,110,133,140,143,146 - 147,150, 153,155 - 158,175,179 - 181,184,194 - 197,200 - 201,203,205 - 208,211 - 212,214,228,236 - 237,251 - 252,257, 261,265,269

Tax accounting 税务会计 65 - 69,74, 83 -84,110,179,184,195

Tax base 计税基础 146,206

Tax deduction 税前扣除,抵税 13,195

Tax rate 税率 196

Tax reform 税收变革 13

Tax regulations 税收法规 13,150

Tax rules 税收规则 61,67,90,101 - 102,195,211

Tax years 税务年度 252

Taxable income 应税收益 13 - 14,23 - 24,100

Taxation and Financial Relations Committee （英国)税务与财务关系委员会 260 - 261,270

Teachers 教师,教员 66,116,259

Technical requirements 技术性要求 268

Technicians 技术专家,技术人员 42

Technocrats 技术专家 47,178

Telefonica 西班牙电信 176

Telephone 电话 176

Terminology 术语,专门用语 18,120, 147

Textbooks 教科书,教材 1,3,6,16,108, 192,219,253,271

Textile factories 纺织工厂 141,168

Textiles 纺织品,织物 7,10,111,141, 168,256

The Accountant 会计师,会计人员 42 - 43,45 - 46,50,141,197,253,259,263, 269 - 270

The Domesday Book 《末日裁判书》244, 269

The High Council for the Economic Professions （比利时)经济专家高级理事会 31

Theoretical 理论（上)的 vii,83,105, 108,115 - 116,118,123,147,150,192, 199,259

Theorists 理论家 81,158,260

Theory 理论,学说 vii - viii,22,79 - 84,

译 后 记

  2011年年底,在一次参观坐落于美丽的松江大学城区中国会计博物馆建设进程的活动中,我接触到《世界会计史:财务报告与公共政策(欧洲卷)》一书的英文原著。这是三位蜚声世界的会计学教授加里·J·普雷维茨、皮特·沃顿与皮特·沃尼泽联合主编的"会计思想发展研究"系列丛书第十四卷中最先完成的一本。我或许是国内第一个有幸一睹该书"真容"、尽情品鉴其中所述欧洲十国会计规范自古至今演进变化的幸运儿了!对于一个在厦门大学会计系浸润学习10年会计理论知识、现今于"东方明珠"美誉的法学重镇华政研习金融法的年轻学者而言,没有比这么一本以欧洲各发达国家商事法律制度框架下会计标准与财务报告体系演进变革的书更加来得及时、更加适合我阅读了!

  立信会计出版社成全了我对获得该书的欣喜与偏爱之情,并将其连同另外三本这一项史诗般会计学巨著的重大译事交由我这样一名年轻的学界后进来独立担当。今天,当这项既满足了自己的好奇心与求知欲望,又可向国内各业界同仁播撒世界会计文化集萃的工作终于全部完成的时候,我希望自己是不辱使命的。我诚挚地希望,这套几乎涵盖了各大洲代表性国家的公共政策视角下的会计与财务报告发展史,能像三位原著主编及各国作者们期望的那样,"为会计及其他学科的专业人士、大学教授、监管机构以及学生提供一类可作持久参考之用的历史资料读物",由此"更好地理解21世纪初世界主要经济体会计、财务报告与公共政策的起源与发展"。我也希望会有一些读者,如我一般喜欢并享受着在会计学与法学两个学术殿堂里自由地游走,从中收获一些不曾有过或不一样的启发。

  对于这项翻译的工作,我是抱着敬畏的态度,认真且全情投入的。我努力朝着自己在攻读硕士与博士期间的导师葛家澍教授曾经教诲的"信、达、雅"方向前进,尽管十分清楚,最终的书稿距离这样的目标还有一番差距。会计作为一项经济职能或公共政策,当被置于一国、乃至世界的经济、政治、文化、法律、历史等多重维度中时,我发现自己真正所能驾驭的是那么有限。虽然全书以英文撰写并编集,而各章即各国会计发展史的原作者们总会在有意或无意间捎带上本土特有的语言及文化标志，譬如若干法语、德语、意大利语（拉丁语）、西班牙语、荷兰语、瑞典语、斯拉夫语、葡萄牙语、阿拉伯语、俄语、伊斯兰语、日语、韩语、印度语以及印度尼西亚语等，一些古代社会的规则如古埃及时期的伊斯兰法则、波斯帝国时期的计量单位、古印度吠陀时期有关经济活动的专门词汇以及很久以前曾经出现过、却已淹没在历史长河中的帝国、王国、地名与人名……曾令我一筹莫展。

这一期间，各类辞书、词霸、网络甚至翻译软件都成为我手边最亲近与信赖的工具。我的研究生们也多次往返在图书馆与工作室之间，帮我找寻、借阅有关各国的通志及科普书。我在华政国际金融法律学院的多位海归同事则是非常"给力"的后援团。他们均负笈海外多年，见识广博，学有专长，尤其对相关国家的民商事法律制度与实践熟稔于心。这对于我准确地理解并翻译一些欧美及日本等国的会计法律或规范制度的内容与变革十分重要，也非常有帮助。这几位博学且热心的同事分别是：法国巴黎东部大学姜影博士、德国慕尼黑大学丁勇博士、德国哥廷根大学纪海龙博士、英国斯特拉斯克莱德大学赵渊博士以及日本神户大学梁爽博士等。这一时期恰在荷兰留学的清华大学法学院谈中正博士也协助我一起推敲解决荷兰东印度公司一些特殊组织架构的准确表达。此外，我所带的三名研究生陶灵芝、廖睒曦与芮云凯分别帮我认真校对了《世界会计史：财务报告与公共政策（美洲卷）》、《世界会计史：财务报告与公共政策（亚洲与大洋洲卷）》以及《世界会计史：财务报告与公共政策（亚欧大陆、中东与非洲卷）》中各章后附的参考文献。

译事的顺利推进，始终受到学界一些前辈的关注与关心。著名会计史学家、中南财经政法大学郭道扬教授对该套会计史学巨著的翻译寄予厚望，并勉励译者勤勉敬业，字斟句酌，高质量地向国内学界与业界传播世界会计知识与人类文明。在第一部书稿《世界会计史：财务报告与公共政策（欧洲卷）》翻译完成的时候，我的师兄、也是中国自己培养的第一位会计学博士林志军教授亲自审校了全书内容，对翻译不够精准的专业术语提出改正及改进意见。立信会计出版社窦瀚修社长对这套丛书的译介给予了最大程度的支持。编辑部黄成良主任一直以细致、严谨且中肯的方式，从专业的学人、编辑与出版视角审校了书稿中的所有文字，并适时地提出精准的改进建议。

衷心感谢所有关心与支持这套会计史学译作出版的人！对于书中的翻译错误或遗漏，我将承担责任。

陈秧秧

2015 年 5 月 24 日